U0129114

文心雕龍與劉子系統研究

雙文集之二

游 志 誠 著

文 史 哲 學 集 成

文史哲出版社印行

國家圖書館出版品預行編目資料

文心雕龍與劉子系統研究 / 游志誠著 -- 初
版 -- 臺北市：文史哲, 民 99.04
　　頁；　公分（文史哲學集成；581）
參考書目：頁
ISBN 978-957-549-893-1 (平裝)

1.（南北朝）劉勰 2.文心雕龍 3.學術思想
4.研究考訂

820　　　　　　　　　　　　99005957

文史哲學集成　581

文心雕龍與劉子系統研究

著　　者：游　　　志　　　誠
出 版 者：文　史　哲　出　版　社
　　　　http://www.lapen.com.tw
　　　　e-mail：lapen@ms74.hinet.net
登記證字號：行政院新聞局版臺業字五三三七號
發 行 人：彭　　　正　　　雄
發 行 所：文　史　哲　出　版　社
印 刷 者：文　史　哲　出　版　社
　　　　臺北市羅斯福路一段七十二巷四號
　　　　郵政劃撥帳號：一六一八○一七五
　　　　電話886-2-23511028・傳真886-2-23965656

實價新臺幣四八○元

中華民國九十九年（2010）四月初版

文心雕龍與劉子系統研究
——雙文集之二
目 錄

序

　　游志誠教授的《雙文集》，其內容包括兩個部份：第一部分是《文選》的研究論文；第二部份是《文心雕龍》的研究論文。這兩部分研究成果，體現了他在《文選》《文心雕龍》研究方面的新成就。作為同行，我有幸在其大著未問世之前拜讀了排印稿，心中感到十分高興。

　　我與游志誠教授相識只是1992年，那是在吉林長春“選學國際學術研討會”上。他與會的論文是《文選學之文類評點方法》。這篇論文引起了我的注意。在他的大作中提出《文選》文體分為三十九類，而我認為《文選》文體分為三十七類，看法不同。後來拜讀了他的論文《論文選之難體》，他仍然堅持《文選》文體分三十九類。他的根據是陳八郎本五臣注《文選》。這是南宋紹興二十八年（1158）建陽崇化書坊刊本。這說明他的論斷是有版本根據的。我認為《文選》文體分為三十七類，根據的是李善住《文選》文體分為三十七類，根據的是李善住《文選》。這是南宋淳熙八年（1181）尤袤刻本。此外，明洲本、贛州本、建州本等《文選》版本，文體皆分為三十七類，（參閱《蕭統〈文選〉三題》《蕭統研究三題》，見拙著《文選學研究》）這說明我的論斷也是有根據的。

　　在學術研究上有不同看法是正常的，這有利於百家爭鳴，促

進學術研究的發展。1992 年以後，游氏多次來大陸參加《文選》學國際學術研討會，我們見面的機會多了，漸漸比較熟悉了。

　　1992 年以後，我在歷次《文選》學國際學術研討會上見到游氏關於《文選》的論文有《文選學之文類評點方法》《五臣注原貌》《倫廣都本文選》《胡克家〈文選考異〉述評》《文選古注新論》《文選舊注新論》等。這裡涉及到《文選》的版本、校勘、訓詁、文類等之研究。2000 年，游氏贈我大著《昭明文選論考》（台灣學生書局 1996 年出版），其中收論文十八篇，大體上都是論述《文選》的文類，版本和文學批評的文章。這些文章表達了作者在學術研究中的見解。他論述《文選》文體的文章，在學術界有廣泛的影響。游氏在研究《文選》學的同時，也對《文心雕龍》進行了研究，他論述《文心雕龍》與《易經》之關係的論文，論述《文心雕龍》與《文選》之關係的論文，引人注目。《易經》與《文心雕龍》之關係，前人多有論述，而游氏論述更為全面、細緻。他將《文心雕龍》與《文選》結合起來研究的論文，特別引起我的注意。他運用《文心雕龍》的理論分析《文選》作品，運用《文心雕龍》賦學理論分析選賦，運用《文心雕龍》"物色"理論分析《文選》的行旅失、遊覽詩等，都有自己的心得，都有自己的特色。游氏研究《文心雕龍》與《文選》結合起來進行，與我研究《文心雕龍》的方法相同。這種研究方法並不是我們的發明，而是一種傳統的方法。關於這種兩結合的方法前人言之詳矣。

　　清代孫梅說："彥和則探幽索隱，窮形盡狀，五十篇之內，百代之精華備矣。其時，昭明太子纂輯《文選》，為詞宗標準。彥和此書，其總括大凡，妙抉人心：二書宜相輔而行者也。"

（《四六從話》卷三十一，商務印書館《萬有文庫》本）近代黃侃說：“讀《文選》者，必須與《文心雕龍》所說能信受奉行，持觀此書，乃有真解。”（《文選評點》第1頁，上海古籍出版社1985年版）今人駱鴻凱說：“《雕龍》論文之言，又若為《文選》印證，笙磬同音，豈不謀而合，抑常共討論，共宗旨如一耶。”（《文選學》，中華書局1937年版）今人范文瀾說：“《文心雕龍》是文學方法論，是文學批評書，是兩週以來文學的大總結。此書與蕭統《文選》相輔相行，可以引導後人順利地了解齊梁以前文學的全貌。”（《中國通史簡編》修定本第二編，北京：人民出版社1958年版）諸位前賢的論述，使我深受啟發。經過較長時間的實踐，我在《昭明文選研究·後記》中說：“我認為，研究《文心雕龍》應與《文選》相結合，參閱《文選》，可以證實《文心雕龍》許多論點的精闢。同時，我也認為，研究《文選》亦應與《文心雕龍》相結合，揣摩《文心雕龍》之論斷，可以說明《文選》選錄詩文之精審。因此，將二者結合起來研究，好處很多。”這是我在長期研究《文心雕龍》《文選》過程中最深切的體會。我想游教授當有同感。

今年1月22日，我在家中忽然接到游志誠教授從台灣打來的電話，說他的專著《雙文集》即將由台灣文史哲出版社出版，請我寫篇序，我欣然同意。從上市繼六十年代起，我開始研究《文心雕龍》，後來出版了《文心雕龍選》（福建教育出版社1985年出版）《文心雕龍研究》（福建教育出版社1991年出版，2002年廈門鷺江出版社出版了增訂本），而拙著《魏晉南北朝文論全編》（江蘇教育出版社1996年出版，2004年修訂再版）收入了我的《文心雕龍》的全注本。我對《文心雕龍》有濃厚的興趣。

1985 年以後，我專門從事《文選》學的研究，先後出版了《昭明文選研究》（北京：人民文學出版社 1998 年出版），後出版了《文選學研究》（廈門：鷺江出版社 2008 年出版。）此書在《昭明文選研究》的基拙上，增加了《捕編》。這樣，《文選學研究》較全面地表達了我對《文選》學的觀點。在《文選》研究的過程中，我還點校了清人梁章鉅的《文選旁證》（福建人民出版社 2000 年出版），為研究《文選》學的同行提供一部較有學術價值的參考書。

　　歷代學者研究蕭統《文選》已有一千多年歷史了，遠在堂代就形成了"文選學"。"文選學"源遠流長，成果眾多，取得了巨大的學術成就。我國學者對劉勰《文心雕龍》的研究，應是明代以後的事了。最近數十年來，研究隊伍一日比一日壯大，形成研究《文心雕龍》的專門學問，研究者稱之為"文心學"。據說研究"文心學"的論文已達兩三千篇，盛況空前。我相信，在研究者的共同努力之下，"文選學"和"文心學"再不久的將來一定會取得更加輝煌的成就。

穆克宏

2010 年 2 月 5 日

劉勰與《易經》初論

　　周易之學是劉勰文藝思想本源。易貫儒道二家，凡屬於「九流」之學者，其性質皆近乎「道」，而此道即易之道。凡由易之道繁衍而成之學，皆是「子論」之學。劉勰一生思想之綜合即歸之「子論」之學。而非宗教之學。

　　子論非等於宗教。子論關注心神，宗教則關注形神。子論涉體性，宗教志在鬼神。子論兼攝九流，宗教則排彼破彼。此在六朝學術文風乃習見之現象。今試括舉數端以證劉勰以易為宗之文藝思想。

　　一、自向、歆父子「七略」之分，學術分科概念，孳乳而下，又有荀勗四部分類，經史子集之別益明。至葛洪《抱朴子》外篇首揭「子論」之名，使與「詩論」判分。「子論」之學既立，實包括「言辭」、「文苑」，即今之文學。蓋六朝以前，文集專論，或曰詩論，詩品，文章流別云云。集部之學勒成專論尚未成氣候。雖有《文心雕龍》之作，但經史子兼說之，劉勰寫作《文心》走的其實是「子論」系統，非自限於集部之學。《文心》如此，《劉子》當然也屬「子論」之作。兩書相較，思想本源皆出自易學，兼包儒道。思想系統相同，故而兩書之作者實同一人。

　　二、子論與宗教可以並行，但宗教與宗教之間必互相排擠而

不見容，此實為六朝學術風氣之一般現象。故而劉勰雖作《文心》與《劉子》，不害其又有〈辨惑論〉之構。前者劉勰乃子論家之學，後者劉勰個人一生信仰之「終極關懷」問題。

三、《文心》、《劉子》二書之篇數，一用大衍之數五十，一用天地之數五十五。兩書中心思想，一舉〈原道〉謂自然之易道，一立〈清神〉，用易道之「神」義。兩書明顯用易學思想。可證劉勰之子論，溯源自易經。劉勰雖參與校訂佛典，入僧佑門下，廁身定林寺，並有〈滅惑論〉之作。此劉勰個人之宗教信仰必然之行為。但劉勰終究是子論家，且不因此而妨礙其宗教信仰。子論與宗教在劉勰而言，實乃一人之二事。

以上三端所示，說明劉勰一生之思想來自易學，學術論述亦本乎易理。基本架構皆不出易學。引而伸之，《文心雕龍》全書重要術語概念，亦大抵源自易經，發揮旁通，博參引證，以建立《文心》之文論。

例如《文心雕龍》一書屢言性情。性情一詞之概念，與陰陽五行之說有涉，當然也是易學的課題。然而，龍學家對此多未深究，以致各家錯解異解之言，隨處可見。

〈情采〉篇謂形文聲文情文，各出自於五音五色五性之說，其中究竟作「五性」或「五情」？又何為五性五情？說者最見分歧，皆因不能據易學以判讀之故。此即龍學與易學宜相並參之又一例。

〈情采〉云：「三曰情文，五性是也。」又云：「五情發而為辭章。」此二句之性情每見注家混解之。首先，後一句「五情發」，元至正刊本作「五性發」，今經楊明照據前人本（如王惟儉）校改五情，從者甚多，大抵定論無疑。問題在，何謂五情？

蓋易學所知者，僅言「五性六情」，並無「五情」之說[1]。對此，且觀龍學界諸解二、三家如下：

詹鍈《文心雕龍義證》引《文選》曹植〈上責躬應詔詩〉劉良注云五性：喜、怒、哀、樂、怨。（頁1152）此注之五性實即五情。祖保泉《文心雕龍解說》引《大戴禮‧文王官人》謂喜、怒、欲、懼、憂為五性。（頁610）此與前注類是。王更生《文心雕龍讀本》注云五性是指仁、禮、信、義、智。（頁80）此當是五禮或五倫。李曰剛《文心雕龍斠詮》始備引《漢書‧翼奉傳》之「五性六情」語，晉灼注云：

> 翼氏五性，肝性靜，靜行仁，甲己主之。心性躁，躁行禮，丙辛主之。脾主力，力行信，戊癸主之。肺性堅，堅行義，乙庚主之。腎性智，智行敬，丁壬主之。[2]

此解最是，不但注明五性與五行之相配，且兼明五性與天干之運行。尤有甚者，天干化合之說亦在其中。諸如甲己合土，乙庚合金，丁壬合木，丙辛合水，戊癸合火。天干五行相配，更兼及五行相生相剋之理。如甲木主肝，行仁。甲己合土，乃春木宜生於土，故曰甲己合土。丙火主心，行禮。丙辛化水，乃心火欲其靜不宜躁，故以水剋之。戊土主脾，行信。戊癸合火，蓋脾胃忌寒喜溫，故引火暖之。庚金主肺，行義。乙庚合金，乃因金氣宜洩不宜扶，故配乙木受剋而洩其力。至於壬水主腎，行智。丁壬合木，蓋欲水木相生，以增春意。以上天干化合，五性五行配合，環環相生相剋，以達生生不息之理，當即易學之發揮。而為《文心雕龍》之所本，以闡述文章情采來自作家情性，因性因情，文采不同，而莫不互為相生，以形成煥煥然眾家各具面貌之態。《文心》據易理以述明文理之證，有如是者。

　　故而〈情采〉篇此處所云五性，當指五行之性。即木火土金水五行之人。由之相配之五志（五情）即：怒、喜、憂、悲、恐。亦即：靜、躁、力、堅、敬五類性格之別。由此五行五性衍生之五倫五品，始可言曰仁、禮、信、義、智。五性即五行之性，龍學諸家注何以未得盡解？乃緣乎易學易理實為《文心》一書之大本而不知，或雖知而不信。[3]

　　《文心雕龍》一書首立文之綱領，曰〈原道〉。此道為何道？歷來說者不一，已見多篇論文，茲不贅述。今所辨者，引《周易》之道，援《周易》之理，以進一解，幸有助乎龍學「綜合研究」之一途。

　　今案〈原道〉篇所言之道，關鍵句在「心生而言立，言立而成文，自然之道也。」一段。此一段有「心」字、「言」字、「文」字等，皆古代思想史重要概念，訓解失偏，不辨來源，即易混解或錯解。在臺灣的龍學研究史上，對此一段《文心》原典的理解，所引發之《文心》全書理論爭辯，最具體之例，即王夢鷗與徐復觀二家之疏解。[4]

　　王夢鷗據此段認為彥和的文學定義是「語言」，並且，人因為要抒發「語言」，而產生「文學」，這一過程是自自然然不過的事。故而文心之〈原道〉，乃是語言自然之道。

　　徐復觀不同意此解，認為此段話是就上文總括天地皆有「文」，人為五行之秀，秉天地之心，當然也有「文」。但此一境界之「文」，僅僅只與「天文」、「地文」同層次，故而只備「原始人」、「初生人」之文，並沒有藝術性。《文心》〈原道〉只是先闡明人之有「文」的來源，接下去全書之安排架構，即在討論文的「藝術性」，所以彥和作《文心》，便是要研究這

個文的藝術性問題。徐復觀總結《文心》的文學定義重心是在「文體」而非語言。

以上二家之歧見，看似南轅北轍，其實無不各自成說，且如明月溝渠，各照隅隙。而問題就出在未把此段關鍵文句連繫到《周易》去理解，未從易理的源流發展去疏釋關鍵概念，因而導致之誤判，或者不足。試想此段《文心》原典，若將「自然之道也」一句改為「（文）道之自然也」，文義朗然，即不致引生異說矣！

何則？〈原道〉全篇言文之道而已。此道非關儒、釋、老莊之道。實則只有一個「易之道」。但因彥和生當魏晉玄學熾盛學風之際，談文論藝，搦筆言文，為著「駢文文體」修辭之便利，不自覺雜揉玄學語彙，積染成習，蓋乃不得不然之勢。致易理原義不明，令讀者引生歧解，此即問題所在。

其實，《文心》的道只是文道。然則文道如何來？〈原道〉篇之立論悉本之《周易》架構。《周易》首揭天文、地文、人文，謂之三才。文之外，又立天心、地心。此即〈復〉卦所言「復其見天地之心哉」之心。既然天地有心，人亦當有心。故而人心與天心地心相仿，並而為三心。又因天有文，地亦有文。天地之文假想出自人心。此即「心生而言立，言立而成文」之發展過程。簡言之，〈原道〉首揭文之道來自人心，人心來自道，道即易道。人文天文地文皆出自易道，或即《周易》所示之道。此道，自然而存乎天地人三才之當然必然而有者。故曰「自然之道」。彥和以為文學之初始本源來自人有「心」，人之此心順隨天心地心而併立。既然天地有自然之文，如「雲霞雕色，草木賁華」一般自然，無待人工琢磨。那麼，人心必能產生「文」，所

謂「形立則章成，聲發則文生」之原始人文，乃是順理成章之事。彥和講「自然之道」即指這一層含意。非關什麼儒道、釋道、老莊玄道。[5]

　　道既是來自易經，天文地文人文都是「〈易〉道」之自然。然則從文到「心」之過程又是如何呢？

　　彥和取「文心」為書名，雖含有「言為文之用心也」之義。但這個「心」，是指的「天地之心哉」。也即是說文心與天地心是相同的。天地心的始發首倡者，在《周易》，當然，依此類推，文心也來自《易經》。這一見解，對照曹丕的「文以氣為主」，范曄的「文以意為先」之魏晉文論，絕然是文論進展上的一大創解。可以說，彥和的「文心」論，在古代文論史上居於關鍵樞紐位置。無怪乎紀昀對此有評云：「自漢以來，論文者罕能及此。」就此一論點而言，彥和不但點出文學來自易道，反之，彥和也間接論證《周易》一書的文學成份文學價值，易經是文學，不只是講哲理的易學而已，這在易學研究史上也是最早提出者。紀昀有評云：「解易者未發此義。」甚是。簡言之，彥和在〈原道〉篇率先提出文學來自易經，易經也具備文學性質的雙重創解。

　　然而從「文」到「心」之過程，又是一大轉折。文來自《易經》，心也是《周易》首言之。《周易》談「心」的幾卦，結合其它古代文獻並參，如《管子》、《左傳》、《荀子》、《中庸》、《大學》等，即可看出，先秦有一門「心學」之脈絡，隱隱然匯為暗流，下貫到後世之義理學。中間轉化到文學一路的論述。可以說，《文心雕龍》一書，援「文心」之道以立論，即最具代表性者。

今請述易經心學與先秦心學文獻之要義如下：

易經心學，主要見於〈坎〉、〈離〉、〈益〉、〈復〉四卦，其中又以〈坎〉、〈益〉二卦言心最有深義。此二卦講心的功夫，如何損益？如何充實？〈益・九五〉云：「有孚惠心，勿問。元吉。有孚惠我德。」此處之孚即信誠意。劉沅謂即：「有至誠之惠心。」姚鼐亦云：「中心至誠，以順民心之所不言而同然者，不必盡人問之也。」[6] 姚、劉二家說，皆扣緊心與誠之關係。做為天地人共通之「心」，如何發揮心之作用，在人而言，即是「誠」字之功夫。心學以「誠」做功夫方法，到了《中庸》終於定下來。所以說，《中庸》的誠，是孔門心法。然則〈益〉卦中的「心」，只要存乎天地之心即可，太過則損，不足則益。始終要保持「不盈」的狀態。可見〈益〉卦的心，講究「虛心而受」的不盈功夫。

彥和繼承易經心學，一方面用來解釋文之心，一方面也援引之，描述作家創作之「心」。因為，作家的心是「心總要術」（〈神思〉），意謂心是一切創作的根源。作家「秉心養術」，要做到「無務苦慮」、「不必勞情」（〈神思〉）故而作家創作的心要時時刻刻保持清閒虛受的心境，才能「入興貴閑」（〈物色〉），在〈養氣〉一篇，彥和更強調「清和其心」的重要，它與「調暢其氣」的功夫同樣重要。

當然，作家的養心功夫，終究要上達天地之心。易經〈復〉卦象曰：「動而以順行，是以出入無疾，朋來無咎。……復，其見天地之心乎？」清楚地講明天地的心，是周而復始，一切動靜皆順行，無咎無疾，天地何心？歐陽修云：「天地以生物為心。」所以生生之謂易，天地之大德曰生。在這一層次的天地之

心，是源源對不絕，創造活動的本然現象。人文之有心，完全與此現象相同。馬其昶曰：「人之心，天地之心，一而已矣。」[7]最得其解。

《易經》的心學，可視作一種統整體系，接近「形而上學」的層次。由此轉化到人世間來，即人文世界講的心學。心的修養功夫問題，遂成為先秦學術的熱門課題。錢賓四在《靈魂與心》一書中，括舉《左傳·昭公二十五年》子產談心之語，子產論魂魄之定義語，子產謂：「人生始化曰魄，既生魄，陽曰魂。」云云，賓四認為先秦心學文獻始於《左傳》。[8]此處的心，又牽連出魂魄，把心學的領域擴充了。這與荀子談心，謂：「心統性情」的說法一般，都在強調「心」的統整功夫。而《管子·內業》云：「靈氣在心。」次云：「心靜氣理。」又云：「凡心之形，自充有盈，自生自成。」等等的論述心之狀態與功用，在在說明了先秦心學的豐富內涵。[9]

及至《中庸》，發揮易經心學，加以具體化，用「誠」字轉化心學到德性修養，統合心學內外含意，於是，心與誠合一，便成為心學最高指導原則，遂與天地之心聯繫貫通。《中庸·二十二章》云：

> 唯天下至誠，為能盡其性，能盡其性，則能盡人之性。能盡人之性，則能盡物之性，能盡物之性，則可以贊天地之化育，則可以與天地參矣！

在這段講誠的功夫原文裏，誠發揮極至，是可以如天地大德一般生生不息，化育萬物，也可以參透天地之心。只有心之誠，才能通達天地。所以《中庸》肯定「至誠如神」（二十四章）的境界。這個心誠的功夫，既可「見天地之心」（《周易·復·

象》），也能「上下與天地同流」（《孟子・盡心上》），當然，最終也能夠參天地之化育了。由此可知，不論《易經》的心學，或是先秦其它子學家講的心學，《中庸》總括一個誠字功夫，把心學具體化、功夫化。誠字總結心學的內外、形上形下諸般含意。

劉彥和《文心雕龍》拈出「文心」一詞，從「心」的角度以探討文學文化領域，把文心比之人心，比之天心地心，屢言「貴虛靜」、「鬱此精爽」、「文果載心」、「心生而立」、「千載心在」、「道心惟微」、「心奢而辭壯」、「心與理合」、「辭共心密」、「心以理應」、「心定而後結音」、「心術既形」等等，凡此詞彙之心概念，全部或部份引伸、轉化，無不出自《易經》為首的先秦心學。從而可知《文心雕龍》全書立論架構，來自《易經》，與易理相通。

附註：

1 先是，楊照明《文心雕龍校注拾遺》據黃叔琳校，馮舒校，並何焯語，校改五性。但未明注何為五性。其後，楊先生有補正之作，仍從前校，並增注，引《漢書・翼奉傳》云：「五性不相害，六情更興廢。」語為證。（見《文心雕龍校注拾遺補正》，頁300。）至此，可知作五性為是，且亦知五性六情成詞，乃漢人常言。案：今存元至正刊本、紀批本皆作五情發。

2 引自《漢書・翼奉傳》晉灼注，用王先謙《漢書補注》本。

3 諸家注五性，惟陸侃如、牟世金之《譯注》最得解，注云：五性指從肝、心、脾、肺、腎產生出來的五種性情。（參《文心雕龍譯注》，頁403。）此注已知五臟配五行，五性即五行之性。但未進

　　一步詳解甲己合土云云之天干化合與五性相配之道理。又案《白虎
　　通》〈性情〉總論謂有五性六情。（陳立《白虎通疏證・卷八》，
　　廣文本，頁 453。）

4　王、徐二家之辯論，詳見徐復觀〈王夢鷗先生「劉勰論文的觀點測
　　試」一文的商討〉乙文，載徐復觀《中國文學論集續編》，（臺
　　北：學生書局，1984 年），頁 165-184。

5　案自然之道一詞，易生誤解者，即「自然」。今查《周易》經傳並
　　無自然詞彙。自然為道家主要概念，《老子》云：「悠兮其貴言，
　　功成事遂，百姓皆謂我自然。」《莊子》一書〈至樂〉、〈德充
　　符〉兩篇亦言自然，意謂：「自己如此。」之自然。易經無此自然
　　詞彙。

6　以上劉、姚二家解，轉引自馬振彪《周易學說》，（廣州：花城出
　　版社，2002），頁 410。

7　歐、馬二家注，同前引書，頁 245-246。

8　參閱錢穆《靈魂與心》，（臺北：聯經出版事業公司，1994 年，初
　　版第八刷），頁 60。

9　案《管子》一書駁雜。羅根澤《管子探源》云其中四十五篇，戰國
　　年間人作品，〈內業〉即其中。《韓非子・五蠹》已稱舉〈兵法〉
　　篇，今本《管子》即有此篇。屈萬里《先秦文史資料考辨》謂《管
　　子》這部書一部份在先秦已經流傳了。但是否包括〈內業〉，未
　　定。王蘧常《諸子學派要詮》謂〈內業〉蓋古有其書，而《管子》
　　述之。最是。

劉勰與《易經》再論

一、劉勰《文心雕龍》與《易經》關係之釐清方向

《易》為群經之首，百學之源。故而《易》之為學，不專屬一家，亦非僅限於一流。簡言之，《易》，不是儒家的專利品。雖然，原始儒家用六經為教本，而《易經》居其首。明乎此，劉勰與《易經》的關係，論證結果，不宜將劉勰與其他五經的關係，等同而論。

何則？蓋劉勰與《易經》的關係，論述目的在劉勰的學術思想來自《易經》，劉勰運用《周易》一書的《易》辭、《易》理、《易》象，統合地建構自己一生的思想體系，包括談文論藝的方法，皆據《易經》一書，或明用、或暗用、或轉化挪用等等手法，撰作《文心雕龍》與《劉子》這兩部大著。故而劉勰與《易經》的關係，絕非只是為了論證劉勰的思想是儒家，不是佛學；亦非只是定位劉勰「到底是個什麼家？」而已。

然則劉勰與《易經》的關係，論述目的究竟為何？論述過程當循何途？論述預期成果在劉勰一生學術之總理解與總評價又當

如何？以及劉勰與《易經》關係之論述課題，當涵攝哪些方面？
哪些領域？等等諸問題，殆為劉勰與《易經》之研究範圍。本人
已試作二篇討論之，今請再就以上諸問，再探劉勰與《易經》之
關涉，幸期龍學方家郢正。

二、劉勰之學術與《文心雕龍》之性質定位

　　劉勰是個什麼家？欲答此問，首須辨明劉勰一生的學術歸
屬。即探究劉勰一生的學術襟抱，以及一生志趣歸趨。欲究此課
題，又不得不先明劉勰所處時代，即魏晉南北朝之學術風氣、思
想流尚究竟如何？今請自學術流別稍解之。

　　自經史子集四部分類之學術而言，經史子三部到六朝劉勰的
時代為止，大致已發展定型，經史子的學術分流，專門領域已臻
嚴密。惟集部之學，個人著作，已累積甚久，尚待學者之整理論
述。此時相對於劉勰而言，終其一生之學術生命歸趨，只有子史
集三家可選。蓋六藝為經，乃不刊之鴻教。劉勰若欲終生著述，
必不能冒經之作，亦不可能仿經成書。故而經書已不可再寫，聖
賢文章已成恆久之至道。劉勰必退而為文，只能做到徵聖，只能
信守〈宗經〉。劉勰〈徵聖〉篇末曰：「天道難聞，猶或鑽仰，
文章可見，胡寧勿思？若徵聖立言，則文其庶矣！」這句話明顯
透露劉勰的「文章」態度，是徵之於聖賢文章，而不是「仿」
經。劉勰有志於文章之學，然亦自覺不可能成為聖賢，只能將聖
賢之道用自己的文章「表現」出來。一言以蔽之，劉勰一生的學
術文章，絕不敢干聖冒經，只敢「徵聖立言」。

　　不能冒經，退而求之，史家又如何呢？劉勰何以沒有走向史

家之路？這可分二途解之。其一劉勰自覺地擇定一生學問志向，自始即未有史家之念。〈序志〉講之至明，劉勰云：「自生人以來，未有如夫子者也。敷贊聖旨，莫若注經，而馬鄭諸儒，弘之已精，就有深解，未足立家。惟文章之用，實經典枝條。」這段話等如劉勰一生學問之自白。由此可知，劉勰一生不自期為「注經」之徒，如馬融鄭玄輩，即使終生專攻經學，可惜未足自立名家。劉勰轉而從事「文章」之業，冀望終成一家。劉勰主觀刻意捨經史子，而就「集部」名家之學，一語道破。故而明代學者鍾惺評點此段話謂：「劉子好名之心，自道破不諱。」[1] 案此語指明劉子好名，乃攻文章。劉子是否好名？雖猶待議，但劉勰刻意文章之學，此語已不待辨而自明。

　　劉勰不就史家的第二個理由，可從〈史傳〉篇末之結語，揣摩一二。蓋劉勰〈史傳〉篇首先定位史傳為載籍之體，必以信史為準。故而史傳之文，與經書文章相通。故曰：「宜依經以樹則，必附經以居宗」，劉勰據〈宗經〉之體以例史傳之文。更在〈史傳〉篇獨標夫子因魯史作《春秋》，以及左丘明轉受經旨，創為傳體的開創之功。在〈史傳〉篇中凸顯《春秋》一書的經傳地位，雅有「經史同源」之意。因而，作史與冒經皆非劉勰之首選。劉勰〈史傳〉云：「然史之為任，乃彌綸一代，負海內之責，而贏非之尤。秉筆荷擔，莫此之勞。遷、固通矣！而歷詆後世。若任情失正，文其殆矣！」這段話，充分吐露劉勰心中史家秉筆之勞苦，史論是非公正之難斷。劉勰或懼於史家之責任，負海內之責，擔百代之譏，故而主觀意識棄史從文，據此段自白詳味可知。

　　至於諸子百家呢？劉勰既捨經史而就文章，何以劉勰不走上

諸子之途呢?欲答此問,首須辨明今傳劉勰一生兩部大著,即
《文心雕龍》與《劉子》二書。就目錄學歸屬而言,《文心》一
書向來即有歸入子部類與集部詩文評類兩種分法之說。據此,劉
勰當屬子學家,前人已有說。[2] 換言之,劉勰雖以「文章家」自
我期許,但其文章定義,蓋出於子學家之觀點而涵括經史子,故
〈情采〉篇云:「聖賢書辭,總稱文章,非采而何?」據此可知
劉勰不像昭明太子蕭統《文選》序分出「立意」與「能文」的文
章兩類,反而認為立意之文的經史子文章,同樣有「采」。據此
理解,劉勰一生學問志趣,捨經史而就文章之學,劉子可謂子學
家之流,而非僅是集部之學可以範限。[3]

若問《文心雕龍》一書之性質為何?或謂不是文學理論之
書。《文心雕龍》一書在目錄學之歸類,或有入子部雜家類,或
歸入集部總集類。可見《文心雕龍》一書之範疇及其性質,向來
看法分歧,未有定說。龍學研究者,近年頗興起一股討論熱潮,
爭辯《文心雕龍》一書的性質為何?連帶亦討論劉勰一生的學
問,到底應該歸入何家?

劉勰到底是個什麼家?此問題不可與《文心雕龍》一書之性
質的討論分開。因為,若判定《文心雕龍》乃文學理論之作,則
劉勰必屬文論家,彥和之學當歸集部之學。然而不然,今見《文
心雕龍》全書,有〈諸子〉〈史傳〉之篇,又有〈宗經〉〈徵
聖〉之論,劉勰謂聖賢書辭,總稱文章,蓋亦視經學為文學。劉
勰又謂:「聖賢並世,經子異流。」意思是經子本來是同一時代
之產物,後來才各自分流。然則,據以上之說可見劉勰之學不限
在集部,劉勰不只是文論家,更尤其是思想家,或者有人稱他作
文學思想家。

　　今若再考慮《劉子》一書的作者即劉勰，即彥和一生的學問，兼包子部之學。因為《劉子》一書，目錄學或歸之子部雜家類，而《道藏》亦收入此書。今合併《文心雕龍》與《劉子》二書的作者皆定屬劉勰，則劉勰一生的學術乃更形複雜，而「劉勰到底是個什麼家？」此一問題亦更加有深入討論之必要。

　　案有關《文心雕龍》一書的性質為何？以及「劉勰到底是個什麼家？」此兩問題之討論，首須明白問題的關鍵處，要看學術分科的源流，亦即要摸清楚先秦兩漢以下學術流派發展的現象，探索劉勰一生的志趣胸襟並不以「文人」為終極，而是以慕先聖，作君子之學為一生標竿。易言之，劉勰一生的學問是在追求「君子之學」，他不可能僅僅自限於集部一家之學，故而也就不能僅據文學理論的角度規範《文心雕龍》，本乎此，劉勰一生學術歸屬不可能只是一位文學思想家。

　　理解了這一關鍵之後，吾人不免要問：「何以《文心雕龍》一書的性質依舊難作定論呢？又何以劉勰到底是個什麼家還要喋喋不休呢？」此一問題全出在今之論者，往往用後世「集部」的概念，以及現代「文學評論」的定義，以後人之說，強加在古人之上，所導致的誤解。因此，吾人首須辨明目錄學的歷史發展，理解到六朝為止，劉勰之世，「集部」之學才形成，亦即到《文心雕龍》成書為止，文學理論的概念尚未完全成熟。六朝以前之學術，主要以經史子為主流，個人文集，私家著述遠遠地低於經史子之地位。然而，個人私撰，或他人彙輯，或自己編定之作，已愈來愈多。此一新興之「集」部學，真相現況為何？優劣成敗為何？未尚有專書討論。劉勰或有見於此，乃自述「振葉以尋根，觀瀾而索源」，企圖完成一部前修未密之作，抱著遠大的理

想，自期「不述先哲之誥，無益後生之慮」。這是〈序志〉篇劉勰最明確的著書表白。劉勰的意思是要專門為「集部」文章做徹底的考究原委，因為這一新興學問前人討論未周。而經史子三部之學，先秦兩漢以來，猗乎盛矣！無須費解。這可以從《文心雕龍》全書，凡討論經部、史部與子部之作，往往較少貶評，大多將之立為文章模範的作法，可以反映劉勰對前人經史子三部之學的尊重，不敢妄加點評。

其實，所謂經史子三部之學，自孔子而後，即無所謂「經」部之作。劉勰〈徵聖〉曰：「作者曰聖，述作曰明。」又〈論說〉云：「聖哲彝訓曰經，述經敘理曰論。」可見經書已不可能再有創作，只餘述經之作，即經傳注疏。故而自經書後，真正有創作之書，大抵多屬史部與子部之作。子部本以立意為宗，〈諸子〉云：「諸子者，入道見志之書。」史部則有公家史官與私人撰述，然不論何者，皆據史事，而非個人之思想文集。故而子史以外，兩漢以來，下及六朝，私人個別著作，儼然成風，蔚為流派。劉勰在世，有鑑及此，思欲探本溯源，原始要終，遂有《文心雕龍》之作。易言之，《文心》之作，主要探討個人著述的文集，兼及經史子之篇章。

此處，最大疑惑者，即六朝之世，所謂私人著述，篇章之集，其內容何屬？其性質如何？

因為經部已不可再創作，最多只是「冒經」，只是「仿聖」。例如揚雄《太玄經》、《法言》之作。史部則雖有私家撰述，但所述乃公家史事，非個人之志。然則，真正個人私家著述，今歸入「集部」。試問集部之書，非經非史非子，其內容性質或駁雜或專精，究竟如何看待？此即關係今人僅援「文學」之

概念以理學集部之學，以今範古，遂致誤解之關鍵。然則，個人纂集之篇章文集，其源流始末，分門別類，清代乾隆之際趙翼《陔餘叢考》卷二十二說之甚詳。趙翼云：

> 古書分類未有經史子集四部之名，漢哀帝時劉歆著《七略》，宋元徽中王儉撰《七志》，梁普通中阮孝緒撰《七錄》，隋大業中許善心撰《七林》，此皆以七分部者也。其以四部分者，自晉秘書監荀勗始曰甲部，紀六藝及小學等；二、乙部，則諸子及兵家術數等；三、丙部，則史記皇覽等；四、丁部，則詩賦及汲冢書等。其中編次，子先於史汲書，又雜詞賦內，位置俱未免失當，然後之以四部編者實本於此。宋謝靈運、殷淳、梁任昉、殷鈞等，因之各造四部書目，竟陵王子良集學士依皇覽例為《四部要略》，猶皆以甲乙丙丁為部。隋煬帝於觀文殿東西廂藏書，東屋藏甲乙，西屋藏丙丁，亦仍舊稱其名。以經史子集者，則唐武德初，魏鄭公收東都圖書，命司農少卿宋遵貴載以船，沂河西上，凡八萬六千九百六十六卷，其後又因馬懷素奏，乃令殷踐猷等治經，韋述等治史，毋煚等治子，王灣等治集，自此經史子集之為四部，一成不變矣。今《隋書・經籍志》已分經史子集者，《隋書》本唐人所修也。近代說部之書最多，或又當作經史子集說五部也。[4]

這一大段精闢之論，已將經史子集四部之學的源流講明至細。其謂集部乃最後出，且四部之概念，已遲至蕭梁時期始有，最能說明劉勰《文心》之作，雖兼述經史子，而最終之目的，則專門在文集之探究。蓋「集部」之學最晚出，然亦即最「新興」之學術，最當下流行之撰述。趙翼又云：

> 《漢・藝文志》有輯略，師古曰輯與集同，然當是時猶未
> 有以集名書者。故志所載詩賦等，皆不曰集，晉荀勗分書
> 爲四部，其四曰丁，宋王儉撰《七志》，其三曰文翰，亦
> 尚未有集之名。梁阮孝緒爲《七錄》，始有文集錄，故
> 《隋・經籍志》以荀況、宋玉等所著書，及詩賦等，皆謂
> 之集。然〈經籍志序〉云別集之名，漢東京之所創也。靈
> 均以降，屬文之士多矣，後之君子，欲觀其體勢，而見其
> 心靈，故別聚焉，名之爲集。則集之名，又似起於東漢，
> 然據此則古所謂集，乃後人聚前人所作而名之，非作者之
> 自稱爲集也。[5]

這一段話，一則說明文翰、文集之名遲至南朝始興，二則定義集
部就是「屬文之士」所作。如何屬？完全在表現「觀其體勢，見
其心靈」這一解釋，十足地講明集部之個人著作的主要特色在文
學的「體勢」，與作家個人的「心靈」。這兩大範疇，亦即集部
之作的主要內容。今見《文心雕龍》全書討論的焦點，亦大抵不
出乎此。可見，《文心》之作，劉勰用心在「集部」之書。就此
點而論，劉勰處在當時之世，乃運用當時最新興之學以研討當時
最風行之作，劉勰可謂十足地當代之一大學問家，但絕非僅僅是
文學理論而已。

　　以上論證劉勰一生之學，就其廣度而言，非僅屬集部之學，
而是先秦兩漢以來一脈相傳的君子之學。就其深處而言，劉勰一
生著作，《文心》一書專論集部，然此集部之意，固目錄學之分
類，非僅指今人之文學。明乎此，始可引申之以暢論《文心雕
龍》一書，及其與《易經》學之關涉。

三、延伸《易》理之《文心》架構與趨利文術

　　《文心雕龍》一書，體大思精。體大乃謂全書包含範圍之大，舉凡文體當涉之事，無不兼備。思精乃謂全書暢論文術之技，無論鉅細精粗，莫不細思詳考。此種著作成書，講究「圓該至備」之撰作宗旨，幾乎就是《周易》一書的基本精神。

　　《周易・繫辭下》有三段「《易》之為書也……」的話，《說卦》也有二段「聖人之作《易》也……」的話，闡述《周易》這部書的全書架構與基本思想，明白《周易》一書的寫作動機與談論範疇，立論之精，構思之密，持以比較《文心》全書，幾乎莫不相通。

　　《文心》全書的論證模式，採取兩元辨證，即是《周易》一書太極生兩儀，陰陽辨證，乾坤並建的認識法則。[6]首先，《周易》成書，以「道」為總綱，廣大悉備，冒天下之道。本乎此，《文心》全書首篇立〈原道〉，即仿《易》道之總攝，標立論文敘筆之必先乎道。由道而下，《周易》的論證範圍，基本上，平行的說，主要以「兩元辨證」為主軸；縱貫的說，乃順著兩儀四象八卦的發展，兼涵天地人三才之道，次由平行縱橫的交錯，演申「兼三材而兩之」的六位結構，表示天有兩元，地有兩元，人，當然也有兩元。於是，六這個數字，屢屢出現於《文心》一書。譬如〈宗經〉六義，〈定勢〉六則，〈知音〉六觀，以及〈情采〉的三理，〈鎔裁〉的三準，都可視作《周易》六位哲學的充分發揮。《周易・繫辭下》說：「六者非它也，三材之道也。」由此可知，六是三材之道分陰分陽的應用。《文心》一書

慣用兩兩對比式的論證，類似「無可」與「無不可」的辨證思維，正是《周易》一書三才之道的擬仿。《文心》全書處處可見奇正、巧拙、雅俗、經緯、道器、華實、體性、神貌、形聲、物色、隱秀……等等甚多雙雙對比的概念組合，說穿了，無不源自《周易》全書建立的兩儀基本結構，劉勰與《易經》、《易》理、《易》學的關係，在這個成書結構大體系上，簡直密不可分。[7]

接著，運用兩儀的思考，《周易》一書發展出「變」與「不變」，以及「定」與「不定」的辨證認識。因為三才之道雖已標舉，但是《易》的道絕非一成不變，故而「通變」的概念，乃成為《易》道全部的存在樣態。今觀〈繫辭下〉又說：「道有變動，故曰爻。爻有等，故曰物。物有相雜，故曰文。文不當，故吉凶生焉。」這段話幾乎可做為《文心》一書何以有〈通變〉〈定勢〉二篇的註腳。

既然，《易》的道時刻在變，變動之中，自然化出道之文，文的順勢成章，必然要因勢利導，方能成為天地人三才之美文。那麼，道之文的發展，也可比擬《文心》談論的文章之道。眾所皆知，《文心》全書宗旨就在探討文章，研究如何把文章寫好？怎樣是有「利」的文章之術，有助論文敘筆，正是形同《易》道之文要往「吉利」發展的思考方向。整部《易經》大談特談天下有「利」之道，即連「利益」亦不避諱。可見，「利」字概念在《周易》全書之地位。

本乎此，《文心》一書也不避諱「利」字，只是《文心》將利字用於一切文筆篇章的有「利」之術。《文心》全書在〈神思〉〈體性〉〈風骨〉三篇之後，殿之以〈通變〉〈定勢〉，在

結構的安排上，可謂《周易》的道與文如何有「利」的組合架構，轉用到文筆之術的有利應用。《文心》擅用《易經》「利用」之學，古書無出其右者。

今考《文心》一書如何應用《易經》的「利」字思想？不外乎以下幾組概念及其引申：其一、變動以利言（〈繫辭下〉），其二、變而通之以盡利（〈繫辭上〉），其三、屈伸相感而利生焉（〈繫辭下〉），其四、乾始能以美利利天下（〈乾文言〉）。[8] 以上四組《易》理，利字與變通之理密不可分。天之事物沒有不變，窮則變，變則通，總合之變，目的在事物之能久長，文章之道何獨不然？凡是通變，無不往有利之體勢發展。故而訛亂、奇巧之文，固然也是變，但卻非有利之勢。基於此，《文心‧通變》力主「趨時必果，乘機無怯」之文章必變，但是也不能亂變。《文心‧定勢》篇乃歸結變的有利原則，即「循體而成勢，隨變而立功」，亦即「因利騁節，情采自凝」的「利」字精神。

由以上《文心》「體」「勢」二元概念的兩儀辨證，一定一變，一形上一形下，兩元的相互依存，建立在「互利」的有效關係之上，而這個利用的思想，〈通變〉〈體勢〉二篇悉本之《周易》一書，可證劉勰《文心雕龍》一書的文術論，思想來源自《易》理《易》學。

《文心雕龍》書名，拆解之即文心與雕龍兩大結構。文心傾向於無形，雖為無形，卻有其質素，只是未表現出來而已。這就太像《周易》一開始的乾坤二卦，用「元亨利貞」四字標示乾坤之德。乾卦的元亨利貞四德，未見於形。及至與坤卦相交，元亨利貞乃表現於具體形象之德，所以，坤卦特別講元亨的顯現，在

於「利牝馬之貞」。一言以蔽之，乾坤並建，乾卦主元始亨通，坤卦主利於牝馬之貞。

仿乎此，文心與雕龍的結構，也是先以文之心神，立為文章之開始。於是，《文心》一書的下篇首立〈神思〉篇。蓋仿《易經》乾卦為首的元始亨通之理。

乾卦的無形顯現為坤卦的牝馬，乃是就「龍馬同類」性質思考。所以，坤卦必曰「利」，必曰利牝馬之貞正。《文心雕龍》也是如此。自文心以下，必顯現為有形的具體的雕龍之術，易言之，即將不可見不可知的文章之龍，一一雕畫出來，明白其中文術文理的奧妙呈現。故而從〈情采〉以至〈總術〉各篇，實際就是雕龍之術。其原則總綱，則在有利於文章完成之正理正道。這就比擬坤卦的利貞之德了。所以說，文心與雕龍的結構，等如《周易》乾坤二卦，也即是「元亨」與「利貞」的結合，更尤其是「元亨」與「利牝馬之貞」的兩儀關係與兩元對比。

《文心》暗仿《易經》「元亨利貞」四德，在在顯示劉勰思想與《易》學《易》理的深厚淵源。[9]

四、《文心雕龍》書名與《易》學之相通

《文心雕龍》一書之命名，暗藏《易經》之理，襲用《易》學體系，師法《易》學二元辨證思考。一言以蔽之，劉勰將己書命名文心雕龍，雖未明言來自《易》學啟示，然而後人解此書，必先自理解此書命名之緣起。

文心一詞之意，劉勰自謂言為文之用心，又云文果載心，則余心有寄。然則試問劉勰何以必誓言文之有心，且以心括舉一切

文論之始，以文之有心，總名其書？

答案是文心仿自天心地心。《易經》謂乾坤兩卦為《易》之門，謂《易經》之變，極盡其數，但最終可以乾坤兩卦括舉之，此即由博返約，執簡馭繁之「簡易」辯證法。《易經》既化約六十四卦為乾坤兩卦，以當入門之鑰，乃進一步闡析此二卦做為開門之階，細論此二卦之深層處，即乾坤二卦有「心」，亦有「文」。乾坤為天地，天地有心，故曰天心地心。乾坤不惟有心，更且有文。故而《易》傳十翼，夫子獨製乾坤二卦之「文言」。乃就乾坤二卦之理更精細地分析全卦與各爻之道理，紋飾之，廣說之。所以，六十四卦惟乾坤二卦有〈文言〉。

劉勰一生之學，自經學入，追慕聖賢之志，希聖希賢，參天論道，當然必據聖賢之思想體系，以論述文章之理。然而劉勰雖抱聖賢之志，但其撰作《文心》一書，則志在文章之道。寫作動機不同於經學家，撰作主題亦非論經之作。實乃專力於論文。故而標舉「文」之心，以總括其書，並依據《易》學之體系，建構《文心》一書之論文系統。仿昭天文天心與地文地心，創設「文心」之概念。劉勰撰作《文心》，志在人文，故有「言為文之用心」云云。天文地文，宇宙之事，自然之理，無不盡包覽於其中。此天地之學乃經學家子學家分內之事，而人文之理，人文之事，即劉勰撰作《文心》一書所欲探究之主題。故而劉勰其人其學，實際之思想體系，蓋以經子為根基，經中有史，視史如經，兼參史學，彙聚之而開展文章之學，構建論文之理。

《易》為群經之首，百學之源。經子雖然異流，但經子莫不源出《易經》。劉勰論文之作亦必首推《易經》，溯源《易》理，乃極其自然成勢之理。故而《文心》以《易》學體系為本，

無庸置疑。

　　以上說明文心一詞仿自天心地心。又乾坤天地，獨制〈文言〉，天文地文，必有「文采」。故文心必兼（情）采。

　　其次，說明劉勰何以用文心與雕龍二詞之結合以命名其書？乃因仿自《易》理有「道」「器」之說，《易經》有「形上」「形下」之別，《易》學有「體」「用」之概念。文心雕龍一詞，文心即示文之樞紐，文之道，文之形上概念，文之有心，亦即一切論文之大體，文心即文章大體之至妙處。

　　《文心》一書分上篇與下篇，上篇首揭文之樞紐。下篇則細述為文之術。上篇即屬文章理論概念，以資各體批評之大體。下篇或述創作之術，或明批評之法，即據上篇之理論樞紐，具體落實為論文敘筆之應用。故而上篇有「形而上者謂之道」之體，下篇有「形而下者謂之器」之用。文心雕龍一詞即涵蓋形上形下，兼手法。故曰文心雕龍一詞即暗合《易》學精妙思想。

五、《文心雕龍》中關鍵概念與《易》之相通性

　　然而《文心》與《易經》關係之討論，根本問題即在《文心》一書〈原道〉篇之道，究為何道？一言以蔽之，〈原道〉之道即用《易》理《易》道，非儒家之道，亦非道釋之道。

　　其次有關《文心》與《易》道之問題，在辨明〈宗經〉篇之「道」與〈徵聖〉篇之「道」，是否即《易》道？

　　案：《文心》全書立〈原道〉為全書總綱，即樞紐之樞紐。此道即據《易》道。且此《易》道非專屬儒學一家之道，乃百家之道。故《文心》有〈史傳〉有〈諸子〉二篇，視子史之學為文

學。故曰聖賢書辭，總稱文章。所以《文心》之〈原道〉，專論為文之「道」。文道在此乃與天道地道同等並排之位階。文道為《文心》全書探討之主題，且《文心》全書將文道架乎「經」之上、子之上與史之上。即謂凡經史子必有「文道」。文道同乎天道地道，源出《易經》之道。故〈原道〉之道據實而分，當兼攝文之道與《易》之道。《文心》總攝此二義之道，貫串全書，立為一書之大綱。故曰〈原道〉篇乃《文心》全書樞紐中之核心。

以上說明〈原道〉即文道《易》道。文道即人文，文道即為文之道。文道與天道地道同等。天道地道皆有「文」，文道當然亦必有「文」。此文道之文即自然，自然之概念，即淵源自《易經》，非來自老莊道家之自然。

何以近代龍學各家論《文心》之道，每每混淆〈原道〉之所謂道即儒家之道？此關鍵蓋出於〈原道〉有句「故知道沿聖以垂文，聖因文以明道」云云，誤解此句之聖即儒家之孔聖，強說此句之文即五經之文。遂嘈嘈不休，硬指《文心》既然宗經，劉勰必獨遵儒術。

其求此句之聖，蓋指《易經》所謂伏羲文武周公之聖，乃孔子以前之聖。易言之，即作《易》之聖。

此句之文，蓋指天文地文人文。此句之道，亦即謂天道地道人道。而文章之「道」仿擬《易經》三才之道，道既然有「文」，文章之道當然尤須講明「文采」。故《文心》下篇論文術首揭〈情采〉篇，立情文聲文形文等文章三理之說。文章與三才同樣皆各有其道，各垂示其文。孔子以前作《易》之聖人，所以作《易》之由，蓋欲藉由《易》之文采，以闡明三才之道。先聖述作之動機在藉文以明道。後世希聖希賢之徒，如何不師心前

賢？撰作文章之旨，主要在探究天地人三才之道。此即文以明道。

　　《文心・原道》篇此句易生誤解，一半原因出於誤解此句的「道」與此句的「文」。一半則咎在未統觀此句下半之全文，斷章取義，引生曲說。蓋《文心・原道》全篇之末，引「《易》曰」作文末總結，已足以明白顯示《文心・原道》乃自《易》道而演繹之證。惜乎近代龍學家有見於此，或蔽於彼。未參酌《易經》與《文心》二書之理，做比較思考，以致易生誤解而不自知。〈原道〉引《易・繫辭》全文云：

> 故知道沿聖以垂文，聖因文以明道。旁通而無滯，日用而不匱，《易》曰：鼓天下之動者存乎辭。辭之所以能鼓天下者，乃道之文也。

細讀此段之意，明顯可知《文心》所謂的道是《易經》之道，所謂的文是《易經》之文。〈原道〉既談論文章之學本源於《易》道，亦暗示《易》道有「文」。道與文是一體的兩面。故而紀昀評點此句云：「此即載道之說。」[10]案：紀昀謂後世載道之文論出於此。其實，文以明道之文論亦從此出。凡古代文論之宗經派及載道派，其本源大抵皆自此說而出。

　　以上說明〈原道〉篇容易被誤解之關鍵句。

　　今再探究《文心》全書與《易》道關係易生誤解之第三點，即〈宗經〉與〈徵聖〉二篇所謂「聖」「經」與道的關係，如何定位？

　　劉勰《文心》一書立〈宗經〉一篇，視經書有濃厚文學色彩，劉勰可謂經學文學之首倡。

　　劉勰又據《易經》為論文根本，自居文學家角度，縱談五經

奧義，準此，劉勰又是文學經學的開創者。[11]

　　《文心雕龍》全書思想架構來自《易經》，最能從〈神思〉這篇看出來。何以見得？主要論點如下：

　　其一「神」字涵義，自先秦古籍皆指有意志力，能專司善惡賞罰，有降災造福之「神」。神，也見於山川草木，具備「泛神論」之色彩。到了《易》傳，始將此神字概念加以轉化，提升到哲學思想層次，專就「思辨」的角度，賦予「神」以新義。所以，《易經》講的神，是《易》神，不是天神。《文心雕龍・神思》篇的神正是沿用引申《易經》的神，《文心》的神思架構來源自《易經》。

　　其二〈神思〉篇突出「神」的概念居於文論的重要地位，這是因為劉勰受到同時代或稍前的魏晉思想學風之影響，魏晉這一時期，流行「玄學思潮」，玄學其中的幾個討論課題之一，即「形神」論，而討論神的涵義，往往不離「心」，不離「精」，不離「妙」這幾個關鍵字詞，〈神思〉篇也不例外。而以上這些互相關係的概念，無不出在《易經》，也都是由《易經》對這幾個字的定義，始能透徹理解玄學形神論的要義。〈神思〉篇廣納之，也只有從《易經》的解釋，方能得解。故曰〈神思〉的關鍵字詞，無不出自《易經》。

　　其三劉勰另外一部頗受懷疑的子書《劉子》，開宗明義〈清神〉一篇，神字的定義，養神的功夫，與神字相關的心、氣、形、志等概念，也都是《易經》的概念，同時，內容大義，近乎〈神思〉篇，可證劉勰的「神」學思想，來源自《易經》。

　　以上三要點，如何證成其論？作法有二，述之如下：

　　第一應將〈神思〉篇的研究，置於「文化學」角度考察之。

何謂文化學角度？即談論「神」字，不可只就文論談「神」字。應廣而伸之，先自人論的「神」，再談到書論的「神」與畫論的「神」。因為，神字最早是由「人學」產生。人學即文化學，即一切學問之首。當然要自「易經」為始。由人學演變而下及各種專門學科，例如書法學、繪畫學，皆有共構共享的神字概念。而其來源莫不出自《易經》。必須證明六朝時期書論畫論都有共享《易經》的思想架構，形成一時代之流行風潮，再觀照〈神思〉篇的神，藉此辨證〈神思〉的架構，不離乎此風潮。

　　第二應當辨別《易經》的神與先秦其他古籍言神有所不同，討論《易經》的神即〈神思〉篇所根據的「神妙精義」之概念，證成〈神思〉之神即《易經》的神。

　　根據以上三要點與兩概念，論述《文心雕龍》與《易經》的關係，以〈神思〉篇原文為例證，必能理解其要義。

　　例如古代第一篇書法理論，當屬後漢趙一非論〈草書〉此篇。此文講草書的起源、品評草書名家，分析草書作法技巧，建立草書以「心」為本的理論，以學習草書的功夫貴在逍遙餘暇等等的內容，無不出自《易經》，且又與〈神思〉篇的內容暗合相通，若合符節。其它之例，有畫論的暢神說，中醫藥學的神氣論，無不是〈神思〉與《易》神的思想內容。

　　再由《文心雕龍‧體性》所得出之「體」字，約有四義：文體、體貌、體性、體類。此四義也與「神」字互為表裡關係。

　　1.文體即《文心》二十篇文體論。

　　2.體貌即徐復觀所謂的《文心》之體。

　　3.體性及《文心雕龍‧體性》所括舉的八體，與十二位作家之體性舉例。

4.體類，即文體下之次分類。有內容之分，技巧之分，形式之分，以及其它暫訂標準之體類。此體類之概念即大類「詩」之下，又分二十三種；在「賦」之下又分十六種之作法。《文選》序云：「詩賦體即不一，又以類分。」的分類，即指此體。姑名之曰文體次分類。這一意涵的體類，〈體性〉篇不及言之，《文選》始分之。故而《文選》之體類有助《文心‧體性》篇之理解，可補其不足之論，此又一證。

由〈體性〉篇引伸而出的「文體學」與「體類學」，代表古代文論的一塊重要研究領域。其所涉及之課題，也包括由文體產生的作法，諸如一個別文體的技巧、結構、章法、修辭、聲律等。《文心》文體論二十篇，每篇必講該文體之定義、源流，該文體之寫作文法、技巧等，可謂〈體性〉理論之延伸。

《文心》文術論十九篇，每篇舉例，必據作家與文體，暢談各類文體之作法，即可視作〈體性〉篇文體理論之應用。合此而觀，〈體性〉在《文心》全書所居地位之高，所佔份量之重，可謂不言而喻。

然而，《文心‧體性》篇的「體」字來源，出自《周易》的體類概念，則又不得不辨明。何則？

《文心》的「體」字有形上與形下兩屬義。因為「體」的背後主導，有一股不可知的神力，體如何呈現？悉取法於〈神思〉。故而〈神思〉冠於〈體性〉之前。《文心》的體之概念，師法《周易》的神與體之二元關係。《周易‧繫辭》云：「神無方而易無體。」這是「易」的最高存在樣態。但是，《周易》必須「見體即用」，也就是無方無體的神，終究要體現為百姓日常之生活，於是，〈繫辭〉又云：「仁者見之謂之仁，知者見之謂

之知。」這句譯的仁與知（智），就是從無方無體的神顯現為「形」為「體」的結果。因此，《周易》神的作用，仍然以可見的「體」為表徵。《周易》由神到體的這一條形成論，幾乎就是《文心》全書從〈神思〉到〈體性〉的發展理路。

因為，《周易》的體，廣及天地人三才之體。而《文心・體性》的體，劃限在文學之體的範疇。故而，《文心・體性》乃專論人體與文體之關係。

六、《文心》思想非涉佛學而由《易》出

《文心》全書基本架構非來自佛，實本於《易》。《文心》全書主要思想概念與範疇，皆源自《易》，與佛無涉，既已論證如述。今請再就佛之術語概念舉其要者，辨析此類佛學語詞在《文心》全書之作用為何？亦可稍助《文心》全書與佛教無關之解。

首先，就佛教常言之術語，諸如：境、苦、業等字，在《文心》全書皆不具備佛教之意涵，只供一般中文詞彙直言表意之作用，別無特殊意旨。然而，此三字在佛教領域，實居關鍵。凡文論之境界說，必源出佛教法相宗之法相三境，即性境、影境、帶質境。[12] 修行之人，返照心光，所悟之境，或以心緣心，或以心緣境，達到心外無境，萬法唯識之阿賴耶境界。至此一境界，已超出六識六根之所緣，而根本無所謂外界之本質。基於此種特殊含義之佛教概念的境界，《文心》全書隻字未涉。《文心》全書只在〈隱秀〉篇有句「境玄思澹」，出現一個境字，此境字悉無佛教之意，何況此字又出現在〈隱秀〉的補文，非原文，其必為

後人添補，此人不查思想史源流，遂偶露偽造之跡。[13]

次看苦字亦同然。《文心》全書僅在〈諸子〉篇一句「百姓之群居，苦紛雜而莫顯。君子之處世，疾名德之不彰。」用了一個「苦」字，此苦字也絕無佛教早期有部成實宗所講的苦集道滅之四諦義。五蘊四諦乃成實宗基本義理，認為心身世界之苦果為苦諦。這一苦字之特殊意涵，與《文心・養氣》篇講談笑以消憂，逍遙以針勞的衛氣功夫幾乎扞格不入，也與〈物色〉篇講入興貴閑的道理不合。《文心》全書理論從來無「作文苦」或「作詩苦」的概念，苦字用到詩學，導致李白問杜甫「借問因何太瘦生，總為從前作詩苦」的結果，皆中唐以後，佛教影響文論以後的新講法。

至於「業」字，《文心》全書有三處用業字，分別是「夏后氏興，業峻鴻績」（〈原道〉、「左思奇才，業深覃思」（〈才略〉）、「揚雄覃思文閣，業深綜述」（〈雜文〉），以上三個業字用法，都只是中文語詞的用意，絕無佛家業果或苦業造業的特殊意涵。[14]

以上各例，即《文心》全書用語疊見佛教語詞之顯例，別有一種《文心》全書之文句，如般若、圓通、圓合、半字等等，皆不過借用佛典，以助文辭說解，此六朝當時佛教盛行，文士染濡習尚，不自覺追趨風氣，導致之結果，初無關《文心》全書體系架構等此類大問題之討論。[15]

再看〈總術〉篇用「視、聽、味、嗅」四覺括舉文學作品的綜合感受，而最終以「心」統之。「心」統四覺，合而為之，即有五覺。將人體五覺標出，揭示其與文學作品閱讀賞鑑的關係，劉勰可謂第一人。

　　何則？蓋六朝以前，或者有個別的四覺之文論，但絕未見綜合四覺，五官齊言的文論說法。譬如「味覺」文論，先秦已見之於季札論樂，謂之有味。孔子聞韶夏之音，比之肉味。凡此僅指音樂之「味」與聽覺感受，未將其它三覺「視、聽、嗅」一齊考慮，故而僅可曰「一覺」之論。劉勰之〈總術〉論則不然。〈總術〉云：「數逢其極，機入其巧，則義味騰躍而生，辭氣叢雜而至。」此句已將作品的「義味」與「辭氣」兼攝之，猶如今人常言「形式與內容」的配合。而此配合之道，即在創作「技巧」的極致表現，這種表現的「數」（即技巧），要照顧一篇文章的全方位系統。所以劉勰具體提出這個全方位的涵攝層面，即「視之則錦繪，聽之則絲簧，味之則甘腴，佩之則芬芳」的四覺搭配。

　　若將此四覺，統歸之以「心」，即五官感覺矣。劉勰何以知道用五官論文學？此五官實源自五行知識，劉勰引伸《易經》陰陽五行說理論，應用在文論的體系建構，大大超出前人只單論一官的見解，當視作《易經》五行文論的首倡。

　　然而，試推問何以劉勰〈總術〉篇的五官說來自《易經》五行知識的衍伸？乃不得不稍加辨正。蓋五官體系的強調，佛家學說亦頗暢論。劉勰的五官總術之義蘊，取之於中土五行，非取之於佛家六根說？此課題實亦關係劉勰《文心雕龍》一書是否有佛教影響之龍學老課題。前人討論此課題，罕聞《易經》五行與《文心》之比較，一看到《文心》一書有「味」字，大多引佛學五蘊六識比附之，殊不知《易經》五行之說，更能契合《文心》之本源。

七、《文心》論文準則與《易》理相通

　　其實，劉勰與《易經》之課題，在〈序志〉篇已略見梗概。〈序志〉篇採用《易經》之語句段落，核其內容，大體歸納為以下幾項《易》理：道器之別，上下經之分，體用之辨，神易概念，以及形上形下之別。

　　另外，應用《易》理而引申為文章鑑賞之法則有：言外之意，寂然感通，地勢坤引申體勢，以及文體分類等。何以言之？

　　《文心・序志》篇，自序為文之用心，自訂《文心》上下篇之體例，自述雕龍之文術，自白歸宗孔孟好辨之道，自表君子器用之志。文精而意深，篇短而志遠。不愧是《文心》全書之總綱。故而〈序志〉篇之作用，可視作《文心》全書之導覽。〈序志〉篇這種「提綱挈領」的寫作方法與寫作體例，簡直就是《周易・繫辭傳上下》，與乾坤〈文言傳〉二篇《易》傳的翻版。尤其是〈繫辭傳〉與〈文言傳〉一些主要關鍵術語概念，幾乎都被轉化挪用於〈序志〉篇。特別見證於〈繫辭傳〉下篇有三段「《易》之為書也」開頭的三章，幾可當作「《文心》之為書也」的前導。試看「《易》之為書也」的第一段云：

> 《易》之為書也，不可遠，為道也屢遷，變動不居，周流六虛，上下無常，剛柔相易，不可為典要，唯變所適。其出入以度，外內使知懼，又明於憂患與故，無有師保，如臨父母，初率其辭而揆其方，既有典常，苟非其人，道不虛行。[16]

此段明示《易》之為書，首在闡明《易》之道。仿此，《文心》

一書首開〈原道〉篇。《易》之道本有形上形下之分，即道器之別，《易》之道變化莫測，上下四方，周流宇宙。仿此，《文心》於文術論必立〈通變〉與〈定勢〉兩篇，以觀文道之變與不變。若再進一層深究變化之準，皆不離「度數」，皆必守「典要」。仿乎此，《文心》於文體論，縱觀古今文體之變，於每篇文體必先明綱領。於是而有釋名章義、原始表末、選文定篇、敷理舉統之體例。蓋仿《易》之典要與度數，而引申為文理、文術、以及文道。故而〈序志〉篇批評李充《翰林論》一書，謂其「淺而寡要」。這個「要」字，即《易經》的「典要」。《文心》全書大談特談「要」之概念，諸如「要而失淺」、「要而非略」、「要約明暢」等等，皆出於《易經》的典要本義，自無待辨。再者，「《易》之為書也」首段提出的《易》書之寫作技巧，端看「出入以度」。這個「度」字即法度。蔡清云：「卦爻所說，皆利用出入之事，其出入皆必以法，使人在內在外皆知懼。」[17] 意思是說《易經》全書無非在示人以一切言行舉止的法度，使百姓依法度而知所戒懼。仿乎此，《文心》全書在闡述文筆之總術，蓋示人以文章用心之法度，故而文術論有作焉。

　　再看「《易》之為書也」第二段〈繫辭傳〉，首揭整部《易經》的體系在「原始要終」。始終反復，整體運行的圓通思想，貫穿《易經》全書，也同樣成為《文心》全書的體系架構。〈序志〉篇講「觀瀾索源」，仿《易經》的原治。又〈序志〉篇講「原始以表末」，則是從《易經》「要終」的作法而來。接著，第二段在原始要終之後，又提出一切《易》道變化，天地成文，都取決於「時」。這個時字，在《易經》的內容裡，就是時陽則陽，時陰則陰，一切隨著卦變而變，上下無常，唯變所適。仿乎

此，〈序志〉就提出「崇替於時序」的〈時序〉篇理論，李曰剛說解最是，李氏曰：「謂以〈時序〉篇檢論歷代時世運序所關文學風尚之盛衰流變也。」可惜，李氏之解尚未追溯《易經》的時位之說。[18] 第二段「《易》之為書也」的文明時序演變論，與《文心》全書縱論古今作家之變，品評歷代文武才器之等第，提出文變染乎世情，興廢繫乎時序的理論，正是《易經》「時用」理論的充分發揮與實際印證。

　　復次，第二段「《易》之為書」還有兩個重要概念，即「擬議成辭」與「利用」，也在〈序志〉篇的「擬耳目於日月」與「五禮資之以成，六典因之致用」的兩句話中，找到《易經》思想的應用。《易經》所謂擬，即擬議而動。「初辭擬之」此句之擬字，干寶、孔穎達二家皆訓解擬議，今人之解，亦大抵皆同。[19] 案：《易經》擬字尚有別義，諸如〈繫辭上〉云：「聖人有以見天下之賾，而擬諸其形容，象其物宜。」又「擬之而後言」、「擬議以成其變化」等。這些句子都有比擬，摹擬之意。謂《易》之象尚未成形，《易》之辭尚未定吉凶之際。讀《易》者只能就《易》象《易》辭，而細心揣摩比擬，即今人之想像文學作品意涵之謂。仿乎此，〈序志〉篇將讀者與作者之耳目比擬作日月，將人的喜怒哀樂之情比喻成自然界的風聲雷電，提出文學「仰觀俯察」，與大自然感通神會，興發創作才情的文學摹擬論，其本源確實來自《易經》。

　　至於「利用」的概念，〈序志〉篇提出「經典」為要，即〈宗經〉之本義。因為整部《易經》講人文化成，謂百姓日用而不知，其實皆導源於《易》道之廣大悉備。《易》之道，乾坤並建，首在利用民生。乾卦首揭「利見大人」、「潛龍勿用」的利

用之別。坤卦則暢論「主利」、「利牝馬之貞」、「不習無不利」等「利」字的學問。乾坤二卦並主元亨利貞,謂元始亨通,有利於常道貞正。天地人三才之道,總括於此四字。本乎此,〈序志〉篇提出宗經之總綱,意在暗示經書中的義理,例如五禮六典,皆為文學思想之常道,經書文章,乃是文體典則。宗經的總目標,便是發揚經書義理在文學上的作用,要將古今文體之變,順利地導向性情貞定的有利之途,源遠流長,有如《易》道之不停止,生生不息。

最後,第三段「《易》之為書也」,提出《易》道廣大悉備,然而莫不顯見於文,包括天文地文人文。這兩個「道」與「文」的主要思想,幾乎就是《文心》一部書的總綱,也就是〈原道〉篇的基本體系,更是〈徵聖〉、〈宗經〉、〈正緯〉、〈辨騷〉這四篇理論的本源出處。

由以上之對比細論,可知〈繫辭傳〉上下所歸納的「《易》之為書也」之《易經》結構,也即是《文心雕龍》一書的體系與主要理論之始原。《文心‧序志》援引發揮「《易》之為書也」的理念,明顯可知。

最後,對照《文心》與《易》理相通的論述辨證法,不外乎「兩元辨證」或者曰折衷辨證法。

蓋《易經》一部大書,首乾坤,以標示《易》之門戶。即示人以純陽之乾,與純陰之坤兩元對比之法,此下而衍生兩儀四象八卦的錯綜複雜之《易》學,尋其歸終,乃攝於乾坤陰陽之二門。發揮此正反、上下、健順、體用、陰陽等一連串的對比,即形成《易經》一部大書,兼包天地人三才,盡備品物之萬理。《文心》全書的論述基調,無不慣用正反相參,奇正並用的折衷

論述法，故而〈宗經〉與〈正緯〉並設，〈才略〉與〈程器〉兼述。不惟《文心》全書大體系已見折衷論法，即使品評作家，較論作品，亦處處可見斟酌損益，勿使太過之評第。自來龍學家早有人指出《文心》全書的批評法是正反辨證，或者二元辨。蓋謂《文心》之品第標準，每用調和論。[20]

　　然而不然，彥和持論，準依折衷，並非表示《文心》漫無標準。試問《文心》之批評標準為何？蓋即「正位居體」的標準。要求文章的情采合於正，體勢合於正，肌理合於正，古今之論合於正，同異之辨也合於正。易言之，彥和不論何種立說，小至「銓序一文」，大至「彌綸群言」，莫不歸宗於「正」。即一切合於文體「利貞」的常則法度之發展為最上綱，不及或過之皆不取。這樣看來，彥和《文心》全書在兩面調和論之中，亦自有一套遵循之「正位居體」。而這個「正」的概念，由〈序志〉篇的一段話，與〈坤文言〉的一段話對觀之，幾乎理通義順，不得不嘆賞《文心》的論述法啟靈於《易》學《易》理之妙造。試看〈坤文言〉云：

　　　　君子黃中通理，正位居體，美在其中，暢於四支，發於事
　　　　業，美之至也。

這段〈文言〉釋坤卦六五爻辭：「黃裳，元吉。」意謂黃色為正色，二五居中，以黃為正體，然而黃之為美，非僅止於體，乃必通及於理。馬其昶：「通理謂直達湊理。」意謂體之內有湊理。將此段比擬人身之體，即言肉體與肌理。《易經》的美學，講乾體坤用，內外合一的黃中之美，所以六五象曰：「黃裳元吉，文在中矣。」意謂只有達到「黃中為正」之美，一切的「文」就會自然顯現。《易經》這種「美文」的概念，應用在《文心》之文

論，即將文體比擬身體，用「黃中通理」對觀「擘肌分理」，最
後歸結於「位體」與「肌理」的「折衷調和」之作法，代表《文
心》的折衷論仿自《易經》的「體理」觀，試看〈序志〉的這段
原文云：

> 及其品列成文，有同乎舊談者，非雷同也，勢自不可異
> 也。有異乎前論者，非苟異也。理自不可同也。同之與
> 異，不屑古今。擘肌分理，唯務折衷。

這段彥和對《文心》全書論述法的自白，幾可當作《文心》
全書的「總綱」，它貫串《文心》全書的論述法則，也是彥和一
生學術方法的表徵。[21] 一言以蔽之，此法即折衷論法，其源自
《易經》的黃中美學。

案此段引文之「肌理」即有內外二元之分，品評文章要兼顧
文章形式與內容之配合，亦即肌理要折衷討論。劉熙《釋名‧釋
形體》：「體，第也。骨肉毛血表裡大小次第也。」由此可知體
是指肉體，肌體，比擬文體的形式與辭采。理即紋理，比擬文章
的旨意韻味。一內一外，彥和主張兼顧折衷。不論是古與今，或
者同與異，這個「肌理」之辨析正確，即為一切論文品評之正
道。李曰剛釋擘肌文理謂：「剖解辭采，分析文理。」甚是，而
《文心》全書這種剖解法，應用在《文心‧序志》之外每一篇的
「敷理以舉統」，亦莫不皆然。可以說，《文心》全書以折衷論
為基本法則，此法則當溯源自《易經》的兩儀辨證法，《易經》
之學為《文心雕龍》理論之取資，由此大法總綱之對比，遂可確
認矣！

附註：

1　轉引自黃霖：《文心雕龍彙評》（上海：上海古籍出版社，2005
　　年），頁 163。案：此書在〈序志〉篇末亦收有葉紹泰與許驥二家
　　的尾批，前者謂彥和不效馬鄭，乃因彥和擅於文才，短手說理。此
　　說可議。蓋彥和不走史家，乃自覺性之選擇。

2　筆者發表在 2004 年深圳大學舉辦《文心雕龍》國際學術研討會的
　　論文〈劉勰與易經再論〉乙文已論之，茲不贅。參見該年大會論文
　　冊，頁 1-5。

3　劉勰《文心雕龍》一書的歸類，除了《隋書・經籍志》可參之外，
　　初唐史學家劉知幾《史通》一書的〈自序〉篇也提供了當時學界對
　　《文心》一書性質的看法。據〈自序〉，劉知幾把《文心》一書與
　　《淮南子》、《論衡》、《風俗通》、《人物志》與《典語》等六
　　部書視同一類。而劉知幾自己的《史通》之成書，劉知幾也自比為
　　《文心雕龍》之作，差別在彥和以文章為主，《史通》以史為主。
　　但兩書都要做到：「上窮王道，下揽人倫，總括萬殊，包吞萬
　　有。」這樣的著作態度與《文心》之作相當類似，目的都在成一家
　　之言。參見劉知幾撰，浦起龍釋：《史通通釋》（臺北：里仁書
　　局，1980 年），頁 1192。

4　引自趙翼《陔餘叢考》（湛貽堂刊本）（臺北：新文豐出版社，
　　1986 年），卷二十二頁，頁 1。

5　同前註。案：稍後於趙翼之章學誠《文史通義》一書，〈文集〉與
　　〈篇卷〉兩篇，亦有類似之見。認為文集之興，正當文章升降之
　　交。又謂集部始於蕭梁，而古學源流至此一大變。參考章學誠：
　　《文史通義》內篇六〈文集〉（臺北：華世出版社，1980 年），新
　　編頁 181。

6 有關《文心》一書正反虛實……等兩元對比的論述手法，學界習用兩元，或「辨證」一詞描述。例如楊明云：「劉勰的思想方法中具有辨證的因素。」參見楊明：《劉勰評傳》（南京：南京大學出版社，2001年），頁243。

7 劉勰思想以兩儀為辨證的手法，不只《文心》一書如此，劉勰另外一部頗受爭論之作《劉子》一書，其實也是根據兩儀思絡做架構。〈九流〉一篇最末段歸結為外儒內道，說：「九流之中，二化為最，夫道以無為化世，儒以六藝濟俗……。」此段話，可證彥和《劉子》一書結論為儒道並濟。〈九流〉篇又說：「今治世之賢，宜以禮教為先，嘉遁之士，應以無為是務……而身名兩全。」云云，更加明示彥和藉儒道並治以保身世的兩元思想。由《易經》與《文心》的辨證，也可解決《劉子》一書的作者何屬之爭論。案：楊明照〈再論劉子的作者〉乙文力主《劉子》以道家思想為主，《文心雕龍》以儒家思想為主的講法，若從《易經》兩儀的角度解釋，當可再議。參見楊明照：《劉子校注》（成都：巴蜀書社，1988年），頁22。

8 《周易》一書，利字出現在經傳文句，除去重複，不下百六句之夥。總括此百六句之利字含意，不外乎以下幾個意思：利益、利害、利用、義利、有利、功利等。《文心》一書利字側重在「有利」與「功利」二個概念之發揮，尤其是〈定勢〉篇與〈時序〉篇。又案：〈乾〉卦初九元亨利通四字即開宗明義標示乾道變化往「利通」方向發展，《文心》全書闡述的文章之道頗類於此。

9 乾卦言元亨利貞，與坤卦言元亨利牝馬之貞的差別，歷來《易》學家解之而通徹者不少，近人馬其昶之說，可資一解。馬氏云：「坤元者，純陰之精氣也。亨則通於乾，光氣運合，化生萬物。特乾資

始而無形，坤資生則氣凝而成質。故在乾第曰元亨利貞，而坤則曰
元亨利牝馬之貞。馬，乾象也。乾之所施，而坤保合之，遂成形
質。所謂保合太和乃利貞也。此言陰陽化育之功，乃坤之全德也。
乾坤同具四德，然元亨屬乾者多，利貞屬坤者多。」參見馬振彪：
《周易學說》（廣州：花城出版社，2002 年），頁 33。

10　轉引自黃霖編著：《文心雕龍彙評》，頁 15。

11　文學之經學，謂出於文學家之角度，詮解五經之義理。與經學家自
經言經，以經解經之訓詁方法不同旨趣。參見吳雁南、秦學頎、李
禹階合編：《中國經學史》，第五章第二節之二「文士解經」（福
州：福建人民出版社，2001 年），頁 296。吳氏等人舉歐陽修《詩
本義》、范仲淹解「易」，李覯治「易」等為例，說明這些人的解
經都屬於文士解經，與知「道」者以經求經大不一樣，文士解經專
在求經之意義，而知道者解經務在繩經以性理。案：此即文學經學
之意涵。

12　有關文論境界說的討論，以黃景進《意境論的形成》一書最精詳，
今觀全書追溯意境與境界一詞之來源，提出境界一詞西漢即有，非
始自佛教。但是境界在文論之出現，則皆始自唐代《文鏡祕府論》
以後，由此可旁證《文心》全書並無後世所謂的境界論。參見黃景
進：《意境論的形成》第二章「境與創作觀念的結合」（臺北：學
生書局，2004 年），頁 51。另外，古風《意境探微》一書亦縱論
文論史的意境論，全書首揭《文心雕龍》一書是意境論之奠基者。
該書補證《文心》全書除〈隱秀〉篇有境字，在〈詮賦〉篇「與詩
畫境」，〈論說〉篇「般若之絕境」等二例有境字。甚是。可惜未
辨證佛家境界義與《文心》此三例境字之關係。參見古風：《意境
探微》（南昌：百花洲藝文出版社，2001 年），頁 51。

13　根據這裡對「境」字在思想史之考察,可援「理校法」校證〈隱
　　秀〉闕文必明代以後增補,蓋其時佛教已盛,法相宗普為人知。

14　有關佛教苦集滅道,與《顯揚論‧成苦品》首立行苦、苦苦、壞苦
　　三苦相之討論,參考熊十力:《佛家名相通釋》(上海:上海書
　　店,2007 年),卷上頁 91。

15　關於《文心》全書與佛教之關係,方元珍《文心雕龍與佛教關係之
　　考辨》一書已做了正反意見的整理,而得出的結論是劉勰《文心雕
　　龍》全書是儒家思想,非佛教思想。一些佛教語詞的應用,方元珍
　　謂:「皆舍人取資釋書,以利論文,非在闡明佛理。」參見方元
　　珍:《文心雕龍與佛教關係之考辨》(臺北:文史哲出版社,1987
　　年),頁 120。案:方書未舉境業苦等字作思想史分析,僅舉般
　　若、圓通、圓合、半字。

16　〈繫辭傳〉章節之分,《易》學家各有分法。茲傳朱熹《易本義》
　　一書之分標示章次。此段引文見於〈繫辭下〉第八章。

17　轉引自馬振彪:《周易學說》(廣州:花城出版社,2002 年),頁
　　708。案:此段「蔡清曰」引文又見於李光地《周易折中》一書,
　　李引有「法者,事理當然之則也」一句,馬引缺。可補釋度即法則
　　之義。參見李光地:《周易折中》(成都:巴蜀書社出版社,1998
　　年),頁 944。

18　引自李曰剛:《文心雕龍斠詮》(臺北:國立編譯館中華叢書編審
　　委員會,1982 年),頁 2323。案:不惟李氏未注〈時序〉來自《易
　　經》時位,詹鍈《文心雕龍義證》引王利器校證與楊明照校注,二
　　家亦缺注《易經》之時位。

19　參見李光地:《周易折中》(成都:巴蜀書社出版社,1998 年),
　　頁 947。案:今人解《易》此句「初辭擬之」,亦作擬議解。如屈

萬里、高亨等。又案擬議即〈繫辭上〉擬議以成其變化一句之擬
議。

20 認為《文心》全書有文辭陷阱,理論有窮巷,首見於王夢鷗〈文心
雕龍質疑〉乙文,收入王夢鷗:《古典文學論探索》(臺北:正中
書局,1984年),頁1992-218。今括舉其中三段原文,以見一斑:
其一王氏云:「他解釋那似『爻象之變互體,川瀆之韞珠玉。互體
變爻而化成四象,珠玉潛水而瀾表方圓。』像這樣枝辭表意,其實
要歸結到他俱有相對性的基本觀念,那就是他老早說過的『體要與
微辭偕通,正言共精義並用』,是一種既左之又右之的調和說,唯
其為調和說,所以許多用『必』字的地方,都欠圓該。」又云:
「他把『經』定義為『恆久之至道,不刊之鴻教』,是不可變易
的。但他又知道後世之所以不復有『經』,是為著『情變』『文
變』的緣故。然則『情』『文』不特又是可變易,而且已經成為變
易的事實了。在此又變又不變的定理之間,使他的論說左右馳突,
只能回到互相敷衍的調和論上。」又云:「總之,《文心雕龍》諸
篇,對於文辭之分析,具有遠邁前人之深刻的見解;但為著『宗
經』『體經』一節,使其理論上發生很大的困難。這或者是為著他
受著『易』字三義說的影響,要在矛盾中求統一。然而矛盾律永遠
是在變動著的,既承認其變動,就難求其一定。既難一定,則於
『經』乎何有?這是其理論上的困難之一。」

21 就此二元論折衷法,參照《劉子·九流》提出二化之說,同樣採取
折衷論,可輔證《劉子》與《文心雕龍》二書理論基調相通,二書
當為同一作者。〈九流〉云:「道者,玄化為本。儒者,德教為
宗。九流之中,二化為最,……今治世之賢,宜以禮教為先,嘉遁
之士,應以無為是務。」此段話明示儒道二元折衷之論可證《劉

子》一書非專於道家思想。參見王叔岷：《劉子集證》（臺北：臺聯國風出版社，1975 年），頁 261。

應用《文心雕龍》理論
分析卜辭文學

一、序論

在《文心雕龍·書記》篇言及卜辭文學的相關術語者，有三條。即：占、符、契。雖曰有三，實則「契」不能算是。契，甲骨學每言「研契」，契有刻意，謂刀刻於甲骨之文，故曰「契文」。契文就是甲骨卜辭。但在〈書記〉篇講的契，是指上古結繩而契之「契」，是記號的意思，不是契文。

如此一來，〈書記〉篇所談及的卜辭文學，應該只有占與符。若然，何謂卜辭文學？其性質為何？請先簡述之。

根據甲骨學的說法，占卜原當分卜與筮。卜以兆現，筮以數知。而殷人用卜，周人用筮。今天所見的出土甲骨即為卜辭。至於筮辭，則可見於《左傳》。茲以卜辭論。卜辭是先有龜兆與骨兆，貞人再憑獨家絕學根據兆以判定吉凶。

吉凶得出來後，再將所問之事與其結果契刻於甲骨上。從這樣的理解，便可斷定卜辭之前，一定先有一個概念或事例，也即是說，有一個「寫作對象」，今語「題材」，而後加以書寫的。

這就與今日所謂「文學創作」無別，由此而知卜辭之性質合乎文學的條件，絕無問題。故而卜辭是文學，卜辭便可援引文學理論加以討論，所以，《文心雕‧書記》篇會注意到它，乃是極自然之事。[1]

　　在明瞭了卜辭的性質可以是文學之後，接下來，得就《文心雕龍》所談到的卜辭有那些？以及今天出土的甲骨文材料所見卜問的內容又有那些？

　　據嚴一萍先生《甲骨學》所列出的兩種卜辭內容說法，分別是二十類與四十八類。二十類的說法是：

(1) 卜祭祀　　(2) 卜征伐　　(3) 卜田狩　　(4) 卜游
(5) 卜直　　　(6) 卜行止　　(7) 卜旬　　　(8) 卜夕
(9) 卜告　　　(10) 卜匄　　　(11) 卜求年　(12) 卜受年
(13) 卜日月食　(14) 卜有子　　(15) 卜娩　　(16) 卜夢
(17) 卜疾　　　(18) 卜死　　　(19) 卜求雨　(20) 卜求㢓
　　　　　　　　　　　　　　　　　（《甲骨學》上冊，頁七三七）

持此二十類卜辭對照〈書記〉篇，「占」這一類可以包括之。占在〈書記〉篇說成是「星辰飛伏，伺候乃見，登觀書雲，故曰占也」，言下之意，卜日月食與卜求雨這兩類卜辭屬之。茲再對照四十八類的說法如下：

(1) 卜祭祀　　(2) 卜求年　　(3) 卜帝　　　(4) 卜冊
(5) 卜使人　　(6) 卜㞢崇　　(7) 卜征伐　　(8) 卜供人
(9) 卜雉眾　　(10) 卜命　　　(11) 卜田狩　(12) 卜呼
(13) 卜取　　　(14) 卜挈　　　(15) 卜步　　(16) 卜至
(17) 卜王出入　(18) 卜往出　　(19) 卜來　　(20) 卜去
(21) 風雨卜　　(22) 卜暘㢓　　(23) 卜夢　　(24) 卜疾

（25）卜死　　（26）卜有子（27）卜娩　　（28）卜王

（29）卜旬　　（30）卜夕　　（31）卜歸　　（32）卜得

（33）卜用　　（34）卜若　　（35）卜🜨　　（36）卜陟降

（37）卜堊　　（38）卜雀　　（39）卜王聽（40）卜徝

（41）卜从　　（42）卜囚告（43）卜鹽王事（44）卜舞

（45）卜乍　　（46）卜王固曰（47）卜小告二告

（48）卜不🜨🜨（同前揭書，頁 737-738）

持此以對照〈書記〉篇的說法，則卜命、卜風雨、卜往出、卜夢、卜得、卜用等此類的卜辭都可看作是〈書記〉篇講的「占」與「式」、「符」三種書記體。

可是，眾人皆知以上的比附，根本是「紙上談兵」，查無實據。因為，在《文心雕龍》成書的時候，甲骨文尚未出土。劉勰絕不可能真的看到甲骨卜辭，而後才寫下〈書記〉篇。

既然劉勰不可能看到甲骨文，可他為何在〈書記〉篇論到占辭呢？顯然，在劉勰的時代，及其以前，必有一種占卜之書，形成在歷史上的一種文體，使到劉勰不得不注意它，以建構它這一部「體大思精」的文學理論。

那麼，劉勰真正看到的占卜文學，究竟是什麼呢？說穿了，就是《易經》這部書。因而，吾人有必要先探究劉勰到底在《文心雕龍》乙書中發表過什麼《易經》的看法。[2]

二、易經與文學

劉勰《文心雕龍‧原道》所言之道，即易道。故而所揭文理，即仿自易理。易理之用，或用易之辭，以為詞典故實，或用

易之理，以說明文術。〈隱秀〉論辭須有秀句，意要包言外之餘，即其例。

　　〈隱秀〉言文辭與文意兩方面之理。均以自然為標，以神境為目的。即謂隱與秀之極致在於「神」。此神字即易所謂妙萬物而為言之神。故而〈隱秀〉云：

> 使醞藉者蓄隱而意愉，英銳者抱秀而心悅。譬諸裁雲製霞，不讓乎天工；斷卉刻葩，有同乎神匠矣。

此言謂不論蘊藉於文意，或英銳於文辭，均要做到「不讓乎天工，有同乎神匠。」此「天工」即自然之為，此「神匠」即自然之境。二者均出於易之理。故隱秀之最高境界即「自然會妙」。此隱秀暗用易理之一證。若隱秀明用易之理，又可見於篇末贊語云：

> 贊曰：深文隱蔚，餘味曲包。辭生互體，有似變爻。言之秀矣，萬慮一交。動心驚耳，逸響笙匏。

此言互體，言變爻，即漢人京房易說一派常道者。而互體者，就每卦之二三四爻取一象，三四五爻又取一象。此二象，非原來上下兩卦之象，故曰互體，文辭仿之，即要在原有的字面意義上，另生它義，乃至歧義。變爻者，亦仿此。一卦之陰陽全變即為變爻。乃正反之義，故文辭或因此而有正反之深意。此即隱秀所強調者。

　　劉勰說經書之文學，首用兩大術語，一是經書具有「性靈文章」之價值，二是經書的文義辭句具有「性情文理」的詞彙。可見，劉勰對經書所具有的文學地位，十足地肯定，並且相當看重。

　　再有一個重要術語是「骨髓」。劉說經書是「極文章之骨髓

者也」，這裡的骨髓應該就是〈風骨〉篇的「骨」字涵義。那麼，經書的文學性，在劉勰的評價裡應是最有「風骨」的文章。

合起來看，劉勰在〈宗經〉篇講到經書，是具有性靈與風骨的文章。而《易經》是經書之一，當然也就具有這樣的價值。

若從五經個別論，劉勰又都各有分說。說《易經》的部份，在〈宗經〉篇裡，有二條要言：

一、《易》惟談天，入神致用。故繫稱旨遠辭文，言中事隱，韋編三絕，固哲人之驪淵也。

二、故論說辭序，則《易》統其首。

這兩段話，應可視作劉勰對「易經文學」這一課題的主要意見。細觀之，或以「易理」說文學，或以「文體」說文學。然不論何謂，均足以見證劉勰對「易經文學」這一課題的重視。茲再就《文心》全書它篇有關易理者，擇要述略如下：

甲、是以世疾諸混同虛誕，按歸藏之經，大明迂怪；乃稱羿弊十日，嫦娥奔月；殷湯如茲，況諸子乎？

（《文心雕龍・諸子》）

案：此句出自〈諸子〉篇，用來說明諸子有二大派別，一是「純粹」，一是「踳駮」。而這一段話所指的《歸藏》蓋屬之踳駮類。言下之意，劉勰對商代易學的代表著作《歸藏》視為虛誕之書，隱含有貶抑之意。若然，《周易》卦爻辭也有很多荒誕不經之語，劉勰對之評價又如何呢？[3]

乙、大舜云：「書用識哉！」所以記時事也。蓋聖賢言辭，總為之書；書之為體，主言者也。揚雄曰：「言，心聲也，書，心畫也，聲畫形，君子小人見。」故書者，舒也，舒布其言，陳之簡牘，取象於夬，貴在明決而已。

（《文心雕龍·書記》）

　　案：此句出自〈書記〉篇，用易卦「夬」之取象以定義書記一詞含義，是劉勰直接引用《易經》來為文體「釋名以章義」最明顯之一例。夬卦一陰乘五陽▦▦，從卦象看，是面臨決策，所遇堅健而難定，必須有莫大勇氣，始利於往。故而劉勰按之「象傳」，取「夬，決也，剛決柔也。健而說，決而和」之意，認為書記這種文體依例須仿此。若然，劉勰對「書記」文體的評價，是否即夬卦的卦理呢？

　　丙、心生而言立，言立而文明，自然之道也。傍及萬品，動植皆文；龍鳳以藻繪呈瑞，虎豹以炳蔚凝姿；雲霞雕色，有踰畫工之妙；草木賁華，無待錦匠之奇。

（《文心雕龍·原道》）

　　案：此句出自〈原道〉篇，是劉勰整部《文心》全書最基本的理論總綱，即載道之文。而此道，原非任何什麼家之道，乃劉勰自創之「自然之道」。文學在劉勰的定義中，謂自然之道的文學。〈原道〉篇全篇開宗明義在釋「道」之為物，這便引發龍學研究中極熱門的論點，要追問劉勰之思想為何？《文心》全書之思想為何？大抵學者總在或道或儒二家去論述。但由〈原道〉文句，多次用易理，引易辭，可知，劉勰之道，更準確地說，應為「易學」之道。此句中「賁華」一辭，即是劉勰直接引用易卦之又一顯例。黃叔琳闕注。王更生與詹鍈則已注出賁字實用《周易·賁》之卦意。而賁卦根本之象是山下有火，本為放光明之意。但賁卦不取華麗光明之旨，而宗尚「白賁，旡咎」的樸質無華，這才是「自然」之本色。此卦意之解，當即《文心》自然之道源自〈賁〉卦明顯之證。由於《易經》遠早於諸子，〈賁〉卦

自然素樸之「白賁」既已先出，則《老子》乙書之自然概念，與《文心》〈原道〉關係，便難為證。宜上溯至〈賁〉卦之理。[4]

丁、書契斷決以象夬，文章昭晰以象離，此明理以立體也。四象精義以曲隱，五例微辭以婉晦，此隱義以藏用也　故知繁略殊形，隱顯異術，抑引隨時，變通會適，徵之周、孔，則文有師矣。

（《文心雕龍‧徵聖》）

案：此句出自〈徵聖〉篇，全文除「五例」一詞出自《春秋經》之外，其餘諸句莫不是易辭與易學觀念。主要論及三點易經文學，一是〈夬卦〉的取象與「書契」文體有關，講究「明快」。二是四象乾坤坎離，取其「隱義」之卦旨，講究文章的「隱藏」。三是取象於（隨）卦，隨時變化，將「明快」與「隱藏」兩種寫法善加變通，不拘於一格。這三點，極其具體地勾劃易經文學的三面向。可以總括之曰：明快昭晰之文學觀，隱藏精密之文學觀，變化通達之文學觀。而全文一共用了《易經》之〈夬〉、〈乾〉、〈坤〉、〈坎〉、〈離〉、〈隨〉等六卦。[5]

戊、《易》稱辨物正言，斷辭則備；《書》云辭尚體要，弗惟好美。故知正言所以立辯，體要所以成辭；辭成無好異之尤，辯立有斷辭之義。雖精義曲隱，無傷其正言；微辭婉晦，不害其體要。體要與微辭偕通，正言共精義並用，聖人之文章，亦可見也。

（《文心雕龍‧徵聖》）

案：此句仍出自〈徵聖〉篇，可與前揭句共相發明。在此句中，劉勰將「經書文學」大別之為二類，即《易經》與《尚書》。並據之又將此二類各予兩種類型的文學特徵，即體要與正

言，微辭與精義。而《易經》是微辭與精義，《尚書》是體要與
正言。這樣對易經文學類似之看法，頗與現當代學者分析「易經
文學」相通。如居乃鵬將《易經》文辭體例分成設象辭、記事
辭、占斷辭，其中設象辭用比喻，不是直接，因而許多微辭精義
須由虛象與實象暗示。高亨歸納《周易》的藝術特點，認為比喻
也是其中一項，尤其《周易》的比喻有寬廣的象徵作用，可以應
用到許多人事上，方便卜筮者的聯係推演。張善文也分析了《周
易》的象徵作用，是伴隨著哲理色彩的暗示性，使其鮮明化、深
刻化、含蓄化。這三家的意見，一再證明了易經文學充分發揮
「象」的微辭與精義。[6]

　　己、夫《易》惟談天，入神致用。故繫稱旨遠辭文，言中事
隱，韋編三絕，固哲人之驪淵也。

（《文心雕龍・宗經》）

　　案：此句出自〈宗經〉篇，再次申明易經文學的「精深特
質」，可與前揭句相輔證。但這裡劉勰更進一步點出《易》的精
深，已到達極致，所以是「入神」的境界。卦爻辭的旨意極其深
遠，所描述之事例又極其隱晦，故而哲人如孔子者，也不得不三
番兩次讀而再讀，以揣摩含意。易經文學的「精深」特性，於此
表露無遺。若按之〈體性〉篇所標八體觀之，則易經文學合當是
「遠奧」與「精約」這兩項。

三、文心雕龍與易學

　　過去，龍學家談論《文心雕龍》與《周易》關係的文章不是
沒有，但重點多半置於劉勰如何吸收漢易與王弼易的說法，如何

加入《文心》的文論體系。或引大衍之數五十以證《文心》全書結構五十篇，或引太極之道以推源《文心》〈原道〉篇之道實為《易經》之道，或據〈隱秀〉篇用互體說明「隱」義，以驗劉勰採用京房易學等等。諸如此類的論述，可以視作龍學的「跨學科」研究，闡述劉勰如何與其它學科連繫以建構自己博大精深的文論體系。

　　但這一類的研究，極少有注意到在《文心雕龍》一書中，易學與「占辭」的關係。也即是說，要談《文心》與易學，那「占卜文學」是否屬之？

　　前文已指出，到劉勰寫《文心》的時代，其所能見到的占辭，最習見的資料，應該就是《易經》卦爻辭。因而，劉勰與《易經》的研究，不當只及於易學理論，而當延伸至卦爻辭。即劉勰如何看待《易經》卦爻辭？劉勰對占辭的評論意見如何？

　　因為就《文心》全書而言，占與式如果是文學，《文心》放在〈書記〉篇說它，而非〈原道〉、〈徵聖〉、〈宗經〉等它篇。可知，易經文學與占卜文學，在《文心》全書中固有所區別。然而，就二者之性質，卦爻辭何嘗不也是一種占？其不同在此曰「易占」，非彼「鳥占」。

四、理論印證作品

　　在未歸納《文心雕龍》的「占卜文學」理論之前，有必要先理解《文心雕龍》所談及的占卜之內容為何？〈書記〉篇云「占者，覘也。星辰飛伏，伺候乃見，精觀書雲，故曰占也。」這是《文心雕龍》所解釋的占辭。

　　就此解釋看，不可謂不精簡扼要，所缺者，就是沒有「實際作品」為證。到底在《文心》書以前，占辭出現過那些？以便可以之為據，用來說明《文心》所指的「占」這一文體？

　　為此，歷來注釋家們解此句即遍引目錄學所見雜占書，並略解此類書內容，以驗證《文心》所云。譬如范文瀾的解釋，謂：「占，視兆問也。」下引《春秋左傳》僖公五年有「遂登觀臺以望而書」文為注。據《左傳》此文所謂的觀臺，應為「望氣」之占。故而范文瀾之注，當認為〈書記〉篇的『占』是望氣占。（《文心雕龍》，卷五，頁五九）

　　可是，范文瀾又引《京房積算易傳》的〈雜占條列法〉出注，以「世應飛伏」解釋「占」。這是用京房易的說法。而京房易與「望氣占」，其實是不同的。范文瀾的注兩說並列，結果是指那一種為確解？不得而知。

　　楊明照的校注就在二者之中，捨京房易而選擇「望氣占」。（《文心雕龍校注拾遺》，頁二二二）顯然，〈雜記〉篇講的「占」，應該是指雲氣占。可惜，楊明照的注沒有引實際作品作證。致使《文心》〈雜記〉篇講的占沒有相對的作品可資理論驗證。

　　到了詹鍈寫《文心雕龍義證》，對此問題，仍然不得解決，反而又回到范文瀾的兩注並列法。注解說「占」是相候之占，也是京房易占。（《文心雕龍義證》，頁九五。）同詹鍈說法者，尚有李曰剛（《文心雕龍斠詮》，頁一〇九一）；王更生（《文心雕龍讀本》，頁四七六）與李景濚等。（《文心雕龍新解》，頁二三〇）

五、文心以前的占辭

在疏解了〈書記〉篇所講的「占」字涵義之後,眼前當務之急,厥在指出《文心》之前,所能見到的占辭文學有那些?

吾人皆知,古人「占」的方法很多,今傳唐玄宗時代編成之《開元占經》,門法不一,流派龐雜,可想見一斑。但看這麼多之占法,有些未必有辭。即若有辭,這些辭能否達到《文心》〈雜記〉篇所講的標準?皆未可定論。倘再進而較論其中的「文學」成份,則問題更多矣!

今試以《敦煌殘卷占氣書》為例,略加論述。由於此卷既出敦煌,在長期湮埋中,近世始重見。根據何丙郁、何冠彪兩位學者的研究,此卷大約寫於晚唐,而且,此卷內容,據何氏謂:「最多見於天文乙巳占,稍次的是開元占經,但在文字方面,則和開元占經最為接近。」云云。(《敦煌殘卷占雲書研究》,頁四四)則拿它來印證《開元占經》的資料不是憑空杜撰,且必有所承,便是最有力的實物佐證。今試錄其中幾則如下:

1. 丙丁日有黑雲,不可攻。
2. 凡占雲,甲乙日平旦伺有白雲,不可攻。
3. 庚辛日赤雲,不可攻。
4. 戊己日青雲,不可攻。

(《敦煌殘卷占雲書研究》,頁六四—六五。)

關於現存可見之占辭,嚴可均《全上古三代文》輯有〈神農占〉與〈黃帝占〉二首。[7] 前者以月日占風占穀物種植,善不善與否。倘援引《文心》之易經文學論考之,僅可說是具有〈夬〉

卦明快決斷之功，而無設象引喻，以收象徵深刻之美。不似《易經》卦爻辭之精深曲義。

後首以五行帝德為占，頗似符命，只可視為《文心》〈正緯〉篇所講的緯書，以虛誕為尚，於聖訓無補，只有助乎文章，也達不到《文心》論易經文學的三種特質。（如前文所揭者）故而此二類占辭究竟不似《易經》的卦爻辭。

又馬國翰輯《玉函山房輯佚書》亦收有「雜占類」，讀其辭，有似祝禱之詞，故而馬國翰的考釋云：「禜禱之術，雖近小道，而用以弭災禦患，於政治大有補益。」云云。（《玉函山房輯佚書》四冊，頁三〇〇七）既然是一種禱詞，有序，有正文，有祝曰，儼然是一篇文章，而非卦爻辭之體，確然可知。由此而觀，以上兩種現存占辭，皆與《易經》為首的卜辭文學不同類。

今若據《文心》所述之卜辭文學理論，以實際分析占辭，得無削足適履之譏乎？

然則《文心》全書所謂之占辭為何？又占辭文體理論有乎？無乎？

六、式是什麼

〈書記〉篇講到醫歷星筮一類的雜體，有方、術、占、式（原作試）。有關「占」體的諸多問題既如上述，今請再旁及「式」體。

按照劉勰對「式」的解釋，說它是：「式者，則也。陰陽盈虛，五行消息，變雖不常，而稽之有則也。」據此，劉勰蓋以為式是一種陰陽五行的學問，這是沒錯。但例子呢？劉勰於〈書

記〉篇未舉。

其實，式到底是什麼？恐亦難言。自范文瀾引《漢書·藝文志》中五行家著錄《羨門式》二十卷注「式」字後，其它注家，大抵不出這個理解的範圍。[8]

然《羨門法式》乙書未傳。其實，兩漢以前的式法書已罕見，想理解式的法則只可從晚出的資料索解。不然，就只有寄望出土實物的新資料了。

根據北宋楊維德《六壬神定經》之說，「式」乃是結合五行陰陽與二十八宿而演化的一種天文占法。楊氏云：

> 造式，天中作斗杓，指天罡，次列十二辰，中列二十八宿，四維局。地列十二辰，八干，五行，三十六禽。天門、地戶、人門、鬼路、四隅訖。

> 　　　　　　　　　　　（《六壬神定經·釋造式》）

照這個說法，顯然比〈書記〉篇講的式法，更複雜多了。式，不止用五行，尚且要將此五行納入二十八宿與四方神十二時辰。式法要配合天與地，用「天圓地方」的概念。而這又是易學的說法。但「式」到底又應用了易學那一部份呢？

以唐宋人的式法著作看，式所用的陰陽五行要納入易學的九宮圖，才能運作。特別是漢代流行的太乙九宮法，以一為太極而生二目，二目又生四輔，再演為八將。太乙每一元有七十二局，每三年太乙遊一宮，二十四年而遊九宮畢。但真象如何？仍未得其詳。

古代式法其實已難索解，愈到後代，更因六壬占法的出現，吸收了太乙式法，融合一起。遂只能在六壬法理論中揣摩一二了。

　　可是，以六壬法去解釋〈書記〉篇的式，究竟非劉勰原意？
則劉勰所見到的式法真象如何？不得而知了。更大的問題是，這
些式法的「文書」原樣為何？史料闕遺，根本無實例可資參證。
可偏偏劉勰要在〈書記〉篇提到它，留給後學者去考求，這是龍
學研究的困難之處。

附註：

1　有關甲骨文占卜性質與占卜方法的說明，我主要根據嚴一萍《甲骨
　　學》乙書的說法。詳見該書第四章鑽鑿與占卜，特別是頁 699-721
　　的部份文字。

2　這個說法，未必正確。劉勰除了肯定看過《易經》之外，算作占辭
　　無疑，他是否又見過其它占辭？這要看占辭體式在劉勰以前是如何
　　呈現？以《離騷》為例，有句「命靈氛為余占之」，此句中的「占
　　之」，就是占辭。分別有二句，一句是「兩美其必合兮，孰信修而
　　慕之？思九州之博大兮，豈惟是其有女？」，另外一句是「勉遠逝
　　而無狐疑兮，孰求美而釋汝？何所獨無芳草兮？爾何懷乎故宇？世
　　幽昧以眩曜矣，孰云察余之善惡？」觀此二句之語辭與《易經》卦
　　爻辭異乎其趣，但這也是占辭？可見占辭應該有不同之樣式？這幾
　　句騷辭，一般注家以為「世幽昧」以下二句是屈原答辭，非占辭。
　　這問題之考證，徐復《後讀書雜志》，頁 259 討論甚詳，可參。又
　　另見敦煌寫卷伯 2512，有星占資料，分別是（一）星占殘卷；
　　（二）二十八宿次位經；（三）三家星經；（四）〈玄像詩〉與
　　〈日月旁氣占〉等。今觀此四項內容，占辭簡略，未必符合〈書
　　記〉篇所說「清美以惠其才，彪蔚以文其響」的標準。（此卷據鄧
　　文寬《敦煌天文曆法文獻輯校》抄錄，見該書頁 3-57）

3　這一段話中「殷湯」一辭，黃叔琳與范文瀾的注都說湯乃易字。王
　　更生《文心雕龍讀本》亦從之。（頁318）然筆者據元至正刊本《文
　　心雕龍》仍作　「湯」，以為不須改。蓋商湯或曰殷湯，鄭康成
　　曰：殷陰陽之書存者有歸藏。此即殷代易書，不名周易，而稱《歸
　　藏》。故而何須強改「殷易」？

4　王更生之注「賁華」，未引孔子占賁之說，（見《文心雕龍讀
　　本》，頁六）詹鍈之注，引《說苑・反質》載孔子卦得賁喟然而嘆
　　之典故。（《文心雕龍義證》，頁九）案：《孔子家語・好生》亦
　　載孔子得〈賁〉卦之故實。《說苑》與《家語》皆宋齊以前之書，
　　劉勰必有見及此。據此，《文心》〈原道〉之取〈賁〉卦自然無華
　　之意，即使不是直接，亦可視為轉引。（《孔子－周秦漢晉文獻
　　集》，頁608）

5　這一句之「抑引隨時」之隨字解，各家注均不引《易經》《隨》
　　卦。案：〈隨〉卦象傳云：「動而說，隨，天下隨時，隨時之義，
　　大矣哉。」當即「抑引隨時」之取義，故而視作〈隨〉卦出典，可
　　參。

6　以上所引三家之說，分別是居乃鵬〈周易與古代文學〉、高亨〈周
　　易卦爻辭的文學價值〉、〈周易卦爻辭的文學象徵意義〉，三文收
　　入黃壽祺、張善文編《周易研究論文集》第四輯，頁126-163。

7　嚴輯蓋自《開元占經》一百十一卷與《春秋考異郵》輯出，今收入
　　《全上古三代秦漢三國六朝文》，頁10-11。

8　注解「式」字，歷來注家大同小異。只有近年祖保泉有較直接說
　　法，祖氏云：「即後世所謂羅盤。」（《文心雕龍解說》，頁
　　508）

應用《文心雕龍》理論分析
《周易》文學

　　《文心雕龍》的研究成果，真可用"琳琅滿目"、"粲然大備"來形容。試以《文心雕龍學綜覽》一書做標竿，便可印證此說之可信。但即使如此，我總自覺到龍學研究似乎缺少了一點什麼。仔細一想，首先想到的是，《文心雕龍》理論的"應用"，或者說"實際批評"，應該是目前較少研究的課題。就算有，量與質都遠遠少於其它部門的研究，頗值龍學專家們一齊來思考這個問題。

　　自民國以來，龍學研究者比較專注"應用"問題而寫成專著者，首推劉永濟《文心雕龍校釋》一書。這本書雖以"校釋"為名，但是精彩之處，卻在每一篇校字後的"釋義"。特別是釋義中經常引據古代相關作品做討論，雖然偶見詳略不一的情況，但對《文心雕龍》理論的實際應用，卻分析得很貼切周到。譬如以《鎔裁》篇的理論為例，《鎔裁》篇主要講三準理論，劉勰云："是以草創鴻筆，先標三準：履端於始，則設情以位體；舉正於中，則酌事以取類；歸余於終，最撮辭以舉要。"這是說用三個標準來看文筆，這三個標準，劉永濟歸納，認為即三個字：情、事、辭。但這三個標準的含義，注家卻各有不同意見。姑不論這

些意見如何，最後的結果，應該是如何把這個理論加以應用在實際作品分析，而不是僅僅止於用大量文字反覆辯證它的含義。可惜，大部分的龍學家儘管旁徵博引，強為注說，都只是解釋再解釋。

只有劉永濟在釋義後，特引宋玉《風賦》為例，說明《風賦》的哪一段、哪些句子，是"設情以位體"，另外又有哪些段、哪些句子是"撮辭以舉要"，以及哪一段描寫是用到"酌事以取類"。（《文心雕龍校釋》，頁 120）如此一來，龍學的三準理論總算有了可以實際應用的機會，而不致於僅僅停留在"純理論"的層次。

如果照劉永濟的方法，如以延伸，吾人應該可以再問，把三準理論用到其它作品的分析又如何呢？我所說的其它作品，尚包括現代當代作家的作品，不是只限在古代作家。這樣問下去，我以為如果有答案，那才是今後龍學研究的方法之創新，以及成果之突破。

試以《周易》為例，就"位體"而言，《周易》是哪一種體？很難說定。雖然《宗經》篇說到"論說辭序，則《易》統其首"，其意思是說《周易》為論說辭序這類文體的本源。但是否即表示《周易》這本書的文體就是論說辭序呢？稍明《周易》一書有經傳結構者，都知道劉勰這話是有問題的。至少，都知道他所講的"《易》統其首"的《易》，只是《周易》的傳文部分，而不是經文的卦爻辭。就傳文即所謂"十翼"而言，序卦雜卦有如"序"體，乾坤二卦文言有如"說"體，系辭傳綜述《周易》一書全書體例思想，可看作是"論"體與"辭"體。這樣，《周易》的傳文，確實是"論說辭序"四種文體之首。可是，《周

易》的經文呢？想要運用《文心雕龍‧熔裁》篇"設情以位體"的體字理論概念去分析《周易》的經文，頗值得費思。《周易》的經文真有"論說辭序"四體嗎？顯然沒有。因為《周易》的經文，即卦爻辭，都是用"象"表現，以象見意，跡近形象語言的寫作，它不會是論說與辭序四體的筆法。那麼，如果用《文心雕龍》"體"的理論去看《周易》經文，則經文會是個什麼體？

　　由於"設情以位體"的體，是要配合"情"而產生，有什麼樣的情（志），就選擇什麼樣的體，所以，關鍵又在"情"字的含意。劉永濟曾經把孔子、孟子、莊子、揚雄等四家所講的意與志，取來與劉勰的"情"字做一比較，得出結論，認為劉勰的"情"字，即諸四家所講的"志"、"意"、"心"、"義"等涵義。（《文心雕龍校釋》，頁 120）而王元化則引述《神思》篇"意授於思，言授於意"的思意言關係，認為它是"預示了《熔裁》篇的三個步驟"，乃是根據《文心雕龍》全書的體例和方法做出的判斷。（《文心雕龍講疏》，頁 203）這樣，結合兩家的意見，可知"情"字不可單獨看，它在《文心雕龍》全書是要與其它篇聯繫合看的。這種龍學有系統的研究方法，值得注意，應該推廣。准此以推，"設情以位體"是組織文章的第一步，這第一步要考慮，"意思"或"情志"如何在內心發展，如何找到一個妥當的形式當裁體，也就是如何選擇文體。

　　依此理解，《周易》經文有些什麼"意"、什麼"情志"，是一個問題，接著，《周易》經文到底選用了什麼樣的體來表現那個意、那個情志，則又是一個問題。剛剛前面已斷言，《周易》經文不可能是論說辭序之文體，那應該是什麼體呢？且這種體在後代有些什麼聯繫或發展呢？試問後代又用什麼"體"去規

範與界定《周易》這種文體呢？

　　欲回答這一連串的質疑，恐怕很難。若進一步要再應用《文心雕龍‧熔裁》篇的三準理論做分析，恐又更難。為此，筆者曾經撰寫過兩篇文章：《運用文心雕龍理論分析卜辭文學》、《運用文心雕龍理論分析易經文學》，嘗試這一課題的研究，取得一些研究成果。認為：

　　其一《文心》與《易》之關係，宜將《易》分爲《易經》與《易傳》。

　　其二《文心》與《易》之分析，亦得先厘清《文心》的結構有本原論、體裁論、創作論、鑒賞論。以今見《文心》全書論及《易》之條文而知，《文心》視《易》爲本原論，此乃因“宗經”之故。但此處《文心》所理解的《易》之“宗經”，實乃就《易》之傳文，特別是見載於《繫辭傳》的易理而引伸，非就《易》之卦爻辭直接取義。再次，《文心》以《易》爲“論、說、辭、序”四體爲體裁論，此處所謂四體之首，實指《易》之“傳文”，而非卦爻辭。然則，《文心》全書究竟將《易》之卦爻辭經文當作文學作品？以及文學作品中的有什麼體裁？有待龍學界進一步研究。

　　其三今以現在代《易》學結合晚近文學批評史新看法，確立《易》之卦爻辭，實乃具備高度寫作手法技巧，類乎“詩”之形象美的文學作品。然則，《易》之卦爻辭當歸爲《文心》體裁之何類？值得深思。卦爻辭既屬文學作品，則援引文心之“創作論”以分析之，應爲《文心雕龍》全書理論應用之一途。

以上的結論，主要重點在視《周易》卦爻辭為文學作品。這已經由前述兩篇文章的論證得到證實。現在，進一步延伸這個結論，用三準理論的 "體位" ，來分析卦爻辭，它會是怎樣的面貌呢？卦爻辭如果成就為一種 "體" ，那是什麼體呢？今試分析《明夷》卦。明夷的 "情" 或 "意" ，卦爻辭不明說，而用 "象" 表示，不，應該說是 "暗示" 。但卦爻辭也有不用象，而採用 "直說" 的方式。例如卦辭云： "利艱貞。" 三個字有如斬釘截鐵的斷語。這就是《易》學家如高亨所講的卦爻辭之 "占斷辭" 結構，完全直接說出吉凶斷語，這三個字即此例。它沒有用象，只是把明夷的總結果先交待清楚。 "設情以位體" 的 "設情" ，在此是直接顯現的。說明《明夷》卦有利於在艱困時堅守本位，隱忍不出，因此而得吉利。經文的意思如此，它選用的體也即採用直述式之語言體式。

以下六個爻辭又如何呢？初九云： "明夷於飛，垂其翼。君子於行，三日不食。有攸往，主人有言。" 這條爻辭複雜些，技術也高明了。不但用對比的偶辭做為修辭手段，還用充滿象徵的 "象" 進行形象描寫。在此，因只見 "象" ，故而 "意" 是隱藏起來的。據 "設情以位體" 而言，此爻的 "情志" 是藉由象來暗示，沒有直接說出，不像前舉卦辭那樣。於是，對 "象" 的領會與解釋，便是把其中的 "情志" 解出來。而它的情志是什麼呢？根據象數派，有象數解法；根據義理派，有義理解法。荀爽云： "火性炎上，離為飛鳥，故曰於飛。為坤所抑，故曰垂其翼。陽為君子，三者陽德成也。日以喻君，不食者不得食君祿也。" （《周易集解纂疏》，頁 430）這樣的象數解，只是解說飛鳥垂翼這個象的來源出處，說明君子為什麼是君子，以及不食的原

因，並沒有把飛鳥垂翼與君子不食這樣的象，所包括的“含意”說出來。義理派就有別說了，丘富國云：“初體離明，去上最遠，見傷即避，有飛而垂翼之象。君子知幾，義當速去，蓋可以不食，而不可以不去，去重於食故也。”（《周易折中》，頁151）這就清地把垂翼鳥象的含義說出來。原來這初九爻辭是藉一隻飛鳥把雙翅垂下來這個象，暗示不再飛，當暫避。這層意思，對比一個君子要注意事物初動時細微的“幾”，適時地把握“幾”，該退居隱避時，就不要勉強而行。這個意思就是鳥垂翼的象所寄託的“情志”。爻辭有了這個情志，選用了一種類似詩的形象語言這種文體，把情志表現出來，合乎“設情以位體”的理論要求。再看六二爻辭云：“明夷，夷於左股，用拯馬，壯，吉。”這一句與初九同樣用形象技巧，以設譬之辭，說到傷害在左股，不大善於行走，只好借助壯馬來拯救。意思是能自我警省，勉力持志，一時的傷害，全在自助人助，最後終得吉。這一個爻辭與前條唯一不同之處，即在句末加上一個“吉”字，做為判斷之辭。但總的來看，仍然是形象語言，文體不變，而全句的“情志”也是隱藏的。再看九三爻辭云：“明夷於南狩，得其大首，不可疾，貞。”細看之，還是形象，只是又加上了一層“敘事”成份。寫到向南方狩獵，有大斬獲，就是得到大首之意。這個“大首”意象，一般《易》學家的注，多有所影射，指“除害”的意思。但誰除害？除誰的害？爻辭卻未明說。不過，這一條爻辭寫的是一件“事”，一件無明確時間的歷史事件應無可疑。據此理解，此條爻辭除了合乎“設情以位體”之外，又有“酌事以取類”的手法。也就是說，同樣要把握“明夷”，有自我靈明，警惕自身的這層意思，初九與六二用的是形象文體，而

九三這條又加上了相近類似的事件，一面形象，一面敘事，雙重地把握了"明夷"的要旨。故而九三爻辭的寫法，舉事類為證是很明顯的。

六四爻辭云："人於左腹，獲明夷之心，於出門庭。"這條爻辭一看與九三類似，都在寫事件，而這條的動作更明顯。可惜太過簡略，因而為什麼一定入於左腹才能得到明夷之心？爻辭要表現的深意，令人費解。此句最後為什麼從門庭出來？顯然一入一出的行徑是隱晦的。而也因此條爻辭的"隱秀"太濃，《易》學家有的舉微子的事說它。楊時云："腹，坤象也，坤體之下，故曰左腹。尊右故也。獲明夷之心，所謂求仁而得仁，此微子之明夷也。"（《周易折中》，頁152）據此，九四爻辭所酌取的事類，居然是微子這個歷史故事，九四爻辭顯然是用了微子典故，就像唐宋詩人在詩句中用典一樣的手法。若不實指其事，《易》學家如朱熹乾脆就注說："未詳。"不能詳悉爻辭是記哪一件史事，但直接領會爻辭的敘事，還是可以讀出"酌事以取類"的效果。到了六五爻辭，就不再如此含蓄了，它直接就明用箕子佯狂為奴，以避免了商紂王為害的歷史典故。並且了下了斷占詞說像箕子這樣懂得保身的作法是利貞。六五爻辭云："箕子之明夷，利貞。"讀之非常爽朗明快，全卦《明夷》的情志表達，到了這一條爻辭算是總結，也可看作是由晦至明，由隱至顯的示意過程，漸進的、一層一層表現的形象手法，完全可以讀出來。仔細比較，這一條六五爻辭與前面四爻是不同的寫法，前面是形象語言，選用詩歌文體，這條則是敘事語言，選用散文文體。在此，吾人看到《明夷》一卦之中，"情志"的表現，至少因為表現的需要，而調整個別敘事手法，靈活地分別各用了形象

語言與敘事散文技巧兩種，可見在“設情以位體”這一理論要求下，《周易》的描寫是非常貼切吻合的。

　　最後一爻，上六爻辭云：“不明，晦，初登於天，後入於地。”細讀之，此條也不是形象，更接近於動作敘事，初登與後入是時間敘述，登天與入地是空間位置。而“不明，晦”一句是直述句，或者是說明句，沒有動作，也不是形象。那麼，此條爻辭不能拿前面一到五條的爻辭類型來規範它，可見此條爻辭在形式與語言手法兩方面是很有變化性的。就“撮辭以舉要”而言，此條選用的修辭方法非常特別。不明，即“晦”，是同義詞並置。初登於天與後入於地，則是反義詞相對，如果參用《文心雕龍·麗辭》所講的四對：言對、事對、正對、反對，此條爻辭用的是言對，且又是反對。而《麗辭》篇認為反對為優，正對為劣。此條爻辭正好選用了比較上乘的對偶方法。這樣看，《明夷》卦的結構，與三準理論中的“設情以位體”、“酌事以取類”、“撮辭以舉要”，可以說全都符合相配了。沒想到，最古老的一本書《周易》，下距《文心雕龍》千年之久，從文學理論的角度來看，居然也可以用《熔裁》篇揭櫫的三準理論加以分析，可證《文心雕龍》的理論不但適用於並世當代，也可通於上古作品。它真可說是一部彌綸天地，體大思精的文論經典。只是這樣的經典應該拿來用，實際操刀解剖，以證實它的理論效用，不要只停留在理論內容的注解，以及理論體系的建構，要藉由應用的研究新方法，開拓龍學研究的新方向，拓深龍學天地的更深更廣境界。這才是新世紀龍學新世界的可試途徑，寄望將來在《文心雕龍學綜覽》一書的修定時，能補上這一課題的新研究成果。

應用《文心雕龍》理論分析
《易經》文學

　　去年歲杪，余嘗有論文題目〈運用《文心雕龍》理論分析卜辭文學〉，討論《文心雕龍‧書記》所述二十種書記文體中占卜性質者。括舉「占」「式」二體，認為這是劉勰所見之占卜文學。得出兩項結論：

　　其一《文心》全書所論及之占卜文體，應以《周易》為主。故而，劉勰確認《周易》具有文學價值，當無疑義。

　　其二〈書記〉篇所講的「式」，經地下出土文物之輔證，近似今日所謂的「羅盤」。[1] 縱然如此得解，「式」若指羅盤，劉勰之意，應指由「式」占出的結果，而寫下之「文辭」（即卜問或占驗之結果），非指「式」本身。故而，出土器物之「式」，若無附見之「文辭」，僅為器物圖樣，仍然不能謂即劉勰在〈書記〉篇所見之「式」。

　　然則，《周易》之卦爻辭，今尚可見。由「式」而占之「式辭」（暫擬之詞），惜乎闕疑。倘欲規撫《文心》全書相關理論以述卜辭文學，具體可行之道，惟有自《周易》求之，據此，爰再撰本文，勾劃《文心》理論，以應用於卜辭分析，試申《文心》理論與實踐的關係。

　　劉勰《文心雕龍》一書，今觀其論文之術，有所謂文原論，述文章之本原，出於經典。所謂體裁論，詳述歷代文體一百七十九體。[2] 所謂創作論，闡明各體文章撰作技巧。所謂鑑賞論，示範權文衡筆之法。[3]

　　今就文原論而觀，首標文章之出，源自六經，而六經之中，《易》為群經之首。故文原論之首三篇，〈原道〉〈徵聖〉〈宗經〉，述經義文學，每每引據《周易》，以《易經》為參天緯地的第一部經典。

　　次以文學體裁論觀之，〈宗經〉篇云：「論說辭序，則易統其首。」直接明示有四種體裁，是來自《易經》。由此而知，《易》也可視作文學體裁。至於若問經書之文學性質呢？〈宗經〉篇首次揭明「文能宗經，體有六義」的六項經書文學特質。王夢鷗先生在闡明這個六義之體的涵義後，用現代詮釋語，作了如下的新理解，認為經書第一是由衷的話語而不是無病的呻吟。第二是明晰的話語而不是含糊的表述。第三是客觀的再現而不是臆造的事實。第四是堅定的意見而不是游移的指陳。第五是簡切的言辭而不是拖杳的敘說。第六是適當的組織，而不是故意的雕飾。（《古典文學論探索》，頁 196）

　　這樣的現代理解，更有助於經書文學的認識。但由此理解，亦尚有須待澄清者，試問此六義之禮，於《易經》能盡求之否？根據歷注解《文心·宗經》篇上引兩段有關原典之解釋，《易經》是論說辭序之本源，那是指《易傳》，而不是卦爻辭經文。蓋言易者，經文與傳文是要有所區分者。論說辭序的文體本源，黃季剛《文心雕龍札記》已指明是《易傳》中的「繫辭」、「說卦」與「序卦」諸篇，為此四體之原。（《文心雕龍札記》，頁

23）然則，吾人不免要問，經文本身又如何呢？[4] 再者，體有六義之經書特質，應指六經，而《易》必在此列。但也須辨明，是《易》之經文或傳文具有此六義特質？這樣一問，繼起之問題，便是《文心》全書視《易》為文學或文學本源？茲以出刊各家論著觀之，眾論大都扣緊《易》為文原論而發揮，較少直探《易》之卦爻辭經文。本論文乃嘗試以《易》之經文為文學作品，自《文心》之「文術論」或「創作論」分析《易》之經文，以便審驗《文心》理論之實際批評，應用之有效性如何。

一、〈章句〉

　　《文心‧章句》篇講安章宅句之法，首先下定義說「宅情曰章，位言曰句。」蓋謂表現情性，組織而成，是「章」。把每一句串連起來，安排恰當，成為一個篇章，這就是「句」。

　　句之下，就是「字」。〈章句〉篇雖講章句，但「字數」問題，也在討論之列。於是，由字而句，由句而章，由章而篇。如何調配順序，做到「離合同異，以盡厥能」，便是〈章句〉篇的主要理論內容。

　　茲總括〈章句〉篇的理論要點，不外三項：其一章句大小與安排，要守「隨變適會」的自然原則，因而是「沒有定準」。其二字數句數之多寡，也未必一定，要守「應機之權節」。其三要善用語助詞，像「之、而、於、以」或「乎、哉、矣、也」之類的字。巧妙運用，確能做到「彌縫文體」的效用。

　　根據以上三項理論基礎，《周易》卦爻辭便有諸多實例，足以提供《文心》理論的應用分析[5]。以〈需〉卦為例，卦辭「有

孚，光享，貞吉，利涉大川」，章句的形式是「2，2，2，4」整齊之中，末句拉長，頗見「句美」。再看六爻爻辭，從初九到六四，都是整齊的「3，3」句型，到了九五爻辭忽然增益一字，成四字句型，再到上六爻辭，便改成非整齊式的「散句」型式。變成「3，5，3，2，2」。幾乎涵蓋前面已見的所有句中字數。由整齊到不整齊，自然運用，隨變適會。且在上六爻辭加上「之」字語助詞，湊成句數。十分符合〈章句〉篇的理論，表現了安章完句的中和之美。

再看〈復〉卦，從初九到上六，若不計占斷辭「吉、無咎、凶」之字，則依序的排列順序是：不遠復、休復、頻復、獨復、敦復。由下而上，漸進式表現「復」的發展途徑。到了上六爻辭，居上卦之末，六爻之結尾，若不有所反省，就是執迷不悟的「迷復」了。上六爻辭為了描寫迷復之理，乃增長句數，變化句型。由原來二字數的句子，變成 33457 的長串句型，上六爻辭說：「迷復，凶，有災眚，用行師，終有大敗。以其國君凶，至於十年不克征。」句式複雜多樣。在一卦之中，不勉強固定的 2字數句型，拉長句式，有變有不變。這正是〈章句〉篇所要求的「搜句忌於顛倒，裁章貴於順序」之理。

二、〈麗辭〉

《文心‧麗辭》篇專講文章之對偶。自始至終，劉勰提出的對稱總綱，是「自然成對」，要做到「奇偶適變，不勞經營」。所以說，對稱不是機械式，沒有變化之對稱，而是要自然渾成，不刻章經營。

　　就此一觀點而言，〈麗辭〉篇選中的對稱最佳例子，第一選居然是《易・繫辭傳》與〈文言傳〉。這兩例之對句，〈麗辭〉篇加以歸納，共分對偶之四種類別。分別是：①字句相貫的對，如〈文言傳〉：「元者，善之長。亨者，嘉之會。」這一段文字中，元，亨，以次相貫。②形像相類同的對，如：〈文言傳〉：「水流濕，火就燥。雲從龍，風從虎。」這一段文字中，水與火，雲與風，是形象的類對。③文意相貫的對，如〈繫辭傳〉：「乾道成男，坤道成女。乾知大始，坤作成物。」這一段文字中，乾道既是成男，又遞轉為大始。坤道可以成女，兼又連貫成物，兩兩相對，文意也依次遞轉。④隔句相對，如〈繫辭傳〉：「日往則月來，月往則日來。日月相推而明生焉。寒往則暑來，暑往則寒來，寒暑相推而歲成焉。」這一段文字中，前三句之日月，與後三句之寒暑，隔句相對。[6]

　　以上四種類型的對偶，《易傳》之文，粲然備矣！但《文心》只舉《易傳》為例，若再問《周易》之經文又如何呢？答案是經文也隨處可見〈麗辭〉篇所講的對。因而，〈麗辭〉篇的對偶理論，完全適用《周易》經文的分析。如以下諸例。

　　〈坤〉卦卦辭，去掉斷占之辭不計[7]。整條卦辭表現了對偶錯落有致之美。如「利牝馬之貞」與「君子有攸往」相對，君子一句，即「利君子有攸往」之意，如此一看，利牝馬與利君子是上下句對。再看「先迷後得。主利，西南得朋，東北喪朋，安貞」，這一句也處處相對，先迷對後得。西南對東北，得朋對喪朋。而更妙的是，主利，既可承上句「先迷後得」，又可下合「西南得朋」之意。同時，主利又與安貞，在吉凶的程度上有輕重之對比。[8]再看〈屯〉六二爻辭：「屯如邅如，乘馬班如。匪

寇婚媾。女子貞不字，十年乃字。」首句與次句，意相連，詞相偶。第三句當句互對「匪寇」與「婚媾」。末二句又把「不字」與「字」來相對。這末二句字數不同，一是五字句，一是四字句。正是〈麗辭〉篇講的：「雖句字或殊，而偶意一。」，頗見自然成對之功。至於〈屯〉卦上六爻辭：「乘馬班如，泣血漣如。」字句整齊，文意也相貫，與前例形式不同，但都同樣表現麗辭之美。再如〈蒙〉卦卦辭：「匪我求童蒙，童蒙求我。初筮告，再三瀆，瀆則不告。」首二句兩兩相對，後三句，「初」與「再」相對，「告」又與「不告」相對，麗辭的技巧複雜多樣，整齊之中又有變化，已盡情表現「理圓事密」「聯璧其章」之妙矣。

其實，〈麗辭〉篇最有創見之論，便是提出四種對偶之法：言對、事對、正對、反對。並將此四對各作評判，認為言對容易，事對比較難。反對為優，而正對為劣。今若不論此得失優劣之分，而純就此四對之法，求之《周易》經文，皆有例可證。

〈剝〉講事理之中陽消陰長，漸次剝脫之現象。以牀取象，依牀版、牀席等不同位置的剝掉，暗示「消息盈虛」的自然現象。充滿了形象美與對稱美。如同樣是剝，初六：「剝牀以足，蔑貞凶。」六二：「剝牀以辨，蔑貞凶。」兩句都是凶，但剝的位置不同。一在足，一在牀版（辨），可謂正對。上九：「碩果不食。君子得輿，小人剝廬。」同樣是大果，但君子未必貪食，故而反得車輿之具，象徵獲得民心擁戴。小人則不可信不可用，最後還是剝，即連住房也要剝掉。這是一順一逆，一消一長，強烈的反意之對。

再看〈明夷〉卦，地火明夷，但火之光明，卻被遮蔽而晦

暗。依據金景芳所做的現代詮解云：「明夷卦中主要顯示明與暗的關係問題，亦即下邊五爻各自怎樣對待明夷，怎樣對待上六這個昏君暗主的威脅。」（《周易全解》，頁 267）據此，明夷用一明一暗做對比，當然所引事例也必是麗辭以對。今觀六五與上六爻辭，正是如此。六五：「箕子之明夷，利貞。」以商紂王欲加害箕子之史事，說明箕子佯狂為奴，以免於害，而內心則堅守正道，故為利貞。上六：「不明晦。初登於天，後入於地。」此句爻辭首言不明晦，即與「明」對比，一正一反。前者雖晦而明，故是真正的明，此即雖初始於明，但終是晦，故又用初登於天，後入於地，做為對比，加強形象比類。此爻究指何人事？並未明指。但據六五既以箕子為說，則此爻或謂即指紂王之暴行。[9]那麼，這兩條爻辭不惟意思相對，且一指箕子，一指紂王，兩則史事又自成一巧妙之「事對」。

　　其餘，如〈大過〉九二：「枯楊生稊，老夫得其女妻。」九五：「枯楊生華，老婦得其士夫。」同樣以枯楊取象，一生稊，一生華。分別對比著女妻與老婦。頗見〈麗辭〉之形象美，字句亦極工整。再如〈隨〉六二：「係小子，失丈夫。」對比六三：「係丈夫，失小子。」又〈同人〉卦初九：「同人於門。」六二：「同人於宗。」凡此，皆《周易》經文中明顯的自然成對之辭。

三、〈比興〉

　　《文心・比興》篇談譬喻之法。說比者，附也。興者，起也。兩者都是比喻，但方法略有差異。大抵〈比興〉篇，比之定

義與作法，說得明晰確切，且有引例，覽之得解。但正如黃季剛云：「題云比興，實側注論比。蓋以興義罕用，故難得而繁稱。」（《文心雕龍札記》，頁一七。），可知在〈比興〉篇所談的「興」語意較模糊，故而引發注解歧義。

　　照「興」之古義，何晏《論語集解・陽貨》注「詩可以興」句引孔安國說云：「興，引譬連類。」，知「興」與「比」微有別。又《文章流別論》：「比者，喻類之言也。興者，有感之辭也。」，據此更可審比興之不同，古人早已審之。茲者，由現代學者之解釋，以今語釋之，當更契合現代之理解。如朱自清云：「興是譬喻，又是發端，便與只是譬喻不同。」（《朱自清古典文學論文集》，頁二三九）這個說法，注重「興」做為篇章之首，發揮「起頭」的作用，此乃「興」與「比」同中有異之處。王更生先生的注解，便直指二者修辭上的方法之別，要言不煩，先生云「比」可說是修辭上的象徵法，而「興」可說是修辭上的聯想法。（《文心雕龍讀本》，頁一四三）如此一解，比不但是簡單明白的比喻，尚包含有深度的象徵。而興兼具二者，但注重在此物與彼物之聯想，而非相似點的類比。比興巧妙合用，運用之方，《文心》提示只有一個「隨時之義不一」的原則罷了。[10]

　　今據以上之理解，以觀《周易》經文之比興，處處可見，隨時有比。真應驗了章學誠所謂的：「易之象也，詩之興也，變化而不可方物矣。」（《文史通義・易教下》）〈中孚〉九二：「鳴鶴在陰，其子和之。我有好爵，吾與爾靡之。」此爻首二句即是「興」，以陰處鶴鳴之美妙聲，有它鶴相和鳴，表現一片相應諧和之象。下二句則另起一象，以我有嘉美旨酒，願誠心與友共享，表現「至誠」之內心。此與前二句之象非必關聯，如鶴非

人，鶴之「子」非人之「爾」。蓋鳥類不等於人類。然細思之，又似有關聯，蓋兩者都取喻形象中之「和諧誠心」涵意。故而「興」味濃，而比義淡。

至於〈歸妹〉上六：「女承筐無實，士刲羊無血。」以筐之無實，對羊之無血，則是明顯之比，都表示了「虛」意。〈艮〉六五：「艮其輔，言有序，悔亡。」此以頰之止動，取象少言語，再引伸戒言語。由此再轉出「言有序」，說話要小心謹慎，多言則過，故而歸結到「艮止」，猶如山之靜止沉穩。這又是二者之間隱微的比。且這種形象之比，是取形象中的「實象」，而非「假象」。[11] 再如〈革〉九五：「大人虎變。」與上六：「君子豹變，小人革面。」用虎紋與豹紋之鮮艷，取其色彩中的「炳蔚」風格，對比小人面目之可憎，實在鮮明至極，而又有幾分「假象」趣味。而〈困〉六三：「困於石，據於蒺藜。入於其宮，不見其妻，凶。」首二句是實象也是「興」，次二句是實是虛？卻多少有誇張意味，諸如此類，就是卦爻辭比興技巧的典型。

四、〈夸飾〉

《文心·夸飾》篇談文學修辭的積極作法。認為一些難寫的形器神道，一般的語言，是不能奏功。唯有用「精言」與「壯辭」方能描摹比喻。這就是夸飾必然恆存之故。

在〈夸飾〉理論中，劉勰亦舉六經作品為例，但只引《尚書》與《詩經》，未引《易經》經文。劉勰提示夸飾的要領，要做到「夸而有節，飾而不誣」，這個如何做到「節制」與「歪

曲、妄誕」的語言修辭？便是夸飾成功之要件。

雖然〈夸飾〉篇未引《易經》為例，但在說明夸飾的要點規範時，劉勰在〈夸飾〉贊語云：「言必鵬運，氣靡鴻漸。」這下句的鴻漸，即出自《周易・漸卦》的經文，以《易》之〈漸〉卦道理說明夸飾是要層層漸進，不可太過。所以「氣靡鴻漸」不可以，「氣靡鴻漸」據詹鍈的注解謂即「氣勢勝過鴻雁之漸進飛翔」（《文心雕龍義證》，頁 1403）這樣看，〈夸飾〉的原理原則，是與《易》之〈漸〉卦道理相通。

今若反過來問，〈夸飾〉篇理論是否符合〈漸〉卦經文的修辭呢？恐未必然。〈漸〉卦以鴻（水鳥）為取象，依鴻自遠至近的飛行，分別是：干、磐、陸、木、陵、逵。極其自然的描寫，一點不誇張，故而不致有夸飾效果。然則，《易》之經文無有夸飾之辭乎？是又不然。

試看〈豐〉卦，描寫奇怪的天文現象，六二：「豐其蔀，日中見斗，往得疑疾。有孚發若。」此寫中午出現星斗，往前而觀，竟得疑疾。事涉不可驗，然重點在強調一個「孚」字，即誠信，既有誠信，即可去其病，終得吉。九三：「豐其沛，日中見沫，折其右肱，無咎。」此寫中午竟出現昏黑之象，並有意外發生。其一折斷右臂，但最終亦無災咎。此類描寫「因夸成狀」，表現一種形象聲器的美，因此「沿飾得奇」，寄託讀者不以辭害意。讀者讀之，當悟到如此夸飾之象，正暗示著「不可大事」與「終不可用」之意。

由以上的論述，明顯可知，《文心》理論頗可應用於《易》之卦爻辭分析。但所謂的《文心》理論，如〈麗辭〉、〈比興〉、〈夸飾〉、〈章句〉等，俱屬《文心》全書之「創作

論」。創作論者，用來分析文章作法之論，此乃「以整個的寫作過程為範圍，採取通盤而條理貫串的方式進行的」[12]。然而，如此之提法，對照《周易》全書，首須考慮《易》之結構，殆分「易傳」與「經文」。二者成書既不同於一人，也異於一時，今以「整個的寫作過程」而論，自當各自別之。《文心》理論，亦復如是。即「創作論」可用來分析《易》之卦爻辭，而並未適合《易》之傳文。

　　何以故？是又不得不先辨明《易》之卦爻辭，具高度文學性質。卦爻辭可視為文學作品，故可援引《文心》創作論分析之。但《易》之傳文，蓋出於解釋經文。今之十翼，雖雜道家之言，然皆說理之辭。說理之文，固屬文體之一。所謂文體之源，「論、說、辭、序，《易》統其首。」是也。但這僅僅是將《易》之文，看作是《文心》理論中文體的「本原論」，非直接將《易》傳之文看作文學作品。

　　此點既明，驗之《文心》，確實可得。《文心》只將《易》放在文學之本原論而說之。此本原論，多指《易》之「傳文」。此蓋由於《易》為六經之首，而《文心》論文先宗經之故。

　　至於《文心》嘗以《易》之卦爻辭為說否？由以上析論，知《文心》在「創作論」如〈麗辭〉以下諸篇，每有援引卦爻辭當作修辭理論之例，從而可推想《文心》理論適用卦爻辭分析。以上本論文即由此思考角度切入，直接援引創作論中的四篇，試作《易經》文學之考察。文末提出幾條《文心》與《易》之關係研究課題，以供學界想考：

　　其一《文心》與《易》之關係，宜將《易》分為「易經」與「易傳」。

其二《文心》與《易》之分析，亦得先釐清《文心》的結構有本原論、體裁論，創作論、鑑賞論。以今見《文心》全書論及《易》之條文而知，《文心》視《易》為文原論，此乃因「宗經」故。但此處《文心》所理的《易》之「宗經」，實乃就《易》之傳文，特別是見載於繫辭傳的易理而引伸，非就《易》之卦爻辭直接取義。再次，《文心》以《易》為「論、說、辭、序」四體為體裁論，此處所謂四體之首，實指《易》之「傳文」，而非卦爻辭。然則，《文心》全書究竟將《易》之卦爻辭經文當作文學作品？以及文學作品中的什麼體裁？有待龍學界進一步研究。

其三今以現代《易學》結合晚近文學批評史新看法，確立《易》之卦爻辭，實乃具備高度寫作手法技巧，類乎「詩」之形象美的文學作品。[13] 然則，《易》之卦爻辭當歸為《文心》體裁之何類？值得深思。卦爻辭既屬文學作品，則援引《文心》之「創作論」以分析之，應為《文心雕龍》全書理論應用之一途。過去，龍學界論述《文心》與《易》之課題，泰半集中在「易理」的發揮，尤其是十翼中的文字，較少注意《易》之經文卦爻辭本身。故而，本論文先把卦爻辭視為文學，再援引《文心》創作論分析，將《易》與《文心》關係之研究，由「易理」與文學理論的層次，導轉向「易辭」與「實際批評」的層次。當為本論文最重要的論述成果。

附註：

1　祖保泉云：「式，古代占時日的器具，即後世所謂羅盤。」（《文心雕龍解說》，頁508）但乙文，引《靈樞》經說記九宮八風，即

類漢恣京房易之九官圖。可知式接近此圖。（《古文獻叢論》，235-243）。

2　《文心》全書文體分類多寡，有詳略之別。依文心該書，自〈明詩〉以下至〈書記〉三十篇即為文體。但每一篇下又各有次文類，據褚斌杰《中國古代文體概論》之計，有八十四類。茲據王更生〈文心雕龍文體論〉乙文之最細分類，計一百七十九。（《文心雕龍研究，頁 326》，但在《中國古代文學理論的秘寶──文心雕龍》新書中又改一七六類。

3　文心全書結構，因各家解讀不同，各有編次。本論文此處所採用之四類法，據王更生《中國古代文學理論的秘寶──文心雕龍》乙書新的提法。

4　有關論說辭序的文體本原，其它家注解，詹鍈《文心雕龍義證》，頁 79 別引斯波六郎之說，謂「辭」與「論說」二體見於《文心·書記》篇。

5　此〈章句〉篇，有句「調有緩急，隨變所適」，後句與《周易·繫辭》：「唯變所適」句法類似。又「雖觸思利貞，曷若折之中和，庶保無咎」，句中「利貞」、「無咎」，乃《周易》卦爻辭常見之占斷詞。據此再證《文心》全書迻用易辭之例，劉勰精熟《易》學。

6　其實這一例中的日往則月來，月往則日來。每一句中的日與月又各自成對，所以也可叫「當句對」。清人程杲《四六叢話·序》云：「雕龍所引孔子繫易……凡後世駢體對法，莫不悉肇於斯。」信然，但未進一步歸納雕龍所說對偶類別。案：《文鏡祕府論·東卷·二十九種對》有「隔句對」乙類，例云：昨夜越溪難，含悲赴上蘭。今朝逾嶺易，抱笑入長安。王利器釋云：第一句昨夜與第三

句今朝對，名為隔句對。（《文鏡府論校注》，頁 269）據此，祕
府論所謂隔句對非即當句對。

7　這裡所謂的占斷辭，是根據高亨〈周易筮辭分類表〉把經文依其性
質分成四類意思。即：記事之辭、取象之辭、說事之辭、斷占之
辭。何謂斷占之辭，高亨謂：乃謂斷休咎之語句也。（《周易古經
今注》，頁 56）

8　坤卦卦辭的全文斷句，主利一句，大多把主字上讀，作「先迷後得
主，利」，唯有孔穎達《周易正義》讀作「先迷後得，主利」，正
義云：「主利者，以其至柔，當待唱而後和。凡有所為，若在物之
先即迷惑，若在物之後，即得主利。」（《周易正義，頁 18》此解
甚是，故從之。

9　例如高亨注解此卦，有附考，即引述《莊子・外物篇》：「箕子
狂。」，《史記・殷本紀》：「箕子懼，乃佯狂為奴，紂又囚
之。」云云，證此爻在說紂事。（《周易大傳今注》，頁 327）又
金景芳同有此解。（《周易全解》，頁 266）

10　〈比興〉篇有句「蓋隨時之義不一」，典出〈隨〉卦象傳，可視作
《文心》運用易理之例，認為比興之法不一，但隨文句與寫作要求
而隨時改易。

11　這個易之「實象」與「假象」的說法，由錢鍾書在《管錐篇》
「乾」卦下所提出。（頁 11）先此，有陳騤《文則》謂易之有象如
詩之比喻說法，章學誠《文史通義・內篇・易教》謂易象與詩之比
興相通。但都沒有如此細分。類風自火出，天在山中之象，皆非實
際。故易當有「假象」，可參。

12　這是王更生先生之語。之前，王先生用「文術論」括舉〈神思〉以
下的十九篇。新近《中國古代文學理論的秘寶──文心雕龍》乙

書，則改用「創作論」說之。並在該書頁178出「文章作法通論」
之系統表，〈麗辭〉等篇屬作品的修辭技巧論。

13　新近出版的七卷本《中國文學批評史》中的《先秦文學批評史》，
　　已將《易經》與《易傳》列入。並區分《易傳》對《周易》這部書
　　的內容與形式特點進行評析與嘆賞，所以也是通於文學批評的。
　　（《先秦文學批評史》，頁98）而將卦爻辭視為文學作品者，現代
　　易學家如黃慶萱〈周易的文學價值〉乙文，已區分《易傳》與《易
　　經》，（《周易縱橫談》，頁235）另外，〈形象思維與文學〉以
　　〈賁卦〉為例，認為由形象明白作者思維，原始理論當追溯到
　　《易》。（《學林尋幽》，頁163）又林政華《易學新探》嘗分析
　　經傳文句的倒裝與省略。其它像高亨〈周易卦爻辭的文學之美〉，
　　郭維森〈易傳的文學思想及其影響〉、鄭謙〈從周易看我國傳統美
　　學的萌芽〉等等，皆有論述《易》之文學。（三文收入《周易研究
　　論文集》第四輯）足見易已從兩派十家之流，開出周易文學之途。
　　案：李詳〈文心雕龍補注〉於〈論說〉篇「自論語以前，經無論
　　字」句下注云：蓋彥和本文士，於經學不甚置意。（《李審言文
　　集》，頁234）此語未必是。蓋彥和視經為文之本原，又《易》之
　　經文多有符合創作論，可證彥和不當僅為文士。

應用《文心雕龍》理論分析《文選》作品

一、理新文敏「新」在何處

據《文心雕龍・雜文》說，劉勰以為連珠之體，自揚雄創之，其下擬作間出，但都未必有好作品。唯獨到了陸機寫〈演連珠〉（今收入《文選》卷五十五）才賦予這一文體的新生命。劉勰說道：「唯士衡運思，理新文敏。而裁章置句，廣於舊篇。」這一段批評語句，重點在看重陸機作品的文理之「新敏」。可知，劉勰對「理」字在文學作品的作用，頗為注意。尤其是作品中的理要能新。

倘再聯系「裁章置句」的用語，則《文心雕龍》全書設有〈鎔裁〉與〈章句〉兩篇，可自其中理解他何以用「裁章置句」的詞彙評價陸機。

然而，有關文理之理字，《文心雕龍》全書並沒有設專篇討論。所以，對陸機評語用「理新文敏」的理解，便只有從分散於各篇的「理」字含義索之。一旦理字得解，則一篇作品的理之新或不新，即可立判。

　　今從理字的本義看。《文心雕龍》言理，多以「情理」對言。目前龍學專家對這一字之解釋，大多自分散於各篇之理字文句歸納之，以分類理字之在《文心》全書有四義。如繆俊傑〈情動而言形，理發而文見〉乙文即用此法，謂《文心》所說的理有「神理」「文理」「一般事理」以及做動詞「理會、整理」的理等四義。（此文收入《文心雕龍研究薈萃》，頁270-280）誠然，《文心》之理義大抵如此，但歸納法以「見字即錄」的作法實有不足。尚須結合「它篇並參法」，以全書總體對照個別文句，方能更通徹地解釋理字之義。

　　以神理而言，首見於《文心》〈原道〉篇，而〈原道〉那一段文句講的神理，主要以《周易》之神理為據。這就必須把《周易》的「神」字，謂「陰陽不測之謂神」與「神也者，妙萬物而為言也」這兩層含義，連繫到《文心》〈原道〉的神理。從而認識劉勰心目中之神，亦含神理。當然，此理亦如「神」之不可測，之妙用。並此而所謂神理，亦有類似之境。據是，《文心》之「神理」一詞，有其抽象形上之意。那麼，這一理字，此刻是安在文學的「原則論」「本原論」這一層次講之。

　　這種談法，就像最早說文學本源有「詩言志」，再到「詩緣情」，然後才結合而成「情志論」。情志合一，正是劉勰一貫「折衷論述」的方式之一。

　　明乎此，對照「情志」「情理」二詞之關係，試問理字志字之聯想若何？在心為志，發言為詩，那麼，由作者之志變到詩作之「理」，此一理字又當何說？以及，由自然之神理（或《周易》之神理），經作者仰觀俯察，表現到文學作品中之「理」，又是何樣之理？

　　經此質疑，我因此認為僅用歸納式的理解，一定有所不足。今試從關係聯想法，與範疇法分析理字。則理有在世界自然之理，有在作品之理，有在讀者批評鑑賞之理。如是，理在「世界——作家——作品——讀者（評論詮釋）」等四方域各有不同。今以繆俊傑歸納的四理按之，神理在世界，文理在作品，一般理可在作品亦可在讀者，而動詞之理只可當作作品文句的考釋。至於作者之「志」與作品之「道」，與乎評論詮釋所運用的「理」義，均不在繆說歸納之列。

　　賈錦福亦用歸納法，謂《文心》理字有「情理」「義理」，屬內容的範疇。（《文心雕龍辭典》，頁277）吳林伯亦用此法，謂文理有三義，皆稱作品之文辭與情理。（《文心雕龍字義疏證》，頁338）但另增加歸納「思理」一詞。以為「古來能文者，無不重其思理也」（同前引書，頁410）此一思理當屬作者創作方法之理。可謂補充繆氏漏說者。

　　今總以上三家之理義，回觀劉勰評陸機用「理新文敏」之理字，應是何義呢？實難定於一解。今若改用四層次說，即「世界——作家——作品——讀者」四範疇按索之。劉勰作為「平理若衡，照詞若鏡」之一圓通評論家，於作者陸機之理，只能猜測，故而此「理新文敏」之理不應是作者層次。

　　然則，〈演連珠〉原篇俱在，字斟句酌，其中必藏有文理。故而「理新文敏」之理字，劉勰當自作品之文義理讀而得知，知而得解，解而定評。此「理」字必為作品〈演連珠〉所表現之思想內容可知矣。然則，思想內容之「理」又為如何？

　　這個「理」字，宜就六朝文論家的習慣用語看。蓋因六朝文論家每每批評「近代」以來的文學風氣之弊，率多指責過江以後

的文風、弊在「理過其辭」。如鍾嶸《詩品・序》有云永嘉開始，已經貴尚黃老，當時的篇章是「理過其辭」。這個「理」字，即指黃老之「理」。黃老是《文心》〈諸子〉篇所謂的「入道見志之書」。可知當用「理」字說文章時，蓋指文章之思想。且此思想實可依其側重歸入九流十家的何家何派。由此而使用的「文理」「義理」二詞，其與言志引伸的「情志」乙詞自是截然有別。

　　據王叔岷的箋證《詩品》，於過江文風的類似見解，分見於《世說新語・文學篇》注引《續晉陽秋》有云：「至過江，佛理尤盛。」又《宋書・謝靈運傳論》有句：「馳騁文辭，義殫乎此。」，而《南齊書・文學傳論》亦云：「江左風味，盛道家之言。郭璞舉其靈變，許詢極其名理。」至於《文心雕龍・時序》篇云：「中朝貴玄，江左稱盛。……詩必柱下之旨歸，賦乃漆園之義疏。」（《鍾嶸詩品箋證稿》，頁 64-65）以上諸書引句，不論是說道家，說佛，說玄，其在過江以後之文學表現，均用一個「理」「義」字說之。可證六朝文論以「理」字說諸子百家，乃一般用語習慣。

　　據此「理」字用語含意之解，反觀《文心》全書之「理」字，亦不例外。理字，除了如繆俊傑等人所作歸納法得出之意義，做為「思想」之理，特別是諸子百家所述之「理」這一層，尤其隨處可見。諸如下列各句：

　　　「理正而後摛藻」（〈情采〉）

　　　「理而恆存」（〈總術〉）

　　　「理拙而文澤」（〈總術〉）

　　　「理侈而辭溢」（〈體性〉）

「理周辭要」（〈章表〉）

「理殊趣合」（〈麗辭〉）

「理發而文見」（〈體性〉）

「理融而情暢」（〈養氣〉）

「理隱文貴」（〈正緯〉）

以上諸句中的「理」字，蓋指作品中表現之「理」，此「理」縱然不必定指為某家某派思想，然以「思想」之角度考之，均可據作品中主要思想而得知為何派別。準是，陸機作品〈演連珠〉「理新文敏」之評。亦唯自思想門派考之，方能知其文中之理新在何處？[1]

二、從結構體系說文理

緣於《文心》全書用駢文寫，須守字句章法的文體內在規則。很多術語常有互換或相通之意。例如：情性、情理，每每有用體性與性靈代情性，用文理代情理。理字，則有用「意」字代替。意字又與「道」字相通。性靈也與性情相涉。而神理與文理關係甚密。因之，單一個「理」字之解，只從字面與出句，不能盡通。

我今想出二途試解之。其一是仿照前揭作家、世界、作品、讀者四範疇論，將相關術語歸類。譬如自世界而言，心生而言立，言立而成文，這是自然之理。三才皆文，動植皆文，這個文是易道神理般之自然。此際之理，宜言「神理」，而不得曰文理。但易而為作品之理，乃是研究文章自然之道。所以，文章之理，只可以說是「文理」，而不得曰神理。當然，人人皆知神理

與文理有類似存在之共同性。

　　依此，在作家可言性情，但表現於作品中，宜曰「情理」。作家為詩為文，在乎「言志」。但志之顯隱於作品，只可說是「意」，是「道」，是「理」。

　　按照如此範疇定位以解術語之法，劉勰評陸機「理新文敏」，乃是以讀者地位評價作品。故言「理」。此理字在作品中之總表現，當即作者之「志」的具體落實。而理字又與作品之「意」有涉，為作品之「道」的一部份。

　　至此，理字所關涉者，當須自《文心》全書結構體系觀之。何以然？蓋《文心》全書所論有總則，有文體，有創作法，有批評法。簡言之，可曰文質並重，內外合一體。於是，情、意、辭、三個單字詞可代表《文心》這個體系。依此三個字，每一個皆可孳乳擴充延伸，使與該字主要概念相關係者皆有可尋。

　　這三個字要放在《文心》全書體系中，才更能說明其括舉之功。情、意、辭。情字當然是情采之情，亦包括作家性情，天地性靈。意字即理字，也即是作品中的「道」。辭字即有關技術一面，舉凡文法章句修辭與聲律等一切作品之語言文字技巧俱屬之。試想，衡量文學作品的總體面，情、意、辭三者均已包括之。

　　這就須從《文心》全書結構上輔證。何以然？

　　首先，《文心》全書據〈序志〉篇，從〈原道〉到〈辨騷〉是文之樞紐。其下分上篇與下篇。上篇是「論文敘筆」，也就是自〈明詩〉至〈書記〉的文體論。下篇即〈神思〉以下各篇。上篇的體系結構，龍學家大抵無異議。但下篇的爭議，近年以來愈演愈烈。至有因此而全書重新架構體系者。據李淼的研究，結構

部份，即有二分法、三分法、以至七分法之多。至於體系，則也有數家說法，例如「剖情析采」說，「情理正變」說，「兩大脈絡」說云云。（《文心雕龍學綜覽》頁 88-90）李淼的歸納各家說可謂齊備，但近年出現的兩家說法，即郭晉稀與日人安東亮的討論，相當有創意性，由於晚出，未為李淼論列。今即從郭、安二氏的討論說起。[2]

安東亮主要是針對郭晉稀體系論的修正，其後，郭晉稀亦有回應之文。現將下篇依安東亮新編的體系列表於下：

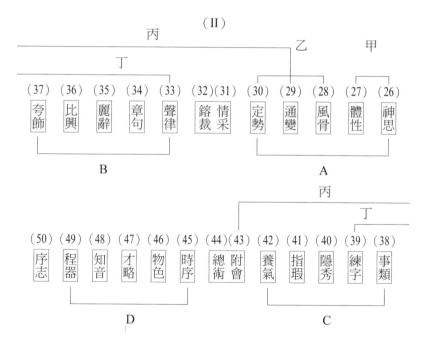

此表的甲乙丙位置代表其它龍學家的體系論，而新編的ABCD位置才是安東亮的體系。兩相比較，可知安東亮的新體系凸顯了

〈情采〉〈鎔裁〉兩篇的重要性，以之作為下篇上承定勢以前的五篇，下開聲律以後各篇的中介點。安東亮之體系，因而可名之曰「情采中心論」。他認為《文心》全書的下篇體系，主要是以開展情：內容，采：形式。即文章的內容與形式為主的論述。[3]

這個新體系論，啟發我進一步思考〈情采〉與〈鎔裁〉兩篇何以依次相連？情是內容，采是形式，那麼〈鎔裁〉應以內容形式為規範，何以在〈鎔裁〉篇竟而提出有名的「三理」論？在情與采的論題之下，又增加了「理」字，即文理的重要。

於是，透過〈情采〉與〈鎔裁〉原文字句的新解讀，與其它相關篇章的「理」字之說。我才終於發現劉勰文論，其實是情、意、辭三位一體的綜合論。也終於能體會〈情采〉是專講情與辭。正如安東亮說的內容與形式沒錯。但緊接而來，是擴大情的內涵。即把「言志」與「緣情」，以及近代流行起來的一股「玄風」之味，一統合之。即所謂「望今制奇，參古定法」，劉勰由此而提出「情理」「文理」之「理」字說。一方面總結了到陸機〈文賦〉為止，「言志」與「緣情」的分殊兩途。一方面也接納了晉宋以來所謂「新思想」的介入溶合。此「理」字何以必加入情志之論的緣由所在。試析讀以下引句可知之矣：

　　1. 況乎文章，述志為本，言與志反，文豈足徵？是以聯辭結采，將欲明經（經注本作理）；采濫辭詭，則心理愈翳。（〈情采〉）

案：這一句，仍宗「言志說」，就志與辭的關係提出二者的配合，功在「明理」，文章是以「明理」為本的[4]。玩索「聯辭結采」一句，知劉勰用「采」與「辭」，蓋互易而已。由詩的「言志」，轉化到文章的「明理」，此乃劉勰之創說。但不論言志明

理，均須「聯辭結采」。

> 2. 夫能設謨（謨謝云當作模）以位理，擬地以置心；心定
> 而後結音，理正而後擒藻。（同前）

案：此句標出「位理」，即位體之理，但此理字亦當有如前句
「明理」之理字意涵。所以說，「理新文敏」的文理，也含有此
意。

> 3. 情理設立，文采行乎其中。剛柔以立本，變通以趨時。
> 立本有體，意或偏長；趨時無方，辭或繁雜，躞要所
> 司，聲在鎔裁。（〈鎔裁〉）

案：此句，首次把情理一詞提出，並將之與「位體」連繫起來，
遂有「情、理、體」三者通貫之說。而文采即是用來表現這三位
一體，把「意」寫出來。

> 4. 凡思緒初發，辭采苦雜，心非權衡，勢必輕重；是以草
> 創鴻筆，先標三準：履端於始，則設情以位體；舉正於
> 中，則酌事以取類；歸餘於終，則撮辭以舉要。（同
> 前）

案：有名的三準理論，首揭「位體」為第一準。此一體字，應視
如前句「情理設位」之位理。即曰位體含有位理。故而言體，而
理字意字皆在其中。玩索以上所列四句出現在〈情采〉與〈鎔
裁〉兩篇的本文，可知劉勰以文術論為主的下篇，若按照安東亮
的新體系論，以〈情采〉〈鎔裁〉兩篇為承先啟後的樞紐，則劉
勰所討論的文術，即文章技法，注意內容與形式的並重。但內容
者何？須進一步理解為不止是情采的情字。實含有情志，情理與
位理等諸術語。因之「理新文敏」的理字，即可由此角度去理
解。此即龍學領域中，以主要術語連繫關係術語的研究法之一

得。

三、五十首連珠「理」意歸類

　　既然「理新文敏」之理字，即「道理」之意，也是〈諸子〉篇所謂「諸子者，入道見志之書也」的道字義，凡《文心》全書言及今人所謂「思想」者，皆可依據思想派別，加以歸類。

　　今若能自歸類中，探得各家思想所佔比例，復由此比例輕重，比較陸機所處時代以前的思想流派，便能看出陸機五十首連珠體如何被稱作「理新文敏」了。今製一表，分別以一二言簡括各首主旨，再據「先秦諸子流派」之分類，試加分類，以得出五十首連珠體的理意歸類如下：

編　號	道　　理	思想流派	未定	備註
第一首	君臣比擬天地之和諧	易學（天地人）		5
第二首	才位要相當	儒家		
第三首	人才遇時而生	易學（時）		
第四首	棄賢而親邪	民間宗教		金馬碧雞
第五首	譏評世卿	儒家（尊君）		
第六首	至道大化	道家		6
第七首	隱士不仕	道家		巢箕洗渭
第八首	以精神治民	易學（道家）		
第九首	崇實去虛	儒家		
第十首	比喻賢者不遇	易學（時）		
第十一首	才大無所依傍	儒家		
第十二首	忠臣賢士	儒家		
第十三首	信讒	儒家		

第十四首	貞節	儒家		
第十五首	戒剛強	道家		
第十六首	時中	儒家（中庸）		
第十七首	時中	儒家（中庸）		
第十八首	明實用	墨家（尚用）		
第十九首	小大相助	道家		
第二十首	賞罰公平	法家		
第二十一首	神妙之道	易學		
第二十二首	性理一定	儒家（中庸）		
第二十三首	妙理妙義	易學		
第二十四首	神化之理	易學		玄晏動神
第二十五首	聽之以心	道家（莊子）		
第二十六首	去讒言	儒家		
第二十七首	隨時用賢	易學		隨卦 ䷐
第二十八首	下愚不可救	儒家		
第二十九首	人心難知天	儒家		天何言哉
第三十首	用各有殊	儒家		人盡其才
第三十一首	名垂沒世	儒家		
第三十二首	修己以安百姓	儒家		論語憲問
第三十三首	時勢造英雄	易學		
第三十四首	由近可以知遠 由微可以知顯		∨	
第三十五首	虛己應物	道家（莊子）		
第三十六首	為政以和	儒家		
第三十七首	喻人無兼才		∨	
第三十八首	知足不辱	道家（老子）		
第三十九首	物無常性唯人所化		∨	
第四十首	故舊不忘	儒家		論語泰伯

第四十一首	無為而成	道家		
第四十二首	薪窮火傳	道家		7
第四十三首	隨宜異用	儒家		
第四十四首	守身重義	儒家道家		
第四十五首	通變守要	易學		
第四十六首	貴探本	儒家		
第四十七首	遠近深淺難測	易學		陰陽不測
第四十八首	士節不可奪	儒家		
第四十九首	理數有定分	易學		
第五十首	貞士不易節操	儒家		

四、文心理論的新巧説

　　今由五十首連珠大要主旨之分析，得出陸機〈演連珠〉的「理」，玄學化很重。理之巧，理之新，主要在這方面表現。故而劉勰用「理新文敏」評之，顯然，劉勰之「思想史觀」，蓋以玄學為新學，視玄學之特質在新。

　　此觀點宜自《文心雕龍・論說》篇述玄學思想的一段話，得到印證。劉勰云：

　　　　次及宋岱、〈岱元作代〉郭象，（象元作蒙朱據舊本改）
　　　　銳思於幾神之區，夷甫、裴頠，交辨於有無之域；並獨步
　　　　當時，流聲後代。然滯有者全繫於形用，貴無者專守於寂
　　　　寥，徒銳偏解，莫詣正理，動極神源，其般若之絕境乎？
　　　　逮江左群談，惟玄是務，雖有日新而多抽前緒矣。

這段話，引宋岱注《周易》、郭象注《莊子》，已將易學與道學結合起來。因而發展為魏晉玄學的崇有崇無論。於是，玄學遂成

一代之學，因而，「獨步當時，流聲後代」。

　　但劉勰也注意到玄風真正大暢，要到「江左」以後。江左的玄風，劉勰的評價是「雖有日新而多抽前緒」。仍用一個「新」字以評價江左玄風。可見劉勰以「新」做為「思想之理」的評斷語，乃是注意到玄學的特創之「新」。若持以評價陸機五十首連珠體，多表現「玄道」之現象看，劉勰以「新」說之，誰曰不宜？

　　然而，單只評一篇作品的「理」新，實有不足？因為劉勰論文之三大綱目，即情、意、辭。已如前述。試問以「理」為重的論說之文，是否可以偏理而輕辭略情乎？是又不然。

　　劉勰於〈論說〉篇有二段話，直接點明論體作法云：「義貴圓通，辭忌枝碎；必使心與理合，彌縫莫見其隙；辭共心密，敵人不知所乘。」這樣看，劉勰以為論體之「理」，固然宜新，然論體之辭，尤其要配合「理」的合宜。使理辭皆能圓通合密。

　　至於辭如何做到不枝碎？劉勰有第二段話，乃評價鄒陽說吳梁的作品，以為「喻巧而理至」。特別標出「喻巧」，此巧字專對論說體之比喻手法而言。可知，欲使論體之辭不枝碎，則設喻之巧，乃不二法門。今據此以驗五十首連珠，不惟理新，亦且喻巧，正合乎劉勰的衡量標準。

五、文心雕龍理論中的「新」

　　在析論劉勰《文心》理論中的「理」字為何義？既如上述，所餘者，當驗明劉勰所謂的「新」，新在何處？何者可曰新？而且也要問劉勰在《文心》全書中對「新」的態度若何？茲抄錄劉

觀《文心雕龍》言及新字者分見如下：

戰代枝詐，攻奇飾說。漢世迄今，辭務日新。（〈養氣〉）

若總其歸途，則數窮八體：一曰典雅，二曰遠奧，三曰精約，四曰顯附，五曰繁縟，六曰壯麗，七曰新奇，八曰輕靡。（〈體性〉）

因方以借巧，即勢以會奇，善於適要，則雖舊彌新矣！（〈物色〉）

宋初文詠，體有因革，莊老告退，而山水方滋，儷采百字之偶，爭價一句之奇，情必極貌以寫物，辭必窮力而追新。（〈明詩〉）

新學之銳，逐奇而失正，勢流不反，則文體遂弊。（〈定勢〉）

生于好詭，逐新趨異。（〈聲律〉）

魏晉淺而綺，宋初訛而新。從質及訛，彌近彌澹。（〈通變〉）

從以上見於《文心》一書的新字而觀，新每與奇合言，故而「新奇」連詞，遂為《文心》一書用來評判文學作品之準繩。但《文心》全書所指稱的新奇，其時代專指劉宋以下。但是劉宋之前，也有部份的「新奇」醞釀，此即「漢世迄今，辭務曰新」一句之所由出。

然則，新奇特指劉宋以後文體與思想內容的新變，那麼，劉宋以前的陸機之〈演連珠〉一作，劉勰竟用「理新文敏」稱之，即目陸機此作為「新奇」，可見這是劉勰對陸機作品的特別評判。

　　此一評價，本文自思想內容的「理」字意解之，已知其故，原來是因為〈演連珠〉乙文中的巧喻巧譬，隱含了多家思想內容，特別是不專宗儒家經典，而廣取《易經》思想與老莊學說。其混雜合用之句甚多，致使不少詞句，可容許不同的多樣解釋，言外重旨，篇中秀句，頗令讀者臆想。如是以觀，《文心》的新奇說，用來評價陸機的〈演連珠〉一作，甚合其味。運用《文心雕龍》理論以印證分析《文選》乙書作品，於茲又得一例。

附註：

1　歷來對陸機文章的總評，向不出「清新相接」四字。「新」字，尤其是陸文特色。最早用此字為評者，當屬陸雲。今存《陸雲集》卷八有〈與兄平原書〉乙文，綜錄雲致兄書簡。除了《文心雕龍・鎔裁》篇轉引「清新相接」乙簡，尚有「極不苦作文，但無新奇」（黃葵點校本《陸雲集》，頁 140），以新奇視陸機文。又「新聲故自難復過」之句，（同前，頁 141）標示新聲。但此「新」字，作何解？據劉師培之見，以為「新者，惟陳言之務去也」（《漢魏六朝專家文研究》，頁 30）劉說重點在陸機作品的文辭語言之新。我以為還有它意，因別就文意思想求之。

2　李淼所舉述的《文心》體系論各家說，海內外均收。除了漏列安東亮與郭晉稀二家之外，臺灣龍學家亦僅列龔菱《文心雕龍研究》，與王更生《文心雕龍研究》二書。（見《文心雕龍學綜覽》，頁90）其實，王夢鷗亦曾根據研究心得，重新架構一套下篇體系，甚有創見。參《文心雕龍──（中國歷代經典寶庫本）》，頁134-136。

3　這圖中的甲乙丙丁位置，主要以〈序志篇〉說的「摛神性」

（甲），「圖風勢」（乙），「苞會通」（丙），「閱聲字」（丁）四句為依據，各家分合大同小異。安東亮討論的對象是郭晉稀所分的篇目。那是在一九八四年上海復旦大學「中日學者文心雕龍學術討論會」上提出的。郭晉稀有文質疑，曰〈關於文心雕龍下篇篇次——和安東亮君商討〉，後收入《剪韭軒述學》，頁298-304。

4　「將欲明理」，理字有作「經」字者。近人已有多家校，當作理字。楊明照總結之，據元本、弘治本、活字本、佘本、張本、兩京本、胡本、訓故本、合刻本、謝鈔本、四庫本等各本均作理字。出校云：按上下文驗之，理字是。（《文心雕龍校注拾遺》，頁263）案：楊說甚是。但其所引元本實非元本。今據上海古籍出版社近刊《元刊本文心雕龍》，確為元刊至正本，乃今存最早之《文心》刻本，亦作「理」字。可輔證各家校。

5　本篇論文分析陸機連珠體各首之主旨大意，主要參考于光華《文選集評》所錄明清各家集評。另外今人所編譯的五種注譯本，也參考。如張啟成等編譯《文選全譯》，趙福海等《昭明文選譯注》，周啟成等《新譯昭明文選》，李景濚《昭明文選新解》，馬清福主編《新注昭明文選》等。以上各說如有可斟酌者，乃斷以己意。

6　此首歸類為道家，主要是根據「至道之行」與「大化既洽」這兩句。至道不能說成儒家之道，大化也不一定是教化。諸家譯解無有說是道家者。

7　此首主題思想，各家多有異解。周啟成等人的註譯本以為是談人性和情慾。張啟成的譯解說成是情慾與性理的消長。李景濚的譯注改理為質性，性為情緒，說是：「質性充實就會使情緒簡約。」，以上三家解，雖均以「性」「情」為火與煙之比喻，但因性理之說，

各派思想都有說，很難定此詩為那一家。于光華註云：文勢遞引而出，又一格也，坊註俱失解。據此知于氏不滿意於舊解。直到今人張厚惠的注，始明言此首乃用《莊子‧養生主》之薪窮火傳意，（見《昭明文選譯注》六冊，頁169）案：若然，則此首宜歸之道家。張注所據者，即錢鍾書之說。錢云：「按前之道家，後之道學家，發揮性理，亦無以逾此。」（《管錐篇》冊三，頁121）據此，則此首不惟可歸之道家，亦有道學家之思。當然，道學家後出於陸機，陸氏未必先見。至於道家莊學，為當時盛稱，知此首可歸之。

應用《文心雕龍》賦學理論分析
《文選》選賦

一、序言：《文心》與《文選》結合研究

　　《文選》與《文心》結合研究、既經前輩學者開示多例在先，足可昭示學者研究思路[1]。然而，踵事增華，變本加厲，殆為將來學界可期盛況。以當代學者為例，像齊益壽，穆克宏，清水凱夫等三家的論文與專書，即多方面論述了《文心》與《文選》結合的研究問題。倘再從《文心》與《文選》的全面關係，縮小範圍，談論《文選》的賦與《文心》的〈詮賦〉理論，則穆克宏的說法可見一斑。穆氏云：

> 《文選》賦類按內容分為京都、郊祀、耕籍、畋獵、紀行、游覽、宮殿、江海、物色、鳥獸、志、哀傷、論文、音樂、情十五目，更為詳細，有可能受到〈詮賦〉篇的啟發。
>
> 如此等等，皆可說明《文選》受到《文心雕龍》的影響。此非我一家之私言，乃學界之公論也。（《文選學新論》，頁二三─二四）

這段話，講到了《文心》的賦體分類即《文選》的十五賦類所本，因有具體事實可核查，不容否認。但是，《文心》〈詮賦〉所講的賦學理論，還涉及到賦的批評方法，賦的源流，且都與《文選》的"選賦"極有關係。故而運用〈詮賦〉篇理論分析《文選》選賦，應可再發揮。

一九九六年四月我在成功大學主辦第三屆"魏晉南北朝文學與思想學術研討會"宣讀的論文，題目《〈昭明文選〉及其評點所見之賦學》之文中，即曾就〈詮賦〉篇強調賦的"情志"論，說明《文選》十五賦類有"情"賦一類，雖源自《文心》。但《文選》之"情"字含義，從其所收《高唐賦》、《神女賦》、《登徒子好色賦》等篇目內容可知，《文選》的"情"字是有"情色"含義，非僅僅是《文心》〈詮賦〉的情志含義。我說：

據李善注，《文選》的志賦一類很合《文心》〈詮賦〉所講的志。又何謂情賦？善注云：

易曰利貞者性情也，性者本質也。情者外染也。色之別名，于事最末，故居于癸。

此釋情字，以易之性情為解，一則有玄風之意，二則又切合《文心》的體性含意，亦切合《文心》〈詮賦〉所說的情理。但于情性情理之於，帶出色字，引伸為"情色"，頗與既有的情性情理之"情"字解不同，此即李善注有創見者。

依以上善注情志二類賦，義界不可謂不明。《文選》特立志賦與情賦，乃可視作《文心》〈詮賦〉理論的實踐。（《魏晉南北朝文學與思想學術研討會論文集》，頁二九三－二九四）

這樣細分，雖有助於六朝如何在既有的"情志"、文學理論中，發展出"情色"之一路，從而結合《文心》與《文選》的研究，在"理論"與"作品"、之間互相印證。但這樣說還是不夠理解〈詮賦〉篇的賦學理論。而且，也還沒做到充分運用〈詮賦〉理論的地步。因而有必要，再起此文，更普遍更深入地探究《文心》與《文選》在"賦"學這方面的關係研究。

二、〈詮賦〉篇要義

《文心》〈詮賦〉篇內容說到賦的定義、起源、源流、史變，賦之名家及其作法與風格。大抵無可議者。論者雖已指出《文心》〈詮賦〉所主張大抵承襲前人之見多，如摯虞《文章流別集》、皇甫謐《三都賦序》，與桓譚《新論》諸家之說，《文心》每斟酌取之。[2] 這是〈詮賦〉篇"守成"之說的一部分。

其實，〈詮賦〉篇另外一部分更重要之理論，便是就賦學之體變提出漢大賦與魏晉小賦之分，認為大小賦是不同風格的。為此，〈詮賦〉篇不但以大賦十名家與小賦八名家為例加以舉證。〈詮賦〉更對大小賦的好壞優劣表示劉勰自己的"評價觀"。這種評價是賦學理論批評極其重要的參考資料。

這一部分的理論，集中在〈詮賦〉的兩段文字。一段如是云：

> 草區禽族，庶品雜類，則觸興致情，因變取會。擬諸形容則言務纖密；象其物宜，則理貴側附。斯又小制之區畛，奇巧之機要也。

這一段文字，在說小賦的特點與大賦不同，而主要不同是在題材

方面。吾人要問的是，這段文字所直的小賦是何時代？依據紀昀的評解，確定是"蓋齊梁之際，小賦為多，故判其區畛"，可知小賦在題材的不同始自齊梁。此就小賦之時代言，並不隱含褒貶評價之意。但〈詮賦〉篇的另外一段文字，對小賦的發展，形成末流的弊病，言談之間，卻暗藏劉勰個人的評價觀。此段〈詮賦〉文字如下：

> 然逐末之儔，蔑棄其本，雖讀千賦，愈惑體要。遂使繁華
> 損枝，膏腴害骨，無貴風軌，莫益勸戒。此揚子所以追悔
> 於雕蟲，貽誚於霧穀也。

這段文字，代表了劉勰批評賦體發展到末流之弊病，也暗示了劉勰對漢大賦的肯定，凸顯了漢大賦的地位，從而建立了大賦與小賦的比較論。所以說，紀昀這樣認為："洞見癥結，針對當時以發藥。"要知道，此處所謂的"當時"，應指齊梁"小賦"時期。

劉勰的大小賦優劣，既已明明白白說出，無庸置疑。要注意的是，劉勰到底用了哪些賦學理論批評小賦？細觀這一段文字，不難看出劉勰的批評重點集中在二項：一是賦的"體要"，二是賦的"勸戒"功用論。劉勰以為到了小賦，體式上已不能把握賦體的"要點"，而致迷惑了。賦體的要點又是什麼呢？仔細揣摩〈詮賦〉篇給賦體下的定義，要求賦要有"引"、"正文"、"亂"等完整的體式，可知劉勰必定認為嚴守賦的正格，是起碼最基本的條件。結果。到了小賦時期，多半的賦在體式上不夠完整，已經發展出賦的"變格"了。

順著如此"變格"之發展，小賦的"風骨"也少了，反而賦的詞藻變華麗了。劉勰在此引用"風骨"作為批評賦的術語，見

證了劉勰對 "風骨" 理論之重視。

　　這樣看，小賦的弊病約略勾劃之，應有三點：一是體式不標準，二是小賦缺少風骨，三是小賦沒有發揮 "勸戒" 功用。可惜，〈詮賦〉篇對小賦的評價，始終僅僅止於理論的層次，並未具體舉證小賦篇目，核實自己的立論。這就不免令後學者，好奇地想問：魏晉小賦實際現象為何？〈詮賦〉篇的批評適合哪些篇目？此即〈詮賦〉篇在建立賦學完整理論之余，所留下的未完整的理論應用層次。實有必要藉著像《文選》這種賦作選本及其評點的材料，驗證《文心》的理論，把賦學理論層次與實際批評層次結合起來。

三、序之功用

　　〈詮賦〉篇嘗定義一篇賦體的體制首先有序，次正文，最後有 "亂"。此即 "既履端于唱序，亦歸余于總亂。序以建言，首引情本。亂以理篇，寫送文勢" 云云一段文字。凡賦體的 "標準" 大抵依此。

　　這一理論提到 "序" 的功用在建言，在首先將一篇賦的大意勾劃出來。由於，賦必有 "序"，但 "序" 的作用照〈詮賦〉篇所云是建立一篇之旨。這標準在漢大賦時期完全符合，但如此之 "序" 用到實際作法時，便出現兩個質疑：一是序與正文關係？二是序可以犯重嗎？

　　這兩個問題在魏晉小賦時期愈形嚴重，故而相關討論只有在《文選》評點中可見一二，〈詮賦〉篇似未及如此細微小論。今試說之。

在漢大賦時期，大部分名篇佳作都有序，《羽獵》《長揚》如此，《子虛》《上林》也不例外。而班張《兩都》與《兩京》，序文更是豐富，每刻意寫之，如《兩都賦》之前序，一則序作賦之意，二則再序賦兩都之意。孫月峰評云："序文語極淡，然絕有真味。"這是肯定序文與賦正文有同樣價值。而何義門則云："賦之用意，全在序末二句，見作賦之由，勸戒之體也。"（《評注昭明文選》，頁九五）這就指出序之作用在總括一篇賦之大旨。序不能等於正文，序也不必與正文重復。

漢大賦的如此，漢初篇幅較短的賈誼賦，也常有序。如《鵩鳥賦》，序亦不與正文犯重，序自有其總引一篇主旨的作用。稍晚的禰正平《鸚鵡賦》，亦為短賦，并有序，序之作用同前，其中一句"竊以此鳥自遠而至，明惠聰善，羽族之可貴"，甚關全賦大旨，于光華評云："賦中從此意發揮"，可見序文中一句話關係正文之重要性。

據此，〈詮賦〉篇所下的序之定義：序以建言，首引情本。完全可以落實到賦作的評賞。但是到了魏晉以後，或者漢大賦末期的賦體又如何呢？恐不得不在"正"與"變"之間有所辨證。如張茂先《鷦鷯賦》有序，何義門已注意此序文與正文的重復問題，何云："大意在一敘中，賦只就此整齊之耳。"（同前揭書，頁二八七）如此一評，序文與正文便無不同，則序文已有之，何勞正文之詞費？甚且序文之重要大過正文。無怪乎方伯海有見及此，在讀顏延年《赭白馬賦》並序之後，寫下如是"序"論：

> 凡讀書須讀序文，古人著書作文，序則總括其所以，杜預注左傳，范寧注谷梁，大旨俱盡於序中，至於趙岐序孟

子，朱子序學庸，皆能道及著述本意，而學庸二序，尤爲
吃緊。不可不讀。因此賦篇中及亂，俱本序意，故附論
之。（同前揭書，頁二八九）

這一大段評語，委實道出序文名篇之顯著作用。但作為一整本書
如《左傳》《孟子》的序，與只是一篇正文的賦之小序，應當不
太一樣。因為賦的正文與序文是連在一起的。因之，賦之序文與
正文若"離之雙美，合之兩傷"，究非賦體的正格。

　　果然，何義門對傅武仲《舞賦》並序的序文，即有評語涉及
之。首先，何義門認為《舞賦》的序前後俱寫一時宴飲之事，中
敘舞之節奏，此即賦之正文，故而序文與正文其實是一樣的，何
必列之為序。而偏偏《舞賦》有序有正文，這便引發對一篇賦之
評價高低的標準問題。所以何義門讀完馬季長《長笛賦》並序之
後，有評語云："何其辭費"，而方伯海更直言："此賦只將其
聲，翻來覆去形容，字生句拗，意率神枯。"（同前揭書，頁三
四七）從這一現象檢討賦序與賦正文，便可知賦之序固然為賦體
正格之一，但賦序與正文不可"犯重"。犯重與否，遂成賦學批
評眾多方法之一。試觀嵇叔夜《琴賦》並序，何義門就點出：
"序與賦絕不犯復。"（同前揭書，頁三四八）由此可見《琴
賦》並序是一篇佳作。看來犯重與否，是賦家作手必須正視的問
題。於是，便出現了無序的賦體，漸漸成為潮流。潘安仁的《笙
賦》就沒有序。但是何義門卻給予好評說："此賦合眾作之長，
有脫化前人處，有採取它長處。"而方伯海也說："能推陳出
新，自是六朝中鑿山通道巨手。"（同前揭書，頁三五七）這樣
的新體式，可避開序文與正文犯重的弊病，從賦的正體中加以變
創，出現無序的賦體。或許也是賦學發展史上的"勢之必然"。

而這一新發展，是經過 "犯重" 與否的辯證試驗。這一試驗並未在〈詮賦〉篇中談及，只有在實際品評中可得印證，而《文選》的評點便是最佳材料，所以，《文心》〈詮賦〉的理論在《文選》評點中一方面得到理論驗證，一方面也得到理論的修正與反省。

四、大賦與小賦之批評法

　　〈詮賦〉篇總結劉勰以前賦文學的定義、體類、與流派。足供後世參酌。但更值得注意的，是〈詮賦〉篇首次區隔大賦小賦之別，並為此二類做了品評。

　　從其中的品評可看出，至少涉及了大賦與小賦的優缺點，大賦與小賦的內容題材，大賦與小賦的風格特色。這些意見，由於〈詮賦〉篇篇幅精練的限制，引例較少，實際批評較略，便有必要從其它材料求證。而《文選》選賦及其評點，就是最佳的材料之一。先看〈詮賦〉篇所定義的小賦，劉勰云：

　　　　至於草區禽族，庶品雜類，則觸興致情，因變取會。擬諸形容，則言務纖密；象其物宜，則理貴側附。斯又小制之區畛，奇巧之機要也。[3]

細看這一類賦之小制，所以不同於大賦。乃在小賦的品類 "雜" 而 "變" ，不再只像漢大賦的宮殿、京都、藉田、游獵等，表現漢帝國貴族生活的一面。而是改從日常所見的草蟲禽魚，以及生活中其它事物，只要能見其奇巧的，皆為小賦之新變內容。

　　這種對大賦小賦不同之分的理論觀點，可從《文選》之書的選篇得到印證。例如從《文選》選賦的十五種體類上看，京都、

效祀、耕藉、畋獵等這四類之賦，多選漢大賦名篇，而較少魏晉小賦。可見，漢大賦的題材以這四類見長。

可是像紀行、游覽、物色等三類賦，是魏晉玄風與山水文學流行以後，一時代共同的主流風潮，《文選》所選的就多以魏晉小賦名篇為主，以凸顯小賦的題材內容與漢大賦有別。

至於像音樂、情賦等兩類賦，是魏晉"風流"的人文活動之一，以表現人的曠達，盡情等性格，不歌不足以縱情，不放浪不足以渲泄，為此而出現音樂賦與情賦新體類，當為時勢之必然。這也是漢大賦時期較少見的題材，而《文選》選賦有這兩類，正足以說明《文心》講魏晉小賦是"庶品雜類，觸興致情"不是空論，大賦小賦雅有不同。

另外，《文心》的賦體流變之分，復可自《文選》的選賦評點得到印證。例如何義門評點宋玉《高唐賦》云：

> 鋪張揚厲，已為賦家大暢宗風。詞尚風華，義歸諷諫。須知賦之本義，義本於詩，而體近於騷。故有屈之離騷，則有宋之賦，其時荀卿亦以賦著，而荀賦近質，宋賦多文，宜賦家之獨宗宋也。

這一段評語，在為賦的流派做屈宋荀三家之分，並點出賦體起源，總不離"諷諫"，但詞句也得講求風華。所以，像宋玉的賦能把握這兩點特質，終於能讓後世模仿者獨宗宋賦，而荀卿的賦，風華不足，樸質有余，究竟不是賦的主體，流傳不盛。

這種見解，與〈詮賦〉篇肯定宋玉賦價值地位，謂玉賦以後"六義附庸，蔚成大國"是一致的。

五、選賦評點可輔證〈詮賦〉篇

〈詮賦〉篇於品評劉勰以前賦家流派，嘗舉漢大賦十家與魏晉八家為代表，此文論中首次品評歸納賦作者，甚具參考價值。

特別是如此之品評，大多為蕭統《文選》所遵循。然蕭選只是選文，未加丹鉛。讀者若欲案查《文心雕龍》與《文選》二書之意見，惟有參之歷代點評文選各家之說，略見梗概。

茲舉二例明之。其一〈詮賦〉篇謂漢大賦十家之一賈誼，云"賈誼鵬鳥，致辨於情理"，是說賈誼賦之特點在於表現賦的"情理"。然則，賦之流派，若有賈誼一派，當可歸之為"理賦派"。而賈誼賦乃此派之首。這一說法，不但在紀昀評《文心雕龍》時，直言不諱。說："鵬賦為談理之始。"肯定了劉勰的品評。同時，也落實於蕭統的選賦，設為"鳥獸"賦一類，置鵬鳥賦為篇首。

然而細讀者，不免或問。劉勰立賦之流派"理賦"一類，何以蕭統《文選》另屬之"鳥獸"一類？何故？顯然，《文心》與《文選》對賈誼賦之見解，有同有不同。未可劃一而論。

這樣的問題，在孫月峰評點《文選》時，即已明確指出，孫云："此賦雖以鵬名，然卻只談理，誼入志類為得。"此話批評了蕭統歸類《鵬鳥》賦到"鳥獸"類之不妥，認為宜入之"志"類。因為志類賦才是"入道見志"之賦，以表現"理"為主。孫月峰如此點評，既肯定了劉勰立"理"類賦之睿見，並兼討論蕭統歸類《鵬鳥》賦的錯誤。很實際地合二書而共論證，頗有助於賦學流派的研討。故曰《文選》評點可輔證《文心》〈詮賦〉之

說。

其二再以王褒《洞簫賦》為例。〈詮賦〉篇舉漢大賦十家代表，王子淵在其列。劉勰云：「子淵洞簫，窮變于聲貌。」按劉勰這句話的意思，強調王褒《洞簫賦》，在賦體的發展史上，把賦之「聲貌」大大創變，因而成立新體。

若再進而求問，到底《洞簫賦》新變出何體類？足以在賦史上占一席之地，列十家之一。則劉勰似語焉不詳。

今驗之《文選》，確實在賦類入選王褒此文。且立一體類曰「音樂類」。合二書以觀，可曰王褒是賦史上音樂賦之創始者。

如此見解，即可在孫月峰與何義門所評點的《文選》批語中讀到。[4] 孫月峰云：「其鋪敘次第，則後來音樂所祖。」這話從《洞簫賦》的筆法上說，並直言《洞簫賦》就是賦史上音樂賦的鼻祖。何義門評語也確認了此說法，何氏云：「此為諸音樂賦之祖。」這樣，在《文選》評點二家的品評下，有關王褒音樂賦的創立地位，即可定評。而始提此論之劉勰，與實際編選入篇的蕭統《文選》，二家的見解，終可於後世的評點得到印證。此《文選》評點有助〈詮賦〉之解的又一例。

六、選賦評點再舉例

按照〈詮賦〉篇對賦體標準體式的要求，一篇賦須備引、正文、亂三項目。大賦率多如此，但是小賦時期的魏晉賦已有變格。〈詮賦〉篇認為這是有失體要，不合正格的。這一理論放到實際魏晉賦實未必然。

以《文選》選賦木元虛《海賦》例之，即有不同說法。《海

賦》沒有序也沒有亂，在體式上，明代理論家王世貞《藝苑巵
言》已提出《海賦》在結構上無首無尾之病，王世貞云：

> 渡江以還，作者無幾。非惟戎馬爲阻，當由清談間之耳。
> 景純游仙，暐暐佳麗，第少玄旨。江賦亦工，似在木玄虛
> 下。玄虛海賦，人謂未有首尾，首尾誠不可了。首則如是
> 矣。或作九河乃可用此首，今卻不免孤負大海。（《續歷
> 代詩話》卷三）

在這段話裡，王世貞不僅批評《海賦》結構之無首尾，更談及到
渡江以後的東晉賦，“玄風”是否暢行的問題。另外，也提示
《海賦》雖以海為題，但內容涉及九河，不如改題作《河賦》。

　　姑不論正世貞的評是否可議，至少，這樣的評與〈詮賦〉篇
講的賦體之正格即不相符。但魏晉賦在體式上的變格，自有其
“理”。《文選》的評點材料每見反證之語。如孫月峰讀《海
賦》即一再強調寫海不從海說起，而從洪水先說，乃是“借洪水
發端來”，對王世貞的批評頗不以為然。孫云：

> 文體原無定，或由本及末，或自末歸本，或借小形大，或
> 舉大及小。隨人變化，結構必若所云，恐反涉拘板。
> （《評注昭明文選》，頁二六三）

這一段話對王世貞的反論，無疑地為《海賦》的變體作了合理化
之解釋。其後，何義門與俞犀月的評，都表示過類似意見，等於
為孫月峰的翻案作背書。何云“末段總結以水德言之，收足廣怪
大之意”，而俞則云“收得渾淪，如以為未成，下更如何接
去”。（《評注昭明文選》，頁二六七）照此三家之見，《海
賦》之佳處，正在它的無首無尾，渾茫一片。這正如大海的無邊
涯際，波瀾壯闊，在此，《海賦》不但寫了海的一切，也將自身

的文字形式與實際的"海"之形象，做了完美的擬象。雙重形式的結合，正是《海賦》在賦體形式上的變格創新。這個"變"在魏晉小賦時期的發展值得加以肯定。若《海賦》必墨求賦體"序、正文、亂"的結構成規，恐怕就難以表現《海賦》之壯美矣！難怪何義門在末批云："奇之又奇，相如子云無以復加。"（同前揭書，頁二六七）此處按一個"奇"字，確實道盡《海賦》，所代表的魏晉賦之特色。

　　本來《文心雕龍》全書理論，即對一種文體的"正"與"變"給予相當關注。所謂"失體成怪"、所謂"位體"、所謂"奇正"、所謂"因情立體"、"即體成勢"等等，皆是文體之專門術語。由於房首建"宗經"理論，崇尚"典雅"之風。故而連帶對文體之評價，每以"正"為是，而多貶抑"變"或"奇"。因之，〈詮賦〉篇對賦體源流之見，便順理成章地，肯定大賦，批評小賦。以漢賦為正，對"近代以來"之齊梁與東晉小賦，每多微詞，這是《文心》〈詮賦〉篇賦學理論的盲點。今由《文選》選賦的評點材料，可以提示吾人在賦學理論上之反思，收到理論與批評的辨證。

　　抑有進者，〈詮賦〉篇尚存在一個賦學理論有關賦作"思想"的問題。因為，〈詮賦〉對大小賦縱然有區別，但不論是大賦或小賦，賦作都要有"志"。劉勰云"述行敘志"，這是就大賦言，用一個"志"字，就是賦所表現的作家之"思想"。又云"象其物宜，理貴側附"，這是就小賦言，用一個"理"字。

　　其實，不論用"理"字或"志"字，總之，賦不論兩漢或魏晉時期，都各有其所要體現的思想。源於這個看法，故《文選》選賦設有"志賦"一類。黃叔琳注"述行序志"一句，就說"幽

通、思玄之類是也。”這兩篇賦《文選》，即選入志類。賦之有
“志”，賦之有“理”。既然已成定論。那麼，漢大賦之“志”
與魏晉小賦之“理”是否同為一物？這又是〈詮賦〉篇所沒有回
答的問題。

　　魏晉之思想主流，以玄風為尚，此為今古學界所共識。然
《文心雕龍》於《明詩》篇明確指出“莊老告退，山水方滋”，
把山水詩與玄言詩的出現聯繫起來，吾人可確定魏晉有玄言詩。
但是，從〈詮賦〉篇而言，吾人能否得知劉勰亦主張有“玄言
賦”呢？實難定論。因劉勰只說了“理貴側附”，並未指明那是
什麼派別的思想之“理”。

　　茲者，欲探〈詮賦〉篇所謂的小賦之理究為何理？也可試從
《文選》之選賦評點材料得知。仍以《海賦》為例，當《海賦》
全篇從水勢、風浪大小、泛海、怪物、產物、室居、光景、奇
景、魚、鳥等狀寫殆盡之後，特別在末段，筆鋒一轉，寫到了一
片玄妙之境，這一段描寫就是從“三光既清，天地融朗”云云以
下的一段文字，直到最末“品物類生，何有何無”止。正是所謂
“玄言”之景。故而何義門云：“歷言珍異，不足以盡海之大。
故必以列仙為究竟，是全篇歸意也。”（同前揭書，頁二六六）
可知，《海賦》最末是以“列仙”之境作結，而這一列仙之意是
全篇賦最終旨歸。按照這個讀法，《海賦》可算作是玄賦，它既
是表現海之廣怪奇大，也要把海的描寫牽引到一種“理”境。此
即〈詮賦〉篇所謂的“理貴側附”。由此可證魏晉小賦流行的
“理”（或者說“志”），與魏晉的詩一般，同樣大暢“玄
風”，漆園義疏與柱下旨歸，在魏晉小賦中，隨處可見。

　　與《海賦》類似的寫法，在文章最末才點出所要“側附”的

玄理之另一篇名作，就是郭璞的《江賦》。〈詮賦〉篇說郭璞賦是"縟理有余"，但未進一步明言是何理？今從《江賦》直接解讀至末段，自"妙不可盡之於言，事不可窮之於筆"以下直至"考川瀆而妙觀，實莫著於江河"為止。可知整段文字是虛寫長江的妙境的，屬於精神與想像的層次。其目的，亦無非要把長江的描寫最後予以"玄學化"。故而，此段有評者眉批云：

> 歷舉故實，亦列真異人之屬也。隱然見天險不可连意，又以示憑吊往古，論列前修，為水德靈長之證。[5]

經由如此解讀，始知《江賦》之重點原不在述江之奇之偉之博，而在江之"靈"。因為有神居之。這樣就把江提升至精神文化層次，是江與"玄理"的結合。此即"理貴側附"之又一顯例。

由《海賦》與《江賦》的評點，指出此二篇賦之"理"的境界。可證〈詮賦〉篇理論之不假。唯是評點之具體落實批評，進而言及其中之理為"玄理"，此則可補〈詮賦〉篇理論不詳處。《文選》選賦評點可資《文心》之賦學理論理解，並相發明，互補短長。尤其可在理論與實際解讀兩層次，得到試驗，由此二例略可知之。至此，運用《文心》賦學理論分析《文選》選賦之作法可以確認。

附註：

1　例如劉師培運用《文心雕龍》理論分析《文選》之作，主要見於《文心雕龍講錄》之文。此文專講"頌"、"贊"二體，但非徧引《文選》之作。次講"碑"、"誄"，始用《文選》五十六、五十七兩卷所收碑誄文按篇分析，詳加印證。此文收入新編劉師培《中古文學論著三種》，頁 145-176。

2　關於〈詮賦〉篇多所取資於前人賦論，已經龍學研究者多家指明。最常見之說法即以《文章流別論》為例，論者咸謂《文心》所本。詹鍈《文心雕龍義證》之書已臚列各說（見該書頁 269）。另外，王琳《文選選賦四題》之文也另舉劉勰之前的謝靈運《歸途賦序》、《匯妃賦》等篇目在賦之題材分類有行旅、艷情，也是《文心雕龍・詮賦》的起源。可參。（該文收入中國文選學研究會編《文選學新論》，頁 117-126。）

3　這段引文"庶品雜類"之句"庶"字，黃叔琳注本與諸家注本都說原作"鹿"。今考元至正刊本即誤作"鹿"。唐寫本則作"庶"。當據唐寫。案：有關《文心雕龍》原文的校字，本論文所引用參考資料，主要以潘重規《唐寫文心雕龍殘本合校》（此文收入陳新雄、于大成合編《文心雕龍論文集》，頁 21-72），元至正刊本，楊明照《文心雕龍校注拾遺》，王更生《文心雕龍讀本》，李曰剛《文心雕龍斠詮》等書為據。

4　過去談文學批評史的書，於"評點"在宋元明清的發展，多略略帶過，似未給予正面評價。今幸而可見王運熙等編寫的七卷本《中國文學批評史》已加入了專章專節論述評點之方法與價值。如宋元的部分，論述了劉辰翁的小說評點。（見《中國文學批評史》，頁　-　　）但明清以下的詩文評點，特別是《昭明文選》的評點，每闕而不論。學界宜反思。

5　這一條批語被于光華摘錄，但未明注何人所批，是以不能判定即何義門之說。今考四庫本《義門讀書記》四十五卷未見此條批語，又廣陵書局刻本《義門讀書記》與崔高維的點校本，都闕錄。

應用《文心雕龍》三準理論分析《文選》勸勵詩

一、序　言

　　《文心雕龍》全書五十篇（〈隱秀〉闕文）。近代研究者，利用分類研究法，將各篇依其性質內容，分別歸入文原論、創作論、批評論等範疇。這一研究法意在「分類綱目」，藉以區別各篇文論的不同。

　　延伸之，分類之下，又有合該類之幾篇為相關涉者，再別為一大類，或併觀這幾篇的連繫性與相關性，如〈時序〉〈物色〉有前後關係，〈才略〉〈知音〉〈程器〉三篇有互相貫通之理，〈神思〉〈體性〉〈風骨〉可為一組，而〈通變〉〈定勢〉講文理之定與變的相濟之道。類似如此之合幾篇研究法，意在「統合」，重點是結合各單篇有共通之理的說法。比較前一種，一在分，一在合。分中有合，合中可分。此之謂龍學研究的新途徑。今以祖保泉解說〈鎔裁〉篇的一段話為例，祖保泉云：

　　　　"裁辭"關係到"聲律"、"章句"、"練字"和"麗辭"等方面。劉勰在《鎔裁》篇中，論"鎔意"時提出了

　　　"三準"的看法，醒人耳目；論"裁辭"時提出的意見則
　　較零亂、較浮泛。這大約是留有餘地，好在後面就裁辭作
　　多側面的專章論述吧。(《文心雕龍解說》，頁六三五)

這一段話很有見地，說出了三項龍學研究的重點。其一是注意到
〈鎔裁〉篇的理解，宜分鎔與裁兩部份，而在本篇中，鎔講的
多，裁則留有餘地。這就引伸到鎔裁是「意」與「辭」的研究，
於是而有第二項重點，要把與「辭」有關的其它篇章，如〈章
句〉〈聲律〉〈練字〉〈麗辭〉等合起來看，才能真正理解〈鎔
裁〉的內容。這即表示龍學研究要在「分」立各篇中，求「綜
合」相關的探索，做到分中有合，這段話的重點，此其三。

　　若按祖保泉以上提示的合幾篇以共參考的龍學研究法，推廣
之，則《文心雕龍》自〈情采〉以下的各篇，如〈鎔裁〉〈聲
律〉〈章句〉〈麗辭〉〈比興〉〈夸飾〉〈事類〉〈練字〉等八
篇，應可歸為一類。因為〈鎔裁〉講「意」與「辭」，即文學思
想內容與文學語言的問題。講「意」如何鎔？跟情志情性有關
係，所以，〈情采〉篇不可不對照看。又講「辭」如何裁？跟章
句、聲律、修辭也有關係，所以，〈聲律〉以下各篇不可不讀。
故而以〈鎔裁〉為中心，匹配其它相關的幾篇，所構成的《文心
雕龍》理論，可以獨立成一個小單位。今以此為理論焦點，觀照
《文選》所收作品，以檢證理論的有效及適切如何，可當作運用
《文心雕龍》理論分析《文選》作品之一例。[1]

二、三準說之性質位置

　　今先以〈鎔裁〉為說。此篇具體地提出「三準說」，它與

〈情采〉提出形文聲文情文之三理說，與〈知音〉所標六觀說，皆是《文心》一書有特色的理論，因其條目明晰，有路可循，較諸《文心》很多駢語用詞之模糊，大不相同，頗有助劉勰批評概念之理解。

所謂三準，是指「履端於始，則設情以位體；舉正於中，則酌事以取類；歸餘於終，則撮辭以舉要」這一段話。由此段話可知，以「位體」「事類」「撮辭」三者為一篇文章創作之前的思考要點。照劉勰的意思，這三點如做不到，即「術不素定」，文章技巧不先早安排，因而「委心逐辭」，隨便下筆，則寫成的文章，必然「異端叢至，駢贅必多」，也就是失體成怪，繁蕪不堪了。

〈鎔裁〉篇在說三準以下，即轉入字句的探討，論者因此多將此篇由此劃分兩段落。例如紀昀的評語就說：「此一段論鎔，猶今人所謂鍊意。」，據此，所謂三準是有關文章「鍊意」的理論。自三準以後的一段文字，紀昀又說：「以下論裁，猶今人所謂鍊詞。」照這樣的說法，〈鎔裁〉篇實分鎔與裁，講的是鍊意與裁詞的問題。而鍊意的部份，劉勰提出三準說。所以三準是講文章之意，類如今人所謂文章的內容思想。

何謂三準？在應用鎔裁理論之前，首須通貫理解三準的意思，及與三準相關的問題，才能應用得恰當。

先從〈鎔裁〉篇劉勰自己舉的作品為例，還原理論的本意，參考其應用之法，不失為第一步考察。劉勰云：

> 昔謝艾、王濟，西河文士。張俊（俊當作駿）以為艾繁而不可刪，濟略而不可益。若二子者，可謂鍊鎔裁而曉繁略矣。至如士衡才優，而綴辭尤繁；士龍思劣，而雅好清

> 省；及雲之論機，亟恨其多，而稱清新相接，不以爲病，
> 蓋崇友於耳。夫美錦製衣，脩短有度，雖翫其采，不倍領
> 袖；巧猶難繁，況在乎拙；而文賦以爲「榛楛勿剪」，庸
> 音足曲，其識非不鑒，乃情苦芟（芟原作芟）繁也。
> （《文心雕龍・鎔裁》）

這一段話所舉例的五位作家，前三位之謝艾、王濟、張俊的典
故，自黃叔琳注已不詳，以下如今人王更生、詹鍈等亦皆謂不可
考。（《文心雕龍讀本》下篇，頁九六，《文心雕龍義證》，頁
一二○二）因之，三人說如何鎔裁之法已不可聞。只餘陸氏昆仲
之贊評，稍可會意。今讀劉勰所揭二陸關於鎔裁之法，一說「綴
辭尤繁」，二說「雅好清省」，而以「才優」與「思劣」對舉。
注家每引《晉書》本傳、《世說新語・文學》篇注及陸雲〈與兄
平原書〉等資料以注解文心這一段話，已詳詹鍈之注引。（《文
心雕龍義證》，頁一二○三－一二○四）茲總觀此段話，重點多
在「辭」之如何裁，以多少繁略之比較，看待陸機文章。因而由
陸機之例而推想到〈鎔裁〉篇談的是文章繁簡的問題，因此而忽
略了前面尚有三準之說，譬如范文瀾的注即引《日知錄》卷十九
「文章繁簡」條以助解。（《文心雕龍注》卷九頁九）

　　也就是說，這段以例子闡明〈鎔裁〉的文字，例子只用來說
明裁章裁句，只點醒了文章要知繁簡，並沒有兼顧三準要如何作
法？鎔意之佳例為誰？所以，若從「還原」劉勰理論本意去探求
三準之說，顯然無路可循，至少要藉由舉例以理解是無由門徑
了。

　　今試改從三準所揭「位體」「事類」「撮辭」在《文心》全
書其它篇的詞意如何去理解，則位體一詞，又見於〈知音〉篇的

六觀之首，而與〈體性〉之言體，即體成勢之體又有關係。體是文章體裁形式？抑或內容思想？便構成對三準說理解的關鍵。

至於事類則有〈事類〉篇專文討論，即今言典故，意指要選取恰當的典故事例寫入文章。

再說撮辭，包括修辭與結構的安章完句，有〈麗辭〉篇專講四對。此外，尚應包括〈章句〉〈比興〉〈夸飾〉〈練字〉等篇，皆講如何裁詞？如何修飾語言？錘鍊字句？照以上的相關篇目推演，三準其實已包含「體」與「辭」的問題。假使體字又做「內容思想」解，不限於「位體」之意，則三準於「體辭」之餘，尚包括了「意」。以今語視之，凡作品中的形式、內容、修辭等三要項，三準說皆已涉及。若然，所謂〈鎔裁〉這一篇的主要觀點其實就是三準，而不是分鎔與裁兩部份。因為三準說已兼指鎔意裁辭的內容，而又多加了一項「事類」，只是事類問題不放在〈鎔裁〉篇一塊談，而另成一篇了。

照以上的理解，回看祖保泉的說法就講得有道理。他認為〈鎔裁〉篇的裁辭這一部份較零亂浮泛，為的是留有餘地，以便下面的〈章句〉〈麗辭〉等各篇多作專章論述。確如其言，自〈情采〉以下各篇才可以歸類為一體系之理由也即在此。但是，祖保泉以為三準是針對只有鎔意而提出的，這一說法還是一般的二分法。

所謂二分法，是把三準與鎔裁結合，三準是鎔，不講裁，所以〈鎔裁〉篇可分兩部份。持此說者，據李淼與趙棻芳的統計，有紀昀、范文瀾、劉永濟、牟世金、郭味農等五家。（《文心雕龍學綜覽》，頁一二九）其實，別有祖保泉、詹鍈、王更生等亦主張三準是講鎔意。

　　三準理論，爭論頗多，李淼大略分作三大類，分別是問：屬於創作過程的那個階段？三準與鎔裁的關係，對三準各準涵義的不同解釋。在「三準與鎔裁的關係」這項子題的討題，除了二分法之說，第二種是認為三準兼及鎔裁。此說以黃季剛為首倡，黃氏云：

> 革創鴻筆以下八語（案即三準這一段文字），亦設言命意
> 謀篇之事。有此經營，總之意定而後敷辭，體具而後取
> 勢，則其文自有條理。（《文心雕龍札記》，頁五六）

這段話明白可知三準是兼具鎔裁兩方面，而且，把設情以位體之位體，關連到〈體性〉〈定勢〉〈麗辭〉等篇，又特別提出「意定」的重要。這個意，以有內容思想的含意，這樣再看「設情以位體」的情字，即含有情與意、意與志等多方面的意思，所以，黃先生的三準兼包鎔裁說，於義為勝。輔以本文前面所分析的三準之「位體」「事類」「撮辭」相互關連的看法，三準說，應視為〈鎔裁〉篇之總綱，包括〈聲律〉以下各篇，也都或多或少是三準說的沿續理論。所以，三準是創作方法，當然，也可反過來說是檢驗創作優劣或成敗的「準據」。因此，應用它，實際分析《文選》作品，很具有作品與理論間的相干性。

三、三準說要義及其相關問題

　　然而，三準說在〈鎔裁〉篇的性質，居於總綱之首，不是二分法，也不只是兼包鎔裁而已，既如上述。現在，要試著推出一種新看法，把三準說當作是〈情采〉篇理論的沿續發揮，並連繫到《文心》全書有關「位體」「情志」等理論的說法，綜合考

量，會出眾義，以便定為實際檢討創作成敗的三項標準尺度。這樣，才是凸顯三準理論的有效方法。

首先，應該重讀〈鎔裁〉篇的首段文字。劉勰云：「情理設位，文采行乎其中。」，這全篇劈頭兩句，可說是上一篇〈情采〉兩字的引伸。在〈情采〉篇已提出「三理」說，即形文聲文情文。以形式、聲律、情性三項做為創作之三理，已暗含三準說中的「位體」「事類」「撮辭」三個內容。從這種前後關聯度看，三準的「位體」之體字，確實應包含文章體裁形式與內容思想兩層意思。而不論三理或三準，劉勰主張一切作品的原動力是「情」字。這麼說劉勰的文學理論是抒情派，而不是言志派。

可是，若再讀接下去的一段話：「剛柔以立本，變通以趨時。立本有體，意或偏長，趨時無方，辭或繁雜。」云云，就可知劉勰看出以情為主的創作，要注意剛柔之表現，而剛柔是風格概念，即〈體性〉篇所講的體。至於又要留心時勢風潮的變化，知所革通，即通變定勢的理論，這兩篇恰恰排在〈情采〉之前。從這些相關性看，〈鎔裁〉篇之前，已有〈體性〉〈情采〉〈通變〉〈定勢〉等諸篇的預先理論做基礎。可看作是實際創作之前的準備。

這樣看，有了體、有了意、有了辭，才接著會想到如何加以裁剪增飾的問題。〈鎔裁〉篇自此接續而講述，方安得下《文心》全書理論的體系門路。所以，「意或偏長」的意字就特別值得留意。何則？因前此一句「情理設位」，把情字理字點出，以便扣緊三準之首「設情以位體」的情字。那麼，情字之外，又加上個「意」字，則位體概念就複雜了。至少，位體放到三準說的含意，已包括內容思想，即「意有偏長」的意字，而不再只是

「情」字「理」字。據此理解，劉勰除了主抒情派，他同時也是言志說，或者尚意派。總之，從《文心》全書有理論相連性、搭配性的角度看，三準的位體概念，是指作品中的情、意、志、理等諸字的含意。另外，再加上類似〈體性〉篇講的形式與風格才性等概念。[2]

　　明乎此，可知三準說最難解、最有爭議的就是「位體」，要如何把作品的「體」定位好，就是提出三準以後，緊接必申論之問題。所以，〈鎔裁〉篇的定義就說出來了。劉勰云：「規範本位謂之鎔，剪截浮詞謂之裁。」就是這一句話的不同理解，才造成〈鎔裁〉篇有二分法之說。其實「規範本體」的體與「設情以位體」的體雖是同義，但是如何規範那個體字，是技巧問題、作法問題，不即表示等於三準，因三準說還有其它兩項如「事類」「撮辭」之事。怎麼可以三者之一的「體」之如何鎔，就以一包三呢？這是混合鎔意等於三準的錯讀〈鎔裁〉篇之一例。

　　再有一誤是出於「故三準既定，次討字句」以下這一段的誤讀。其實這一段專講字句如何裁、篇章如何繁略的問題，詳玩「字去意留」「辭殊意顯」「字刪意闕」等等批評用語，可知劉勰並未離意於辭，也沒有分開「字句」與「（情）意」的相互配合。這就表示三準既定之後的這一段文字，就在講鎔與裁，合起來講，而不是如紀昀所評云：「以下論裁，猶今人所謂練詞。」，試想，如果只是練詞，何以兼述意顯、意闕、意留之問題？又何以注意到字句與思意的善刪善敷之搭配？可見，劉勰之所以在〈鎔裁〉篇先提三準說，再講鎔裁之法，為的是讓鎔裁當作技巧，以服役於三準之完成，並照顧到三理的發展，連繫到〈鎔裁〉以下各篇的創作技巧論。此即我主張應從《文心》相關

理論為單位的研究法之結果，故而亦當自這個角度，去定位三準與鎔裁的層次關係。

　　〈鎔裁〉篇自此以下的一段就是舉五位作家以明裁辭之例。觀其引例，多在「裁」之如何，鎔意罕聞。這也是造成誤解之一，認為這一段既專講裁，可推想，裁之前段，理當講鎔。〈鎔裁〉篇之所以有二分法之說，此亦原因之一。

　　平實而論，不惟這一段只講裁，整個〈鎔裁〉篇仍是講「鍊詞」的多，講「鍊意」的少。所以，有關三準說的「位體」為何？及其與鎔意的「意」所指為何？並二者之相干性，當是劉勰三準理論的困難焦點。易言之，即劉勰對於抒情說之外，如《文選》不選的以「立意為宗」之文，意見如何？又如何放到位體去講？如何自鎔意的技巧去安置？當為三準理論之重心。

四、三準說應用舉例

　　前文已述〈鎔裁〉篇劉勰自己舉的五家作品，用來說明鎔裁之例證，可具體實指者，只二陸作品，而二陸作品在劉勰之示例，多用於鎔裁如何的作法，對三準說的實際應用，助解不大。再說，如本論文前節所分析，三準說與鎔裁理論不能劃等號。所以，就〈鎔裁〉篇而言，可見的作品實例，只有鎔裁，而缺三準。雖然，只有鎔裁的實例多少也可補三準說的理論，但終究不可以偏概全。

　　對注家而言，范文瀾的注，在三準既定之後，既視之為「裁」，因而所舉作品之例，亦用來說明裁之如何。范注舉《文選》所收干寶〈晉紀總論〉與《晉書·元帝紀》所載兩文詳略不

同，范注云：「亦可以剪裁之法則。」（《文心雕龍注》卷七，頁七）范注所舉，例於說明鎔裁之裁，甚得其宜，若用於三準說之示例，則又不盡然。

又楊明照有文〈劉勰論創作過程中的鍊意和鍊辭〉，則以繁略之文詞，等同鎔裁。故而舉《水經・經水注》所描寫之三峽，與李白〈下江陵〉，一繁一略。楊注云：「都各盡其妙。」（收入《學不已齋雜著》，頁四九二）楊注以為文章繁簡，各得其宜。這論點本身無可訾議，但用來例證三準則有所不妥。

真正就三準說而舉實例印證者，要以劉永濟用《文選》宋玉〈風賦〉最具體。[3] 劉注分三個步驟以釋三準，首先，把三準約化成情、事、辭三個要目，次就三個字在劉勰之前的用字用詞例做比較，以便證明所謂情事辭即先秦諸子所講過的文章之學。這一個異名同實的現象，無非在說明劉勰的三準說，是前有所承，或至少是與諸子之說「英雄同見」。為此，劉氏特製一表，眉清目秀，很能助解。最後才舉宋玉〈風賦〉印證三準說之不假。先看劉氏所製表如下：

孔子	志	意	言		文	書
孟子	志	義	辭	事	文	
莊子	意		語		書	
揚雄	心		言		書	
劉勰	情		事		辭	

這個表最明顯的特色，是把三準說的「設情以位體」之情字，與諸子所常用「志」「意」「心」「義」等四個字的概念類同起來。這樣，情字在三準說中遂有寬解。尤其是情字心字類同，更可印證「設情」做為文學創作過程中第一位階的重要性、統攝

性。不過，這裏劉注只以諸子用字做比較，沒有再就《文心》全書其它篇嘗用志字，意字的含意，與「設情以位體」做對觀，稍嫌不周。（詳下節所述）譬如，以立意為宗的諸子之文，《昭明》不選，但劉勰卻特設〈諸子〉篇安頓其意，則劉勰所謂的諸子之意，究與〈鎔裁〉篇所講的鎔意之意，有何別異？是又頗值辨明。

　　劉永濟之釋三準，最後以宋玉〈風賦〉為例，印證三準說之可立，並且評價〈風賦〉乃是劉氏三準論的最好例證。但他也提醒分析一篇作品，自然不能用一種機械的方式，必須靈活地運用劉氏的理論。這句醒語很有用。而要實踐活用的要求，自然要在三準的適用對象加大加寬，也就是把位體與設情的含意，跟《文心》在其它篇的用法及例示合起來看，然後，檢證作品的「位體」與「情」字要從多元途徑去，從具體項目分析，如此或不失為靈活運用之一例。

五、應用以後的檢討

　　由以上劉永濟釋三準說及其應用之例的分析，試檢討之，劉說可取之處有三：其一不將三準說與鎔裁混一塊兒言，當然，劉說也沒有硬分二者，但至少能就三準獨立立論。其二劉釋知援引先秦已提示三準說類似的意見，從而證明三準確為文意寫作綜合思考的問題。為此，劉氏製的表，頗令人耳目一新。其三劉氏懂得具體用實例印證三準，在運用《文心雕龍》理論分析作品時，做了極佳的示範作用。

　　今自劉氏釋義的啟發，再廣用其例，延伸其說。則也有二問

有待質疑：其一有關三準說第一準「設情以位體」之釋，劉注偏重於「情」字之解，而略「體」字之說。且情志既可類同孔孟莊揚諸子所說的「志」「意」「心」，換言之，即可連綴成詞，併成情志、情意、情義等概念。若然，試問這三個概念，在《文心雕龍》全書其它篇之用法又如何？劉氏較少論證。[4]

對此，可用「以經證經」的注釋法，將《文心》別篇的情志、情意用法，援引共參，方足以圓覽劉勰於情志之意見。因為，詩言志與詩緣情二說，在劉勰之前已形成，二說同異，及其互相侵奪，並後世論者有所主張，從一從二，凡此種種問題，皆關係到「設情以位體」之情字解。惜劉永濟的釋義未詳及此。[5]

其次要問，三準說適用於賦體如宋玉〈風賦〉之分析，若兼施《文選》其它文類，諸如選文各體；選詩二十三詩類，則其適用性又如何？

這兩項質疑，仍以第一項三準理論的進一步闡明為要，而新的理解，要自《文心》它篇相關者並看，即用合幾篇為一單位的體系研究法，重新理解三準含意。基於此，有必要把劉勰在〈序志〉篇自己分《文心》上下的說法回顧之。劉勰云：「上篇以上，綱目明矣。」這是上篇，又說：「至於剖情析采，……。」這一句所指《文心》〈情采〉篇以下，是下篇。而下篇自〈時序〉以下至〈程器〉又自成一小單元。下篇其它篇則又可自成一大單元。這一單元中，〈情采〉與〈鎔裁〉是合在一起的，〈附會〉與〈總術〉也是要一齊看。這又是小單元中的更小單元。如此的重新分類，在不背離〈序志〉本意下，可算是《文心》體系研究法之一例。日本學者安東諒即有同樣的分法，他在〈剖情析采試論〉乙文有段話說：

神思、體性、風骨、通變、定勢五篇，其核心內容是情采
的情。其次的情采、鎔裁兩篇，差不多均衡地敘述了情與
采，即內容與形式兩個方面。聲律篇至養氣十篇，則是以
情采的采即形式為主體的。（《文心雕龍研究薈萃》，頁
267）

這個分法，等於把〈情采〉〈鎔裁〉做小單元，並居於上篇之
「承上啟下」的位置，可謂深得《文心》之體。只差沒有把三準
說提出來討論，以便凸出三準說的兼情采，合形式與內容的二重
性性質。

　　按照如此新的體系分法，三準說是在〈鎔裁〉篇提出，而
〈鎔裁〉與〈情采〉合為一小單元，於是，所謂三準最有歧義的
「設情以位體」解，宜自〈情采〉篇索之。

　　又據前揭劉永濟的釋義，設情的情字與諸子講的「意」字有
關，而意字又與志字不可分。今考談志之篇，在《文心》一書當
以〈諸子〉篇為專述，故而，情字解，宜並參〈諸子〉篇之志字
解，三準理解，則必〈情采〉〈諸子〉不可略其一，可知之矣！

六、〈情采〉〈諸子〉二篇的相關性

　　由於三準說有歧義的一項，是對「設情以位體」的定義，以
及劉勰是主情論，或主志論，抑或二者皆有。若以情志合論，則
〈諸子〉篇首云：「諸子者，入道見志之書。」，知諸子是以
「志」為主的「文」。於是，三準說的第一準便有「情」「志」
孰輕孰重？二者何取？或兼取的問題。不先明乎此，則應用三準
說，首先即有情志何屬的困難。

　　吾人須研究出，劉勰對諸子之文的意見如何？諸子是否在劉勰評定的「文章」之列。若是，劉勰對諸子之文采的看法又如何？

　　在定位層次上劉勰之宗經說為一切文章總綱，殆無疑義。但劉勰理論上的二重性，兼此顧彼的未定性特質，也是披文可得，昭然若揭的事實。此自〈諸子〉篇的一段話，立可證言。劉勰云：「及伯陽識禮，而仲尼訪問，爰序道德，以冠百氏。然則鬻惟文友，李實孔師，聖賢並世，經子異流矣！」詳審此段口氣，一句「聖賢並世」，不即意指諸子與聖賢其實居於同時代，只不過用心不同，學識各專，遂「經子異流」，異流是不同發展、不同流派之謂。然則，不能就此即斷言諸子非文，可知之矣！

　　事實亦然，諸子中的《老子》，劉勰在〈情采〉篇給予「五千精妙，則非棄美」的評價，諸子中的《莊子》，劉勰在〈諸子〉篇則又給予「莊周述道以翱翔」的描述。倘再玩索前揭「鬻惟文友」之「文友」乙詞，「李實孔師」之稱師，則諸子亦嘗為經學師友，劉勰當無貶義。

　　到底劉勰視諸子之文當何？可自〈情采〉略探其意。〈情采〉篇首云：「聖賢書辭，總稱文章，非采而何。」一句話，直直當當地揭明聖賢之文亦有采。我以為，此處之聖賢實包含諸子而言，何以故？

　　通觀〈情采〉篇於首段「釋名以章義」之後，即舉實例以符之，而今觀其所舉之例，有：《孝經》、《老子》、《莊子》、《韓非子》等四例而已。其中《孝經》在漢代不列五經，唐代刻九經亦不入，至唐文宗石刻十二經始有之。可見《孝經》在劉勰之時，亦可看作子書。這樣，不就證明〈情采〉篇用來討論文質

關係的例子，也用諸子之文嗎？

　　因之問題不在諸子是否亦屬「文」之性質，而在諸子的文采與情志為何？又其如何與詩人或辭人之情采有異同之處？

　　結果，劉勰所評述的老子之文是「五千精妙」，莊子是「辯雕萬物」，因此而謂「藻飾」。若韓非又是「豔采辯說」，所以有「綺麗」之文。綜合而論，他對《孝經》《老子》有好評云：「文質附乎性情。」，而對莊、韓則說：「華實過乎淫侈。」，語似不喜文過其實。此即劉勰向來主「雅正」「清麗」之文所必有的權衡之論。然不論佳惡之評，劉勰總謂諸子之文是「文辭之變，於斯極矣」，認為諸子之文是一種極變。

　　那麼，試問此變，是由雅正之采變至綺麗？或有別說？若答前者，顯然諸子之文較別類之文不惟有采，且采之更甚矣！照此觀點，《文心》將諸子之文列入討論，特設〈諸子〉一篇，且又於〈情采〉較論之，則劉勰之文評，實乃情志並兼論，與昭明太子不選「立意為宗」之文，固異趣大矣！

　　再看〈情采〉後段文字，分別以「為情造文」「為文造情」為評判，以詩人之文與辭人之文對舉，又以諸子之徒與風雅（即經書）之心比觀。由此戒情采之宜相稱。其中又加評近代之文，後之作者，要特別留心「體情之製」。這一句「體情」，實即三準說之「設情以位體」的縮語。再一次證明〈鎔裁〉篇的三準說實在是〈情采〉篇理論的持續發揮。

　　更重要的是劉勰對情采所下的結論，他說：「況乎文章，述志為本，言與志反，文豈是徵。這一句中的志，即包含情字之意，故曰情采之情有情志合意，故又可知設情以位體之情字體字亦含有文章情志，即思想感情之要素。依此而推諸子之文、諸子

之立意，即以志為本之文，與以情為本之詩人辭人，雖非同路，但同有其采。且有時諸子之采甚或過麗，如前揭〈情采〉篇之評語即其例。

這樣看，三準理論的「設情以立體」可用來衡量「情」之文，當然亦適用於「志」之書，乃並情志兼具之文章，可證之矣。此三準理論之要義。凡應用三準以考察文學作品，即宜兼顧作品之中情志與體製有無相契之道。

七、應用三準要素分析法

以上釋三準說畢，可知三準理論最難的在「位體」之解，與由「設情」所引生的情志論，因此而參照〈諸子〉篇以「述志」「立意」為本之文，劉勰的評價如何？結果是諸子之文，劉勰鍾情於莊老而有好評，至於諸子之采亦不乏，而以「極變」說之。

可見劉勰於文論，主「志」「情」「采」並重說。但三者如何調適？以切合其所主張，為其三準理論印證。此即〈情采〉〈鎔裁〉篇之必有說也，亦即三理與三準之必提出之由。

今歸納三準理論的具體說法，以「要素」分析法試探之。設為「情」「志」「題意」「典故」「警句」等五項條目，以分析《文選》選詩二十三類之「勸勵」類。此類只收兩首，即韋孟諷諫詩一首與張茂先勵志詩一首。在選材考慮上，因勸勵詩以「述志」為本，而凡為詩者，又必以「情緣」為起興，所以，勸勵詩如何寫成情志兼有，而又具備「事類」「撮辭」兩項技巧，正是三準理論可試之作品。

先分析韋孟〈諷諫詩〉。

　　以「題意」而言，此詩有序，序云：「孟為元王傅，傅字夷王及孫王戊，戊荒淫不遵道，作詩諷諫曰。」，據之，諷諫是題意，全詩蓋為諫爭戊王不遵道，諷其荒淫，使歸於正。那麼，作者之志又如何呢？作者既以不遵道為諷意，反言之，可曰作者即以「遵道」為志，以不荒淫為正。試問作者所志之道，究為何道？

　　根據《漢書》，韋孟作諷諫詩事載七十三卷韋賢傳，但孟不止作一篇，韋賢傳云：「孟作詩風諫，後遂去位，徙家於鄒，又作一篇，其諫詩曰。」，這一段話不在蕭選，知昭明只選韋孟一詩並序，而實有節略。按王先謙的考定所見本，諫詩與在鄒詩，在版式上，王先謙云：「官本與下連文，是。」（《漢書補注》，頁1377）這正暗示了韋孟原作有二詩，《昭明》只割裂其一，乃並序文亦節取上半，遂無以見韋孟二詩諷諫全貌，不能盡曉韋孟之志，不免一失。

　　因為，從版本上，二詩連文之後，才又接上一段話云：「孟卒於鄒，或曰其子孫好事，述先人之志而作是詩也。」（同前書，頁1378）此語似存疑之辭，謂在鄒詩或非韋孟作，而為孟之子孫述先人之「志」而作。然則，不論何作，此二詩殆有其志，則此志為何？並二篇參之，大略可得。要之，韋孟以諷諫為題，意在諷王戊，但韋孟何以諫之之志若何？韋孟所本之「志」為何志？自與「題意」有別，此甚易明。

　　此詩四言，前段歷敘先世建國之基，自「肅肅我祖」至「勳績惟光」述先世祖德，詩云：

　　　肅肅我祖。國自豕韋。黼衣朱黻。四牡龍旂。彤弓斯征。
　　　撫寧遐荒。總齊群邦。以翼大商。迭彼大彭。勳績惟光。

　　詳此敘述語，蓋歷敘史事，若曰有情，是對祖德之情。至於典故，「四牡龍旂」勉強算是，而「警句」則闕矣。次序自周至王戊之先祖徙居歷程，並章孟作楚元王傳之經過，詩云：

> 至於有周。歷世會同。王赧聽譖。實絕我邦。我邦既絕。
> 厥政斯逸。賞罰之行。非繇王室。庶尹群后。靡扶靡衛。
> 五服崩離。宗周以墜。我祖斯微。遷于彭城。在予小子。
> 勸唉厥生。阨此嫚秦。耒耜斯耕。悠悠嫚秦。上天不盜。
> 乃眷南顧。授漢于京。於赫有漢。四方是征。靡適不懷。
> 萬國攸平。乃命厥弟。建侯於楚。俾我小臣。惟傅是輔。
> 矜矜元王。恭儉靜一。惠此黎民。納彼輔弼。享國漸世。
> 垂烈于後。迺及夷王克奉厥緒。咨命不永。惟王統祀。左
> 右陪臣。斯爲皇士。

此段歷敘詳細，于光華評云：「從自序中說到秦漢興廢之由，筆法遒勁。」（《評注昭明文選》，頁三七七）

　　到此為止，尚未入本題，也即是說題意未明。但體會「在予小子，勸唉厥生。阨此嫚秦，耒耜斯耕」云云，雅有作者之「志」，是自序之言。乃以秦漢所以興廢之由，表章孟忠悃之志。可惜此志，以「不悔」作收，幾乎有屈原「怨懟沈江」之悲，然作者章孟終隱藏之。要到「去位」以後，在鄒又作一篇，即《漢書》章賢傳所附錄之文，才明明白白把此「志」表現出來。據此，所謂《文選》「勸勵」詩，宜分「勸」與「勵」。其別何在？

　　李善注云：「勸者進善之名，勵者，勗己之稱。」此解甚是。再明白說，勸是有個對象，勸者與被勸者。所以，諷諫詩此一體類足以當之。勵是以自己為惕，自己說，同時也以自己為對

象。所以，勵志此一體類頗適其用。據此勸勵之別，考查韋孟作詩二篇，既先以「諷諫」為題意，體類選擇既定，即「設情以位體」之求。而以諷諫為題，題意自當依於此。如此一來，即「勸」意多而「勵」意少矣！

之由，韋孟諷諫詩，詩文各句皆能配合題意，三準理論之第一準「設情以位體」可完成其半。只是，要看到作者之「志」則難矣！因之，若以「言志」目的為求，則選用諷諫一體，不太適合。以韋孟二詩二論，在鄒作一首確能多見作者之志，故有「子孫好事，述先人之志」之語。反之，昭明所選之諷諫一首，題意在諷，作者之「志」則隱微莫彰。可知「情」「志」「題意」三項要能同時配合兼顧，未為容易。故諷諫詩自「如何我王」以下，即「入正意」。也就是正式以直言諷諫王戊的荒淫。但如此二分，也非意謂「如何我王」之前的一大段文字沒有諷意。于光華摘錄沈曰云：「唯王統祀以上，歷敘廢興，即寓諷諫之意。」（同前書，頁 377）所評甚是。也即是說上半段還是寄寓諷意，只未明言耳。今觀下半段，直言不諱，于光華評云：「何等光明，後人不可及者在此。」（同前），詩云：

> 如何我王。不思守保。不惟履冰。以繼祖考。邦事是廢。
> 逸遊是娛。犬馬悠悠。是放是驅。務此禽獸。忽此稼苗。
> 蒸民以匱。我王以媮。所宏匪德。所親匪俊。雖圍是恢。
> 唯諛是信。瞓瞓諂夫。謔謔黃髮。如何我王。曾不是察。
> 既藐下臣。追欲縱逸。嫚彼顯祖。輕此削黜。嗟嗟我王。
> 漢之睦親。曾不夙夜。以休令聞。穆穆天子。昭臨下土。
> 明明群司。執憲靡顧。正遏由近。殆其怙茲。嗟嗟我王。
> 曷不斯思。匪思匪監。嗣其罔則。彌彌其逸。岌岌其國。

致冰匪霜。致墜匪嫚。瞻惟我王。時靡不練。興國救顛。孰違悔過。追思黃髮。秦繆以霸。歲月其徂。年其逮耆。於赫君子。庶顯于後。我王如何。曾不斯覽。黃髮不近。胡不時鑒。

讀此後半段之語，懇切忠言，我王我王如何，三復致意，所謂「善於為傅」之情於此可見。篇中語典事典兼有，欲藉古事之鑑，以戒王戌。最後歸重在望其悔悟。所以，于光華評云：「真忠愛之深也。」（同前），謂深於忠愛之情。殆即「設情以位體」之情。

再以「撮辭」之警句言，此後半段頻呼我王，可謂警絕。若「歲月其徂，年其逮耆」「黃髮不盡，胡不時鑒」云云可謂警醒之至。

總之，以三準理論衡之韋孟諷諫詩，題意是諷，忠愛之情深，又每以警句助勸，中多引古事為鑒，凡三準五要素，此居其四。所餘者，僅韋孟作詩之「志」，並韋孟立身行事之「志」，即入道見志之志為何？似未易明。因之，自「設情以位體」而論，情志之「志」，於此詩稍闕。難怪，韋孟不得不有「在鄒作」，以續其志。

今請再分析張茂先〈勵志詩〉。

勵志之意，五臣注張銑曰：「勵，勉也。謂勉志以修德業。」從此解，勵志詩必有「言志」作用，理甚易明。三準理論的五大要素，「志」必居之。誠然，「志」與「情」能同時兼顧嗎？如前述韋孟〈諷諫〉之例，五大要素大略有之，所餘者，韋孟之「志」未盡其詳。是以「情」多而「志」少。〈勵志詩〉適相反，以「志」顯而「情」闇見稱。既如此，進一步之追問，當

先辨明〈勵志詩〉在勸勉何志？

據何義門評云：「漢末東北之士為學最盛，張公此詩居然有端緒可尋。」（《義門讀書記》，頁八八八）據此，張華之志在勸自己力學。于光華的評云：「此詩茂先自勸勤學」，說的正是。但若再問勤何學？則又不得不細繹之，到底學的是儒道之學？或道家之學？抑或兩家「將無同」的玄學？凡此，均關係著張華「立身行世」的志之傾向。原詩如下：

> 太儀幹運。天迴地遊。四氣鱗次。寒暑環周。星火既夕。
> 忽焉素秋。涼風振落。熠熠宵流。吉士思秋。實感物化。
> 日與月與。荏苒代謝。逝者如斯。曾無日夜。嗟爾庶士。
> 胡寧自舍。仁道不遐。德輶如羽。求焉斯至。眾鮮克舉。
> 大猷元漠。將抽厥緒。先民有作。貽我高矩。雖有淑姿。
> 放心縱逸。田般于游。居多暇日。如彼梓材。弗勤丹漆。
> 雖勞樸斲。終負素質。養由矯矢。獸號于林。蒲盧縈繳。
> 神感飛禽。末伎之妙。動物應心。研精耽道。安有幽深。
> 安心恬蕩。棲志浮雲。體之以質。彪之以文。如彼南畝。
> 力未既勤。藨蓘致功。必有豐殷。水積成淵。載瀾載清。
> 土積成山。歊蒸鬱冥。山不讓塵。川不辭盈。勉志含宏。
> 以隆德聲。高以下基。洪由纖起。川廣自源。成人在始。
> 累微以著。乃物之理，纆牽之長。實累千里。復禮終朝。
> 天下歸仁。若金受礪。若泥在鈞。進德修業。暉光日新。
> 隰朋仰慕。予亦何人。

此詩類分九節，每節各有主意。先由自然之理以起興，所謂寒暑環周，四時變動，吉士感之，如何不珍惜寸陰，努力勸學？這起首之筆法，略有「情思」。但自第三節以下，即由情轉理，一路

直說到「勉志含宏」的立志於學之要。以「設情以位體」之情字
觀之,此詩之情,偏重在「情實」「情理」兩義,於情性與性靈
之表現則闕。特別是文章表現性靈,表達情志,以見文章之心的
這一要求而言,此詩明顯不足。所以,不合三準理論的第一準。

不過在集中說「志」之為何?此詩不論是所引典故,或警句
安排,都能做到有助於「志」之說明。如「養由矯矢」「蒲盧縈
繳」的故事,以示學問由淺入深以臻精妙。而「纆牽之長,實累
千里」,明揭為學積小致大之意,頗見警切之功,即是。因之,
合於三準理論的「撮辭舉要」「酌事取類」這兩準。

八、結 論

分析既畢,本論文之末段,乃就三準理論之論述層面與實際
分析運用,略作小結如下:

就理論而言,本文將三準說的重心放在第一準的「設情以位
體」之情字的理解,將情與志連起來看。所謂情者,情志是也。
這一解釋,與龍學家用關鍵術語的研究法,標示情即志,志即情
志之說無異。譬如朱迎平《文心雕龍索引》之「文論語詞索引」
即列有「情志」乙條。(該書頁二八○)又賈錦福《文心雕龍辭
典》之「理論術語」乙欄,列有「情」字(頁二七七)與「志」
字(頁二八一),但二字以「情志」互訓,可知情即志,情志合
言。它如吳林伯《文心雕龍字義疏證》即專設「情志」之詞而詳
釋之,謂:「決非將詩的情與志當作兩個截然異趣的範疇。」
(頁一一三)此語亦主情即情志。可見《文心雕龍》有情志觀為
諸家共識,本論文亦不例外。

　　所不同者，諸家雖將此情志之志上推到「詩言志」，但所謂「志」之何解？並未細論。本文因以「本經自證」之法，在《文心》一書的〈諸子〉篇找到「諸子者，入道見志之書」之志字含意，以為《文心》之志可擴展為文學作品之「百家思想」。因據此而應用到勸勵詩二首的分析，試圖在「作者之志」與「思想表現」兩途上加以具體分析。此即理論實際應用的落實，而非純作理論概念的論述。

　　由前述「本經自證」的研究法，可知文心理論的理解，確實有必要將每一篇與其它篇重新對照看，取其「相關性」與「類似性」的論點，合而並觀。因之，由龍學家近所努力建構的「體系研究法」，確為可行之道。本文亦採用之，而將〈鎔裁〉與〈情采〉放在相關的一類，主張三理（形文、聲文、情文）與三準是互相關聯的一組理論，其位階在單獨的「鎔意裁詞」之鎔裁篇內容之上。因之，先有了三準，如何安排位體？自文體論可求之。如何設情？自〈諸子〉篇可參之。又如何「酌事以取類」？〈事類〉篇可補之。而如何撮辭？便是「文術論」所講究者。這樣看，以三準為中心，自其關係之篇章，實可重新建構一三準體系，此即體系研究法之一例。本論文雖在三準「理論」的部份略用之，但到實際作品分析時，並未善用，此即「理論」與「實際分析」之間如何契合、如何落實的問題，本文未竟之業，只好留待另文探究之。

附註：

1　分《文心雕龍》全書為幾組單元，構成全書的研究法，叫理論體系法。在最近出版的《文心雕龍學綜覽》一書，即設有這一項。其子

目曰「《文心雕龍》的結構劃分」，羅列了六種分法。而以詹鍈的七分法為最多。（參該書頁87）有關《文心》體系研究法，今人王更生另有劃分，將全書五十篇按「控引情源」與「制勝文苑」兩大綱加以貫穿，而〈章句〉〈麗辭〉以下八篇放在一塊，（《文心雕龍研究》，頁354）可是，〈情采〉與〈鎔裁〉卻分開。別有石家宜提倡用〈序志〉所自述的分法建立《文心》體系，認為〈情采〉〈鎔裁〉以下十篇是「閱聲字」這一體系。（《文心雕龍整體研究》，頁74）

2　把「設情以位體」的體字做如此大的寬解，那是牽涉〈鎔裁〉篇前面自〈神思〉以下五篇的理解。根據王元化有一個特別的意見，他把〈神思〉篇的一句話：「意授於思，言授於意」之思意言的關係，當作是「預示了〈鎔裁〉篇的三個步驟」。（見〈釋鎔裁篇三準說〉乙文，收入《文心雕龍講疏》，頁203）又說這是根據《文心》全書的體例和方法所作出的判斷。可見，從「體例」角度看〈鎔裁〉與〈神思〉也有關係。若然，則「設情以位體」的情字，即有情思、情意、情志等諸義。

3　劉永濟這個應用三準說以印證〈風賦〉的意見，初見於《文心雕龍校釋》乙書〈鎔裁〉的釋義文字。（頁119-122）唯《校釋》乙書，有兩個版本，即1948年本，正中書局有刊行；又1962年修訂本，華正書局有刊行。二本之此段釋義，無差。但劉氏於1957年別寫乙文〈釋劉勰的三準論〉，刊於《文學研究》第二期。文字多於原釋義份量的一倍，論述更精詳。今此文收入甫之、涂光社編《文心雕龍研究文選》下冊，頁731-739。本論文即據此文而參考劉氏意見。又劉氏此文亦收入中國文心雕龍學會選編《文心雕龍研究論文集》，頁651－658。

4　劉氏這篇釋義，確實重點放在「情」字之廣解，至於體字，只有數
語，有謂：「所謂位體，是說作者內心懷抱著的某種思想感情的整
個體系。」（《文心雕龍研究論文選》，頁 735）至於用《文心》
它篇以共參，以比較三準之情事辭概念者，劉氏也只舉了〈宗經〉
〈情采〉〈風骨〉三篇，並以此三篇的「風」「氣」「情」「意」
「義」「力」屬於三準的情。（同前書，頁 737）案：此中漏「志」
字之關涉，宜舉〈諸子〉篇云「諸子者，入道見志之書」之「志」
字並參。

5　劉勰的文學本源論，因各篇間出，難以定說。〈原道〉篇主「自然
之道」說，〈情采〉篇主「本於情性」說，〈明詩〉篇則主「七情
感物」說，〈附會〉篇則云「情志為神明」，是又為情志說。凡此
皆難定一是。

應用《文心雕龍》隱秀理論分析《文選》選詩

一、序　論

　　《文心雕龍》乙書第四十篇〈隱秀〉，講文章如何做到"言外之意"，篇章要如何安排"秀句"的問題，向來，在"龍學"領域早有多人討論。但因討論的重心，每因〈隱秀〉篇實為闕文，自元刊至正本的《文心雕龍》已闕"始正而末奇"以下四百零一字。明人五種刻本雖有鈔補，但為紀昀在《四庫全書總目提要》卷一百九十五《文心雕龍》提要中反駁之。近人因據此，或贊同或質疑，遂對〈隱秀〉篇真偽問題，煩引版本校勘考據而力辨。已詳於詹鍈《文心雕龍義證》一書中。[1]

　　固然，〈隱秀〉篇真偽有必要考證，但從"材料運用""原典理論"的雙重角度看，隱秀應當作"文學理論"處理，自今本原文及鈔補兩部份綜合地逆推劉勰的隱秀理論，並將之應用到實際作品的分析，藉由"理論"與"作品"的雙重考查，理解隱秀理論的提出，到底在六朝文論中的地位如何？價值如何？適用性如何？在古代文論中的前後關係如何？與六朝時的文學作品之相

干性又如何？凡此種種問題的思考，都要比只停留在〈隱秀〉真偽的問題上更有討論意義，所以，本論文嘗試從“理論理解”的角度，研究隱秀之說，並連繫到《文選》乙書的作品分析，探討六朝文學理論與文學創作的對應關係。

二、隱秀理論為何

先看隱秀理論的要義為何？今存殘文首段明確說出隱秀定義：“隱也者，文外之重旨者也。秀也者，篇中之獨拔者也。隱以複意為工，秀以卓絕為巧。”這個定義，簡單扼要，後世學者解釋，亦大抵無差，以為隱是文章全篇的“言外之意”“餘味無窮”，但絕不是晦澀。范文瀾的注，即引陸士衡“文外曲致”與梅堯臣“含不盡之意，見於言外，狀難寫之情，如在目前”云云，以資比附，共證同理。（《文心雕龍注》卷八頁二一）

詹鍈的解釋，以為隱是指隱篇，就是內容含蓄的作品，而秀即秀句，是隱篇的眼睛和窗戶，通過秀句打開隱篇的內容。（《文心雕龍義證》，下冊，頁一四八三）照這個說法，隱的對象物是篇章之“內容”，要含蓄，當然也就是要有“言外之意”了。秀的對象是“句子”修辭，要具有“警句”之功。但劉勰的“秀”是否可以“秀句”乙詞括言之，並等同於後世文論的“警句”？宜再細辨。

再者，隱與秀是兩回事，還是一體的，或者如詹鍈的說法，秀句只用來服務“隱”的完成，“秀”是隱的眼睛和窗戶。此三類不同的隱與秀之關係，都會引生對隱秀不同的理解。

在〈隱秀〉殘文的第二段，劉勰舉了“朔風動秋草”“邊馬

有歸心＂兩句做例子。認為即＂篇章秀句＂，二句出王讚〈雜詩〉，《文選》有錄。玩索之，劉勰之意，當指〈雜詩〉有＂隱＂之功，蓋出於有此二句。且二句之出，乃＂思合而自逢＂，不是＂研慮＂求得。

　　以此例推想，隱與秀是相對待的關係。隱是作品的含蓄美，這點，諸家注解無異。可是，秀用來完成＂隱＂的境界，秀句如何寫？如何做到＂自然＂的秀之地步，恐不能僅僅是修辭的技巧而已。周振甫解釋＂隱秀＂，說隱秀就是修辭學裏的婉曲和精警格，把隱和秀混言起來，實非原意。（《文心雕龍今譯》，頁三五〇）因為，隱是＂文外重旨＂，隱是＂複意為工＂，則＂隱＂指的是作品的＂內容＂＂含意＂＂意義＂。＂隱＂應從＂意義學＂去理解。〈隱秀〉篇殘文云：＂夫隱之為體，義主文外，祕響旁通。伏采潛發。譬爻象之變互體，川瀆之韞珠玉也。＂這一段話不即明言隱是＂意義＂，有＂文內＂之義，也有＂文外＂之義。隱要將內外之義結合起來，此結合不避正反之衝突，所謂隱的意義學，重點在＂旁通＂，猶如易學經學講的＂互體＂。

　　不過，解釋上引一段〈隱秀〉篇文的＂旁通＂乙詞，向來有三解，一作＂旁敲側擊＂解，如王更生謂：＂文章裏祕而不宣的心聲，可由筆觸旁敲側擊，而曲盡其變化。＂（《文心雕龍讀本》下冊，頁二〇六）二作＂四通八達＂解，如祖保泉以為：＂含意如神秘的音響四通八達。＂（《文心雕龍解說》，頁七七六）三作易經學之＂旁通＂解，如李曰剛引《周易虞氏義》說☷☷☵比卦，旁通之，即為☰☰☲大有，引伸而謂劉勰之意是說＂根據文意相關之義理，可推斷出作者祕而不宣之心聲＂（《文心雕龍斠詮》下篇，頁一八五一），詹鍈也有類似的看法，另外引譚獻

《復堂詞敘錄》云："旁通其情，觸類以發，充類以盡。甚至作者之心未必然，而讀者之用心何必不然。"之說法以補證"旁通"。（《文心雕龍義證》下冊，頁一四八八）

案以上三解旁通，不論何解，均指作品的"內容"或"意義"。但所謂的"旁通"，根據虞翻的例子，比卦每一爻變，完全相反，變出☲☰大有。以此類推，作品的意義，經過引伸，聯想，或重新解釋，有可能出現"正""反"極不相同的說解，這才是劉勰要強調的隱之"旁通"現象。所以，作者之意如此，經過解釋，讀者有可能，更有權利，領會之，旁通之，而有不同的引伸意義，甚且與作者之意全然相左。這樣的理解，才是〈隱秀〉篇"祕響旁通"的旁通乙詞真義。約言之，隱秀理論主要在強調"文學性"的作品之多義性。凡秀句警句等修辭技巧，即為完成此"多義"之準備。至於"多義"的可能途徑，有賴讀者的介入，介入之道，即先自"秀句"入手。這樣看來，隱秀理論實包含二方面，其一要求作者在作品的"秀句"技巧要成熟，其二寄望於作品具有"含蓄"之存在。最後，由讀者與作者共同完成"隱秀"之落實，一齊遊走在"意義"多變化的淵海中。

三、隱秀理論與意義學

〈隱秀〉篇的重點既然是在有關文學作品的內容含意問題，〈隱秀〉理論實可自"意義學"的角度補充瞭解。

於此，當再檢討〈隱秀〉的幾個重要字眼，因為它關係到是否可將隱字放到意義的層次上。若"義主文外"，主字元至正本作"生"，作主或生，兩義皆可。特別是從意義學看，"隱"是

文章的深意出生在表面之外，當然，有隱意的產生也是主要從文外去探求。

　　順此而推，〈隱秀〉篇講的隱意可自兩層求之，一是文章粗糙的表面義，可暫稱之"第一義"。二是文章的引伸義，可簡稱之"第二義"。此義是由"秀句"的專心思索而得。其三到了得之深，會之久，心領意愜，即有一番自得之樂。而此樂已非第一第二兩層次中的文字詞義所可以格限。乃是"意在言外"的第三義。此時的意義，可加一"味"字，稱之意味。此即〈隱秀〉篇講的"深身隱蔚，餘味曲包"中的餘味。

　　試參陸侃如譯"隱也者，文外之重旨者也"句為"含蓄指言外有別一層的深意"，又譯"深文隱蔚，餘味曲包"句為"文字深湛含蓄的作品，曲折地包含著無窮的韻味，由語言的寓意產生了言外的深意"（《文心雕龍研究解釋》，頁二五七）這兩句的譯文，正是分隱意為意學講的作品意義，次將作品意義再分文字之內與文字之外，這相等於第一義與第二義。詹鍈言此則引袁行霈〈魏晉玄學中的言意之辨與中國古代文藝理論〉乙文為補證，解作"都是指言辭之外不盡的意味"（《文心雕龍義證》，頁一四八九）又於"餘味曲包"之餘味，復引錢鍾書《談藝錄》云其意若曰"短詩未必好，而好詩必短。意境悠然而長，則篇幅相形見短矣"云云為比況。（同前書，頁一五一三）這又把"隱秀"理論與長篇短篇之類的作品形式問題一齊談，雖然未必盡是，但扣住"紙短情長"，講究不在文字之冗長，而在意念之精要的文學技巧論，可助"隱秀"一解。

　　其實，〈隱秀〉篇的關鍵字詞，所謂"文外重旨"的"旨"字，"隱以複意為工"的"意"字，"夫隱之為體，義生文外"

的 "義" 字。在施友忠的英譯，即譯作西人概念中的 "意義" 與
"意念"，（meaning 與 idea）而說 "隱作為一種作式，是在提
示一種在 "語言表達" 之外的意念，雖然它是經由抽象的、不直
接的表達，但它乃在表達隱藏的美"（《英譯文心雕龍》，頁
三〇四）這裏的譯解，即是說 "隱" 指隱藏的意含，惟英譯加上
意念之 "美" 的成份。其次，英譯又說 "意義的創造，可以比作
爻象經由互體產生的變化"，這裏的譯解，用 "意義的創造" 一
句，即指隱乃是 "意義之隱"。而用 "創造" 乙詞說隱意，也有
創意。因為它跟向來解釋〈隱秀〉只說是 "含蓄" 的講法大大不
同。〈隱秀〉不應只有隱藏的含蓄的美，那樣太被動。〈隱秀〉
還有個 "秀" 句，要結合起來看。是秀句的精心設計，化於無
形，而出於自然，才造成隱的功效。

　　這一點看法，與祖保泉最新的解釋，頗相類似。祖氏反對把
〈隱秀〉理論只當含蓄解，認為〈隱秀〉是就創造藝術形象說
的。如果只是含蓄，那只有 "意念" "意象"，而不是形象。因
為作品的意念只有熔鑄在 "自然會妙" 的形象裏，這才可以稱作
"隱"。（《文心雕龍解說》，頁七九四）祖氏的新解，用意念
意象與形象的二分法，拿兩者的不同作用，說明〈隱秀〉篇的隱
在何處，以及 "秀" 如何做為 "隱" 的外在風神，兩者相輔相
成，構成文學藝術的特徵。這一說法的重點與 "意義的創造" 之
解，都在將〈隱秀〉由被動的反轉過來，使成為主動的，且將
〈隱秀〉引向意義學可能理解之道。

四、意義學的途徑

　　有關意義學主要從文學批評與哲學語義辨證兩方面去思考。根據布勒克（Alan Bullock）等人編寫《現代思潮大辭典》乙書列有"意義"與"意義相關"兩條文，在"意義"條中，即分從文學與哲學兩角度介紹，說明哲學辯證的意義，或謂字詞所指稱的對象物，或由此引伸的不平常的新補充的意義。就後一種字詞而言，意義超出事實本身。譬如用兩個字詞，當指兩個對象物，但在特殊的當下使用者（Bearer）可能是一樣的意義。這類現象，通常見於"普遍概念"的意義，以及心理的意象。（《現代思潮大辭典》，頁三七八）

　　據此，所謂抽象的概念，可引愛與恨兩個字詞為例，正常的語義狀況，此二詞極易分別，清楚明白。但若在有著複雜歷程，刻骨銘心之痛，風風雨雨之變的一對戀人而言，愛與恨可能在彼此之間模糊了，意義也變了。最後有可能愛即恨，恨即愛。此狀況之下的做為字詞之"愛"與"恨"即非平常意義所可領知。另外一種是心理意象，也可能有"意義新出"的情形。此即緣於每一個體對形象與意象的感受有別，思考自然有異，所得之領會當然各隨其心了。這一類的"意義"，特別與〈隱秀〉講的秀句有關。以今本〈隱秀〉殘文公存的例句兩條"朔風動秋草"與"邊馬有歸心"為例，都是用形象暗示，而不用直說表述。可知所謂的朔風吹動秋草，兩意象藉由一"動"字而顯現透明的形象。其含意要由讀之者，即當下使用此字詞者，憑心領會，當下即目即景，而意義則由自己知之，一切"目擊道存"。

　　〈隱秀〉講的"秀句"，照以上的理解，即"警策"術語在六朝流行的實證。從陸機《文賦》有言："立片言以居要，乃一篇之警策。"所謂以駕馬之策比喻文章重要字詞，關鍵句構，佔據整篇結構所產生的"作用"，可謂古代文論"警句"說之權輿。由此而知，字、詞、句、篇的大小關係，部份與全面關係，皆與"意義"有影響。〈隱秀〉篇發揮《文賦》的說法，更擴大之，特意在"意義"之隱與句構之"秀"兩問題上，進一步建構文學作品的"多義性"本質理論。這一點，正是《文心雕龍》居於六朝文論一脈發展下來，前有所承的"創見"所在。

　　即以稍晚的《詩品》而言，鍾嶸特別在五言詩批評用"警策"句法，從事實際批評。分別用過"警策"乙詞，批評當時文人喜好批評，個別意見，看之似為警策，看多了，則反為平平庸庸。[2] 次用"警遒"乙詞，品評謝朓詩，謂："一章之中，自有玉石。然奇章秀句，往往警遒。"[3] 審其用詞，蓋與"秀句"所指類似，都指句子的精警處，造成全篇文意的特殊作用。

　　將此警策術語實際運用，便是後世詩家喜稱的詩眼、字眼、警句、佳句、本色語云云的批評法。而具體作法即"摘句為評"。

　　其實，鍾嶸《詩品》已使用摘句批評。如摘徐幹〈室思詩〉一句"思君如流水"，曹植〈雜詩〉一句"高臺多悲風"，張華詩句"清晨登隴首"，謝靈運〈歲暮詩〉一句"明月照積雪"等四例，皆是摘句之法。觀此四句結構及句例，均與〈隱秀〉所舉的二句例句類似，可知摘句批評法，在六朝已廣為流行。鍾嶸雖施之於詩，劉勰卻廣之於〈隱秀〉理論，時間上，實際應用此法者，應始於《文心雕龍》，而不是《詩品》。[4]

不過，將此法放到〈隱秀〉篇支談，並且，新創了"隱秀"這一術語，則已不能僅止於摘句批評的作法，而是要在篇章文意上，綜合地思考"文""意"關係。

當〈隱秀〉篇界定隱是"文外之重旨"，即已表示隱秀的語言形態與單面的普通字詞表意有別。借用語言哲學字卡納普（Ru'dolf Carnap）的分析，把語言基本上分為"內延的"與"外延的"兩型，（intension and extension）前者是日常的自然語言，後者是語言系統延伸的，包括語意指涉的"象徵語言"。（《意義與必然》，頁二三三）簡言之，象徵語言是一種意義理論，它在"語用現象"發生時起作用。

像"朔風動秋草"一句發生語用作用，朔風作為北風的象徵意義，以及"秋"的意象在文化系統中的意義，必須合併思考，因而不止是朔風與秋兩個語詞的表意行為，猶須加上解讀者對"外延"含意的把握，在"實際的秋"與"可能指涉的秋"之間閱讀辯證。就這一層次而言，閱讀者及其採用的閱讀策略，也關係到〈隱秀〉理論的實踐。因之，援引《文選》之明清評點意見，可做為〈隱秀〉理論的實際考查。（詳下文）

以上自語言哲學角度看意義學，次從文學批評角度論之。所謂文學作品的意義，它全是潛藏的、開放的一種存在樣態。而悉取決於閱讀與寫作。就此而言，安排"秀句"即在創造意義。意義之"隱藏"，即賴閱讀之逆追。所謂作品之意義，即在秀句與隱藏之"未定性"可能空間。

關於未定性，不能與晦澀性混同。從語言表述的功能看，語言首要任務在說清楚，講明白。辭達而已矣，這是最起碼要求。但是作為文學性語言之作品與經書做為"宗經"地位的語言究竟

不同。文學性之語言特色在意義之未定性，但此未定性也並非即落入曖昧不明，幽深難懂。這個未定性之必要性，照語言學家戴維森（Donald Herbert Davidson）的解釋，它要使人們注意到：

"對言語的解釋為什麼必須一般地與對行動的解釋，從而必須與對願望和信念的歸屬相結合。"（《真理意義行動與事件》，頁九八）由此可知，未定性之語意來自一群公共性與另一群公共性之區別，私人信念與願望可以是特異的，但卻是一樣可公共證實的。在語言與信念之間，戴維森說："如果我們能夠理解一個人所說出的話，那麼我們也就能夠知道他所具有的信念。"（同前，頁九七）

就此一層次之語意而言，包括語詞、作者、讀者之三種關係。此關係在整體結構之內的未定性，其實仍有標準可言。如戴維森所提示的"公共信念"。

換成〈隱秀〉篇的說法，劉勰提出："或有晦塞為深，雖奧非隱。雕削取巧，雖美非秀矣。"此句分別"隱"與"奧"，"美"與"秀"在層次之不同。隱秀不是完全的晦澀與未定性，隱秀要做到"自然會妙"。這一"思合而自逢"的自然原則，即隱秀產生的語言未定性之原則。此原則可視為隱秀產生意義多少的公共信念。

五、〈隱秀〉篇偽文要義

借用公共信念的說法，以現存〈隱秀〉篇的殘文看，顯有"文獻不足徵"之虞，必要再據〈隱秀〉篇向來被當作偽造的四百零一字補文，以進一步瞭解隱秀理論。

　　這四百餘字，照"語氣"而言，與全篇一樣，實在看不出後人偽造之跡。再以"說理"而論，四百餘字分別講了三備內容，一是比較隱秀之別，二是具體舉例隱秀標準句，三是進一步說明隱秀的作法與如何搭配結合的問題。此三部份內容適當地置於篇中，也極合乎全書體例。

　　但就本論文討論的重心在"意義"而論，這四百餘字對"隱"字的進一步界定，更可證明"隱"就是意義學中講的作品多義性。這個多義之義又以"玄義"為主。試觀補文中一段話可知之。劉勰云：

　　　夫立意之士，務欲造奇，每馳心於玄默之表。工辭之人，
　　　心欲臻美，恒溺思於佳麗之鄉。嘔心吐膽，不足語窮，煅
　　　歲煉年，奚能喻苦。

此段話更明確地說"隱篇秀句"的關係，而隱篇之最終要求在隱意。文章之隱意，向來以奇為尚，奇在何處？最高境界在"玄默"。何謂玄默？祖保泉與詹鍈都解作"沈靜寡言"，固然得解。但是與意義之幽深無涉。不如將"玄"字作《老子》玄之又玄的神秘性解。所謂玄默，乃是篇章所含有的，透過秀句的引伸聯想，造成的多義性，容許開放而又潛藏性地解釋意義，因而玄默即指文學作品要有不可言說的（當然，臨到解釋，一定得說出）一種幽玄的神秘而未定之意義。此即所謂"祕響旁通，伏采譖發"之祕字解。

　　另外，這個"玄默"之玄字，也有玄意玄言，即魏晉玄學的玄意。而且，"夫立意之士"云云的一段話，也含有對魏晉玄學主導文學作品在"意義"表現上太過，變成"淡乎寡味"的歪風，起到批評指摘的作用。劉勰看出了魏晉文學作品"立意"的

缺失。這個缺失即在沒有"秀句"的創造。他要求立意玄默與工詞佳麗結合起來。[5]

照此理解，劉勰不但不反對"玄學"，甚至以"玄默"之道家神秘境界做為立意之標準。只是，太過粗糙的立意，乃是"以立意為宗"罷了，他要求立意跟能文一併做到。所以"平典似道德論"的作品不足為訓。心定要"立意"與"能文"同時兼顧。

把握這一點。對照《文選》的選錄標準，就是"立意"所"能文"一齊看的。《文選》所收詩，泰半在立意上有"多義性"，其中表現"玄默"境界者，亦不少。這一特點。可自明清大量的《文選》評點意見中讀到。此即運用《文心雕龍》理論分析《文選》作品最有效用的材料。

簡言之，隱秀理論主要用意在調和玄學與文學，使"立意"與"能文"同時兼顧。劉勰先確定作品以"複意"為文學性之基本要素，相當於當代文論中意義學的多義性。同時，劉勰注意到了魏晉作品中的"複意"，大部份作家都在表現"玄默"之境，此即所謂"江左明道，詩雜仙心"的道玄之合流現象。

然而，劉勰以為若只講玄默之意境，而沒有麗詞秀句做引導，將玄默藉由秀句以表現出來，則玄默之意過於晦塞，變成只有"雖奧非隱"，就失去了文學作品當有的特質。為此之故，乃揭示秀句之作法，以補足隱意之為美，做到"美秀"兼具之境，如此，所謂立意的作品，雖然玄默之理佔主要，但也能具有文學性，而不只是說理的玄學作品而已。至於"隱"與"秀"的接合條件，劉勰提出唯一的標準：就是要"自然會妙"為最高原則。要表現玄默之妙理，必須出於自然表現，遵循"思合而自逢"之道，即使"研慮所求"，但不合自然，也就不算"隱秀"。

六、隱秀理論運用

　　此下，即據〈隱秀〉篇理論的瞭解，分析《文選》詠懷詩，所收阮籍十七首，探討這些作品與隱秀理論的“相干性”如何？

　　因為〈隱秀〉篇今本殘文所舉例的作品，僅限於詩。明人補作的偽文，也只有引詩為例。如此不禁令人懷疑隱秀理論是否僅限於詩？是否只有詩這一文體才講隱秀？此一問題之答案，尚且關係〈隱秀〉篇補文的真偽考證。

　　先是紀昀評《文心雕龍》，肯定補文偽作，舉《永樂大典》所收舊本皆補文無，與補文用語不合六朝體例，以駁難補文之偽。其第三證，則直指〈隱秀〉三段，皆論詩而不論文，亦非《文心雕龍》全書之體。

　　今案〈隱秀〉無論殘文補文確實只言詩，不及文。近人詹鍈，反對補文偽作說，認為紀評武斷。謂：“實際上具備〈隱秀〉這兩種風格特點的作品，主要是詩歌。”（《文心雕龍義證》，頁一五一五）果真如此嗎？

　　現在的問題，不在〈隱秀〉補文只言詩即可證明為偽作的談論，而在問〈隱秀〉理論真的主要適用於詩，而不是其它文類。為此之故，本論文乃從屬於詩類的《文選》作品，選出詠懷詩加以分析，以便論證〈隱秀〉理論的“有效性”與“實際性”為何？

　　首先須說明，選取詠懷詩類，很能切合隱秀理論的“祕響旁通”與“文外重旨”兩大原則。因為隱秀理論是針對作品的“言意”而發，言能盡意，或言不能盡意，這命題的兩重性，不論劉

勰主張為何，至少就隱秀理論而觀，劉勰強調"深文隱蔚，餘味曲包"，是有傾向"言不盡意"說的。倘再參照〈隱秀〉篇補文的那一句"立意之士，務欲造奇，每馳心於玄默之表"的"玄默"乙詞之正確解釋。（參本論文註 5）則道家自魏晉渚的"言意之辨"應與劉勰的隱秀說之"文外重旨"有關係。[6] 然而，不論是否有涉，隱秀篇講的"意"是作品中的幽深之意，不易索解，這一點，正是《文選》所重編的阮籍"詠懷"詩十七首的共同特點。所以，適合隱秀理論分析。

其實前人注釋詠懷詩，已指出其中幽深難解的困難。今保留於《文選》李善注本的顏延年注云："說者阮籍在晉文代常慮禍患，故發此詠耳。"果其然乎？清人陳祚明《采菽堂古詩選》卷八〈阮籍詠懷五十二首〉注云："阮以詠懷，千秋嘉嘆，然未知所詠是何懷也。"陳氏對顏注已表示懷疑。李關注亦云："觀其體趣，實謂幽深，非夫作者不能探測之。"指出詠懷詩含意的幽深，正與隱秀理論強調的"深文隱蔚""立意玄默"的特質相似。既然詠懷詩幽深如此，不叫作者親自現身說法，解其真意，他人的任何注釋，皆可能是一種猜測而已。

今即據隱秀理論講的"警句""玄意""多義性"與"猜測意"等四項基本要素，分條列述《文選》所收十七首阮籍詠懷詩類，觀其具備此四項要素的有無情形：第一首。有兩句"薄帷鑑明月，請風吹我衿"，于光華評點標曰"興"。既為興句，當然有所引伸影射，引伸者何？至少有二解。李善注云："嗣宗身仕亂朝，常恐懼謗遇禍，因茲發詠，故每有憂生之嗟，雖志在譏刺，而文多隱避，百代下難以猜測，故粗明大意，略其幽旨也。"李善之意以為第一首詩旨在憂生，憂嘆生存之不易，但這

層意思也不易明講，故而"幽旨"很深。

何義門不以為然，何氏云："籍之憂思有甚於生者。註家未盡窺之。"顯然不同意善注，不認為詩旨在憂生。然則到底詩意何在？沈德潛云："阮公興懷，反覆零亂，興寄無端，和愉哀怨，雜集於中，令讀者莫求歸趣。"（《古詩源註》卷二，頁二十七）既然讀者莫求歸趣，這第一首的詩旨，也就沒有一定，而有著"玄意""多義性""猜測意"等三種可能了。[7]因而也就具有隱秀特點，可用隱秀理論分析之。

第二首。以二妃遊江濱起句，寫其始作金石之交，一旦見捐，則又生離別之傷。據此二女遊之實事而觀，此詩可作"愛情詩"解。但沈約的注云："婉則千載不忘之交，一旦輕絕，未見好德如好色。"此注意然引伸單純的愛情詩意，而入之於好德如好色的類此。沈約所據即詩中有句"婉孌有芬芳，猗靡情歡愛"而下注。因之，此二句當為警句。

別有一解，以為二妃是"朋友"比喻，如何義門云："託朋友以喻君臣，非徒好德不如好色之謂也。"這一解，也是看重"二妃婉孌"的比喻，但認為所喻之意是在君臣之際，此詩因此至少有三解，具備隱秀特色。

第三首。寫嘉樹始茂終瘁，聯想到人生處境，也是如此一般，自身已不保，何況還有妻兒？此詩感嘆生命無常。詞旨甚明。何義門評云："此詩旨趣灼然，略無隱蔽。"評解得當。五臣注呂向也說："乃籍憂生之詞。"與何評無異。而這種始茂終瘁的循環生命觀，有《易經》十二消息卦的涵意，也有〈復卦〉九三爻辭：無平不陂，無往不復。此爻辭所說的往復之理。倘再結合此詩有句"驅馬舍之去，去上西山趾"中的"西山"乙詞之

喻意，則“往復無常”加上“西山隱避”的思想，也近乎玄意了。此詩也具有隱秀特色。[8]

　　第四首。引用安陽君得寵於楚王，龍陽君得幸於魏王的典故，引伸“結交”之道。所謂結交當以正道，否則不懷好意，謀行篡奪之志，究意不是真的永久之道。然則引用此典故之深意所指何人？何義門以為：“蓋指賈充鍾會輩，為賊臣用事者言之。”認為此詩在高刺賈鍾二人。但若從“篡奪”之意去解，如五臣注呂延濟云：“不能竭其股肱而將行篡奪。”那麼所指刺的人，應是司馬懿廢誅曹爽這件事。如此詩旨有二解。再讀“願為雙飛鳥，比翼共翱翔”兩句，可謂“意在言外”之警句，未嘗不可作情詩解。然則這一首的幽深之旨，更加不可測了。當然也算隱秀之作。

　　第五首。從天馬流動不定而寫起，想到富貴無常，人生無常，生命也無常。詩旨初看如此。但正如孫月峰的評語：“天馬不知何所指？”對天馬這一意象的不同解釋，便產生不同的詩旨說法。此詩的玄意，此詩的多意，由此可見一斑。沈約注云天馬是流星，李善注云天馬是出於西北的天馬，而照“史事”的對比，天馬可比喻成司馬氏。但不論如何，此詩竟在末二句說：“自非王子晉，誰能常美好。”因而聯想到仙人長生之思，顯有“遊仙”之志。那麼，這一首並不是什麼高刺之詩，而可歸到“言志”一類。正如洪順隆把《文選》詠懷十九首的內蘊重新分析後，將這一首的題材歸到“以心志為主，詩的主題是心志的自我剖白，自我反現”之一類。[9]若問此志為何志？其實就是“玄言”之志，正是《文心雕龍‧明詩》云“正始明道，詩雜仙心”的仙人之志。阮旨遙深，自此首又可見其真是多麼複雜。

　　第六首。寫登高而懷想蘇秦李斯，二人皆歷史名臣，此詩可當"詠史"或"登高"讀。但因由史事之啟發，想及二人求富貴而皆不免於死，遂有"求仁而得仁之嘆"，這一層涵意，才是如孫月峰所評云："最含蓄有味。"既曰含蓄，自然有"文外重旨"了。

　　第七首。由秋天的涼氣寫起，想到一生出處之悲苦。可當感物吟志讀，是"物色"詩類。但此詩首句"開秋兆涼氣，蟋蟀鳴牀帷"是比興句，有很深遠影射。何義門云："此言典午以臣逼君，陰盛而陽微。"用的是"知人論世"之評解法。那麼此詩旨在譏刺司馬氏之踐位，也算作"祕響旁通"的解讀結果。

　　第八首。寫少年時代輕狂縱樂，及至財用易盡，途窮路險，後悔莫及之意。此詩可當行旅看，也可作"公讌"讀。當然也有"勸勵"深旨，而想念青春年少，一去不返，哀傷之中，詠懷之意不難推測。此詩真可說是"辭生互體，有似變爻"。

　　第九首。專寫秦代邵平東陵爪典故。引伸出邵平"布衣可終身，寵祿豈足賴"，這是本意，此首可當"詠史"，但引伸"寵辱"的含意，參照《老子》"寵辱若驚，寵為下"的說法，此詩隱然有宗法《老子》"玄道"之想，具備隱秀四要件之"玄意"特點。

　　第十首。由伯夷叔齊義不食周粟，餓死首陽山之史事起詠。一連用了"凝霜""寒風""玄云""重陰"等詞彙，象徵時代昏亂，小人當道。而這四個意象所佔有的四句，也就是"秀句"。由此秀句而暗示隱意，所隱者何？一則表明阮籍自己守忠之志，二則隱含譏刺小人之意。若案之史事，何義門明確指出是指司馬懿弒曹爽，夷七族，而司馬師復殺夏侯泰初等諸君之事。

至此天下無有可居處，悲憤之懷，宜乎此詠。

　　第十一首。可與第八首參看，寫由少年到中晚年心志境界的轉變。此首特重在“神仙”的慕想。由“志在詩書”的少年時期，中經亂世，見不可為，到自廢初志，而悟羨門子安期生之能託神仙以自解。如此而結歸浮名不足慕，大節不可踰，才是此詩中不盡之意。而此意正如隱秀理論所揭示的“立意之士，務欲造奇，每馳心於玄默之表”的“玄默”之想了。

　　第十二首。是詠懷十七首中第一次比較集中地指刺司馬師廢少帝齊王芳之事。但即使所言在此，全詩無一句明指，仍用“深文隱蔚，餘味曲包”的手法。詩中有句“是時鶉火中，日月正相望”，又有句“朔風厲嚴寒，陰氣下微霜”，凡此皆是秀句，隱含詠懷之意。

　　第十三首。與前一首同旨趣。但也不明說，詩中有句“切怛莫我知，願睹卒歡好”，意思幽深，何義門於句旁加批語云：“三字甚微隱”。

　　第十四首。寫嚮往“黃鵠遊四海”的自然之態，不慕夸名譽之求，“玄意”之詩旨至明。

　　第十五首。第十六首。引伸“王子喬”“翔鄧林”等避世逃世之思，已愈寫愈濃，是標準的“玄默”之詩了。

　　第十七首。此首置於詠懷詩殿末，顯然經《文選》編者刻意編輯，以作為十七首之總結。因為，此首已發揮隱秀特點之極致，凡隱秀理論所必具之四要素，此首通備之。又凡前面十六首的多義性，所可能表現的含意，也都可以自此首探求之。然而，十七乎至此總結，當有一中心詩旨，那就是懷悲。難怪評點家邵子湘云：“此詩為諸章之結，點出哀字。見時運之可哀，與憂思

相應。”（《評注昭明文選》，頁四三三）可知哀字是十七首之詩旨焦點，而由哀字之引伸，有悲春、傷秋、懷人、詠史、行旅、傷逝、慕仙、玄想等多義性之詠懷。[10]

最後這一首，表面詞意，寫《戰國策》高辛諫楚王事，卻用楚襄王比喻魏明帝，蔡靈侯比喻曹爽。所謂“朱華振芬芳，高蔡相追尋”之句即其言。

但是以上以實事求之的讀解，不免犯鑿。全詩首句“湛湛長江水”是寫景，而“春氣感我心”則是非春。如此全詩乃“物色”之作，以四時所觀景物之色，興寄感懷，真可謂“詞怨而旨深”了。這是一首隱秀之至的詠懷詩，作為總結，不得不同意“昭明之善於裁剪”的說法。

七、小結

以上把“厥旨淵放，歸趣難求”的阮籍詠懷詩收在《文選》的十七首加以分析，引用《文心雕龍》的隱秀理論之四要素，即“警句”“玄意”“多義性”“猜測意”等實際運用，證明十七首詠懷詩具有隱秀特點，其證論結果，說明了《文心雕龍》隱秀篇不論殘文或補文，所舉的例子皆只限於詩，自有其一定的理路要求。

然而，《文選》的二十三詩類沒有立一類隱秀詩類，則隱秀理論能否適用於非詩的“選文”或“選賦”？從而證明隱秀理論在六朝是普遍性的提法，而不只限於詩。這一問題之解決，有待於運用隱秀理論再對“選賦”“選文”做進一步分析。

附註：

1　關於〈隱秀〉篇四百零一字為明人鈔補的討論，臺灣學者大抵從黃季剛說，定為偽造。如王更生《文心雕龍讀本》下篇，頁 201；王夢鷗《文心雕龍》（中國歷代經典寶庫第五二冊），頁 197，兩家說法均認為 "原文殘缺"。大陸學界，則分兩派，贊成紀昀黃季剛說者，以楊明照為代表，見《文心雕龍校注拾遺》，頁 307，楊氏云："按此篇所補四百餘字，出明人偽撰"。其它如王達津〈論文心雕龍。隱秀篇補文真偽〉乙文從篇章結構與引證例句，判為偽作。（此文收入《古代文學理論研究論文集》，頁 101-108；而最近比較全面有系統的 "偽作派" 說法，當屬祖保泉《文心雕龍解說》，頁 782 的考證為最詳。祖氏加上版式字數的考訂，認為 "脫一葉" 的宋版不可能容納得下四百餘字，因此補文是明末人假造的。但同樣是從 "版式" 的考訂，詹鍈卻有不同看法，認為阮華山所見 "宋本"，至少是根據宋本翻刻。因為此本藏家朱謀瑋貴為王孫，朱氏跋語提到從宋本過錄之事，他人豈敢偽造朱氏跋語。再說，補文中尚留有避宋諱缺筆字。於是，詹鍈反對補文偽作說，引周汝昌考訂，詳為補釋，見於《文心雕龍義證》，頁 1514-1525。

2　見鍾嶸《詩品·序》云："至使膏腴子弟，恥文不逮。終朝點綴，分夜呻吟。獨觀謂為警策，眾睹終淪平鈍。"，此處參考了今人呂德申的校釋，謂警策指詩文中精采處。（《鍾嶸詩品校釋》，頁 57）案此解包舉 "詩" 與 "文"。但在王叔岷的注解中，謂 "兼詩之片言及整首而言"（《鍾嶸詩品箋證稿》，頁 83）意稍有別。警策專指詩，及指詩之片言或整首，詳下文之辨。

3　同前註引書呂德申解，謂警遒即警策有力。案謝朓〈晚登三山還望京邑〉全首詩有兩句 "餘霞散成綺，澄江靜如練"，千古傳誦，所

以為秀句。叵辨別此句與整首詩之作用，迨即〈隱秀〉所論之問題。

4　時間上講，據王運熙《魏晉南北朝文學批評史》第三章劉勰《文心雕龍》之成書在南齊末年，（頁 324）而鍾嶸《詩品》成於沈約卒後，當在天監十二年以後。（頁 494）若然，張伯偉認為"尋章摘句"之批評法始於六朝，其原因乃與創作實踐有關。（見《鍾嶸詩品研究》，頁 91）此說可信。尤有進者，劉勰提出〈隱秀〉理論，乃針對六朝有"佳句"寫詩法，而歸納出來的批評理論。〈隱秀〉應該說是早於《詩品》提出的摘句批評。黃維樑〈詩話詞話中摘句為評的手法〉乙文，謂摘句為評至少可以的推到鍾嶸《詩品》之說法，宜再上推至〈隱秀〉理論。（該文收入《中國文學縱橫論》，頁 241-259）

5　這個"玄默"如何解？關係隱秀理論至鉅。在詹鍈與李曰剛的注解，同作"沈靜寡言"解，同引《淮南子‧主術訓》云："天道玄默"與《漢書‧古今人表》：云："老子玄默"。兩處以為玄默語詞出典。若然，玄默為道家之理，此玄字為道家總綱，僅作"沈靜寡言"解，於義未安。案：《老子》首章始標"道"與"名"之玄旨，又有"玄德""玄覽""玄牝""玄通""玄同"諸語詞，皆帶有"玄"字總綱意，即由玄學引生的連綿詞。《莊子》亦屢言玄，有"玄德"（〈天地〉篇）"玄冥"（〈秋水〉篇）"玄水"（〈逍遙遊〉篇）"玄天"（〈在宥〉篇）"玄珠"（〈天地〉篇）凡此玄字，也有引伸道家玄理之意。又案：玄默一詞，首見於《文選‧卷四十五》揚雄〈解嘲〉有句云："是故知玄知默，守道之極。爰清爰靜，遊神之庭。惟寂惟漠，守德之宅。"此句中知玄知默，簡括為玄默，則謂玄默之理，是抽象的道家思想總綱，五臣

注張翰云："庭宅謂精神道德所居處。"以此推知，玄默即是到達此居處的境界。"玄默"乙詞最得解，當據李善注，《文選·卷十九》張茂先〈勵志詩〉有句"大猷玄漠"，善注引《廣雅》漠泊也，又引《說文》漠無為也。可知玄漠與玄默之默字，都有"無為"意，此意即道家玄理之無為。善注譯解云："大道玄遠幽漠。"此玄默最得解之注，不當作"沈靜寡言"。

6　有關劉勰《文心雕龍》在言意觀的意見，在石家宜的《文心雕龍整理研究》乙書有詳細討論，此書有文〈神思與劉勰的言意觀〉，以〈神思〉篇為例，認為"籠統地把劉勰的言意觀納入玄學言意之辨的軌道，則評價再高，也會與事實相左"（該書頁 169）案：此論反對玄學影響，未妥。倘參讀〈隱秀〉篇可知言不盡意為《文心雕龍》立論主張。石氏將〈隱秀〉當作"只是劉勰龐大的修辭理論的一個組成部份"（頁 165）視隱秀為修辭技巧，與李曰剛解釋同。（見《文心雕龍斠詮》，頁 1822）遂有此誤。案隱秀理論不只是修辭，應擴充至"意義舉""多義性"說解。

7　此詩據郭光的校注，繫於魏少帝曹芳嘉平四年，並直云此詩在譏司馬懿是年廢少帝事，然不敢明言。（見《阮籍集校注》，頁 126）案：如此解，即是按史事而實解，可備一說。更加證明〈詠懷詩〉的多義性。

8　此詩郭光繫於景元三年，嵇康因"非湯武，薄周孔"而被殺之時，阮籍因此想到自己命不保，遂有感嘆。（《阮籍集校注》，頁 130）據此說，"往復無常"與"西山隱避"之外，又多一解。

9　見洪順隆〈文選詠懷詩觀比較〉乙文，發表於 1995 年 8 月 3 日鄭州大學"第三屆文選學國際學術研討會"。

10　若從八十二首詠懷詩之主旨而言，據陸侃如的說法云："知道他所

憂思的是宇宙間一切事物的無常。（《中國詩史》，頁 322）這個
八十二首的”無常“也包括在十七首的”哀“字中，哀其無常（1）
懼禍避世（2）言志（3）自傷（4）憂國（5）刺時（6）思賢（7）
遊仙（8）憂思無常（9）輕蔑禮法等九類。（《阮籍詠懷詩及其學
術思想之探討》，頁 95）這九類，也大都可以在十七首中求之。可
見八十二首的多義也即是十七首的多義。

應用《文心雕龍》物色理論分析《文選》行旅詩

一、問題概述

　　劉勰《文心雕龍》卷十有〈物色〉篇，提出文學與外在環境關係的物色理論，是六朝文學觀念很重要的一項理論建構。歷來討論的文章很多，分別就全篇，或單句，或其中主要關鍵字詞進行解釋。

　　譬如王元化用心物交融與主客體的概念，解釋「隨物宛轉」「與心徘徊」兩句，批判了范文瀾把「物」當作事理的說法。然後，進一步引述王國維把物看作雜色牛，引《詩經·小雅》的一句「三十維物，爾牲則具」為證。（王元化一九九二，頁八九－九七）這個解釋頗合原典意思，如果把「物」與「色」合複音詞，形成六朝人常用物色乙詞，因而引伸為《文選》李善注所講的：「四詩所觀景物之色」，那麼，王元化的疏解對物色之探源甚有幫助。

　　然而，做為一個批評理論的觀念，它與前承的關係又如何呢？這就是〈物色篇〉中「四時紛迴，入興貴閑」這一句的

「興」字與比興說的關涉,以及「閑」字何解的討論了。涂光社把閑字當閑靜講,(涂光社一九八八,頁八二八)蔣祖怡則用「悠閑」「興會」與「興奇」,把物色之對象帶入山水文學的實踐去,(蔣祖怡一九九○,頁六八九)這樣,物色說便與山水文學掛結起來。可說是對物色理論的充分運用。

可是,為何六朝有物色賦,而沒有山水詩,至少到《文選》為止的文體分類是如此?又為何在《文心》的〈明詩〉篇提「莊老告退,山水方滋」把山水詩當文類的新起,卻在〈物色〉篇不專用山水範限,而把「物」字做寬解?於是物色是與〈明詩〉〈頌讚〉〈樂府〉一般編在卷二當作文類看,還是與〈才略〉〈知音〉等編在卷十當批評理論?或者,如王元化之疏解,物色與〈比興〉〈夸飾〉〈事類〉等篇所分析的技巧,是《文心》創作論的一項?

可見,光作字句疏解,縱使詳之再詳,如邱世友把閑字做五解,但不主何一,(邱世友一九九二,頁二八六－二九二)結果,對物色總體並未深論,及單字詞觀念與總體的關係無索解之路,此作法顯然不足。至於,用西洋詞意直譯物色為「物理世界」,如施友忠的英譯,(施友忠一九七五,頁三四八)做為中西比較的意義實在大於原典的疏解。

本文在參考了諸家物色解之後,深覺物色理論中的心思情慮志的五大因素,綜合而成的物色之「志」,這個「志」是什麼?這一問題對六朝詩從玄言－山水－道教等的階段性演變,很有申論之餘地,向來罕有述及。因此,提出來討論。

並且,對物色理論的實際批評應用,亦為諸家所闕,感到可惜。而何以《文選》有物色賦之分,而不設山水詩一類,與物色

詩一體，亦覺可疑，因擇比較接近有物色可能之行旅詩一類為批評對象，進行全面性之文本分析，看一看物色理論之實際批評的效用如何。並由此而兼論有關山水詩的起源問題。特別是山水與遊仙，山水與玄言，以及玄言與遊仙之分際的細微之處。因為這三類跟物色理論提到的「志」有關。

二、《文選》何以無玄言詩與山水詩

試看《文選》詩體二十三類有遊仙詩，而無玄言詩。這是不符合六朝詩體遞替之史實。在「莊老告退，山水方滋」的理解下，至少模山範水的詩作興起之前，應該先已流行玄言之作。甚至到了南朝，易老莊三玄之道也經常出現於山水之「理」中，並非謝靈運專作山水之後，玄言詩即不再作矣！總的說，玄言自魏晉成為清談課題以後，從東晉到南朝四代都還繼續發展。玄言是一普遍課題，應視作一個具有貫時系統的時代思潮，這個思潮普遍流行，成為魏晉南北朝時化知識份子的共同意識，其性質，就與〈物色〉理論一般是一個普遍共識。因之，玄言思潮分流化入〈遊覽〉〈詠懷〉〈行旅〉等諸體詩中去。而〈物色〉之理論也一再滲入〈遊覽〉〈詠懷〉〈行旅〉與〈遊仙〉等各類詩體去。

其結果是，《文選》雖然沒有〈物色〉詩，但〈物色〉手法分見於各類詩中。

又雖然沒有〈玄言〉詩，或〈志〉詩，但同樣地，在許多相類近的詩體中卻到處可見玄道之想，與獨化逍遙之意。從這個角度看，《文選》雖無〈物色〉與〈玄言〉詩之名卻有其實。順此以推，從文本分析與讀者感受雙重途徑去解讀詩體諸類，至少在

〈公讌〉〈祖餞〉〈遊仙〉〈招隱〉〈反招隱〉〈遊覽〉〈行旅〉等諸類中，透過評點之意義分析，往往多有別解，且多另出新意，而不符原先歸類，反而多的是〈物色〉與〈玄言〉或山水詩等三類型的詩意結構。

三、物色與情志之關係

物色如果當作一技巧，那麼，由此技巧運用，必須兼及抒情與敘志的效果。也即是說，物色不能單只是描述風景，而且，更要藉由風景之描寫，把情與志寄寓山水風景中而暗示出來。

就〈物色〉篇本文看，前述的說法，是有句有文可證的。例如：

窺情風情之上，鑽貌草木之中。

吟詠所發，志惟深遠。

物色唯繁，而析辭尚簡，使味飄飄而輕舉，情曄曄而更新。

物色盡而情有餘者。（案：餘者，《說文》：饒也。）

情往似贈，興來如答。

並以少總多，情貌無遺矣。

獻歲發春，悅豫之情暢。

天高氣清，陰沈之志遠。

情以物遷，詞以情發。

以上這幾條詞句，明顯可證物色技巧的最終目的，便是把情與志一起寫出。如此一來，所謂物色詩便有兩種作法，其一是物色與情志並寫，或安排先寫風景，再寫情志，或二者相反，或交叉進

行。其二是把情志的意思暗示在風景山水之句中，而全首詩沒有一句直接表達情志。

這第一種寫法，是大部份行旅詩採用的方法。第二種較少見於六朝，要到唐代王孟山水詩才比較多。由此而引發對山水詩「純」與「不純」的定義問題。更旁及現代詩學中「純粹經驗」與山水美感意識的討論。可見物色這一種理論之瞭解，非常具有當代相干性。[1]

四、〈物色〉篇引述的六朝物色詩

《文心雕龍‧物色》篇在揭示物色理論後，即分《詩經》，《楚辭》與近代以來之三種物色進行評價。

認為「詩騷所標，並據要害」，玩索這個「並」字，知道劉勰對詩騷所建立的物色技巧，「並」據物色之主要手法，其意並無優劣高下之分。然則詩騷之物手法，一個是「觸類而長」。簡言之，詩騷只是在物色之比類上一繁一簡而已。但無論如何，都同屬於詩人之賦的物色。

要到司馬相如的賦出來後，新創模山模水，字必魚貫的物色手法，才正式將辭人之賦的物色一路開來。

那麼，詩騷－漢賦是兩種物色手法。若是近代以來呢？包括近代以來的賦及其它文類所用物色手法，其特點是：

> 文貴形似，窺情風景之上，鑽貌草木之中，吟詠所發，志惟深遠，體物為妙，功在密附。故巧言切狀，如印之印泥，不加雕削，而曲寫毫芥。故能瞻言而見貌，即字而知時也。

這一段描述「近代以來」的物色特徵，關鍵在用了「志惟深遠」的志，與體物的「物」之關係。

因為，詩騷的物色手法是以情為主，由情再到心，心情志慮四個環節相扣，而分別與物發生反應。此時的物色是用「情貌無遺」做標準，是看作家的心情如何與物色之貌配合，達到情景交融，也就是物色理論「隨物婉轉」「與心徘徊」的作法。

可是，到了近代以來，那個隨物，變成體物，那個心之情，變成心之志。重點在物色所引起的作家之「志」之描寫，而不再是情與貌之配合了。這個轉變很重要。顯然劉勰的意思，必要點示這個差異，才能完成何以由詩騷到辭人再到近代以來的三階段物色發展。

於是，現在的問題在以物色為中心，是重點在情呢？還是在志？當然，無論情志，都是要用物色手法的。

其次的問題是情志與物的關係，是由物色主動感發人，還是由人之情志出發感動物色？

周振甫解釋後一問題時，引用了劉永濟的講法，認為可用一種區分之，由人主動是造境，是有我之境。由物色為主，人變成被動，則是寫境，也是無我之境。因為人在春天必悅豫情暢，見雨雪霏霏必心情淒苦。人是隨「物色」而婉轉的。（周振甫一九九三，頁一四九）

隨後，周振甫也批判了這個二分法，認為劉勰並不分情往感物與「與心徘徊」。他是兩種合起來看，物色與心情互相交流影響而達到情景交融。不過，先決條件還是「物色之動，心亦搖焉」，物色要先動，一旦動了，「物色相召，人誰獲安」，沒有人能不受物色之感動。

　　然而，周振甫也進一步指出劉勰這樣定位物色與人的先後關係，所產生的情景交融，其實是單向的。也就是說，劉勰並沒有注意到情往感物的一面。物色可能因為作家的情之"往"而變。本來春天的悅豫在離別的心情下是不可能的。本來雨雪霏霏的冬之悲涼，在回家的心情下卻是相反的感受。因之，周振甫歸結到「情往似贈」的情是在先看了山水雲樹以後才用情來贈答山水雲樹。（同前，頁一五〇）

　　吾人對周先生的說法，似可再引伸，何以劉先生有以物色為先，心情贈後的看法，其實要跟近代以來這一期物色一起看的。

　　簡言之，物色也分緣情與言志兩途。而處在體物為妙的六朝文風之下，劉勰也不得不稍受「巧構形式」之影響，並且，將東晉以來玄言詩之以志為主的文風考慮進去。到了近代以來，物色的重點是在志而不在情了。

　　既然以志為主，物色之功用，即在由物色之變換形似中找到其理託其志。所以，像謝靈運〈登江山孤嶼〉寫「亂流趨孤嶼，孤嶼媚中川」便是用一媚字，把物色之理組織起來，由物色之本貌以見其理。詩人自然不可隨便用情介入干涉，因為，理是客觀存在於物色中，但看作家如何發現它而寫出來。並不是理由作家心中說而寫到物色去。跟情由心生而賦物色之手法大大有別。

　　準是，運用物色理論檢證行旅詩，其所關涉之諸問題便有如下諸端：

　　其一行旅詩兼寫物色如何？著筆份量多不多？

　　其二行旅詩之物色重點在情呢？抑在志？

　　其三《文選》行旅詩合不合物色理論分析？

五、「物有恆姿，思無定檢」的實例分析

〈物色〉理論提出觀物的要點，主要是以物－色－情－思－辭五層次的遞接關係。然而這五層次在實際應用時，卻是雙向互為環扣，而形成環中形的實存關係。所以，穩定性，未定性，潛藏性與創造性，乃構成物色文本的重心。以下三段文字，分別說出了〈物色〉觀物方式的理論，分別是：

1. 「歲有其物，物有其容，情以物遷，辭以情發」
2. 「是以詩人感物，聯類不窮，流連萬象之際，沈吟視聽之區，寫氣圖貌，既隨物以婉轉，屬采附聲，亦與心而徘徊」
3. 「物有恆姿，思無定檢」。

這三段文字說明了物色理論的基本要素，是從時序變化產生物色之貌，詩人的情感又隨此變化而變化，於是辭彙亦由此而緊扣住物色之變而安置最貼切的修辭，例如〈物色〉篇舉的桃花之灼灼，楊柳之依依，黃鳥之喈喈，莫蟲之喓喓等。這四個例子，前兩者是視覺之物色，後兩者是聽覺之物色。由此推想，可知物色之起，由人的感官知覺加以直接反應。最後，統歸之於「心」，而心又統性與情。〈物色〉提到的讀者作者要素，便是：心、思、情。這心思情與物色的互相感應交流方式是這樣的圖例關係：

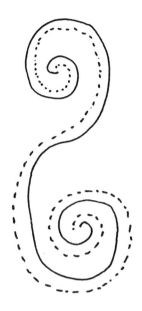

實線：代表物色

虛線：代表心思情

這就不難看出，物色從天地定位的自然世界角度看，它悉為客觀存在之實物，不具有情思。但從「詩人感物」進而賦予創作意義的角度看，則物色之變與物色之真，又全掌握在「聯類不窮」的決定中。易言之，詩人或作家是用怎樣的詞彙去「寫氣圖貌」，圖出來的結果，就是創作者的主觀物色了。這樣的物色之存在樣式，牽涉到的問題很多。大陸興起於六十年代的山水討論對這方面有許多意見，或謂作者的階級性品味與決定山水風貌有關，或謂社會經濟與時代思潮皆有涉。（盧興基一九八七，頁七五－八九）現在，吾人試將問題的涵蓋性加大，不要僅限在山水詩，而

改用〈物色〉一詞做為更大含意來包舉山水詩。那麼，所謂的「物有恆姿，思無定檢」便是決定山水面貌與物色方式的決定性因素了。也即是說，心思情在主體的運作會反向影響物色呈現，所以，作者的心思情決定物色最後的安置。回應前示圖例的關係，心思情與物色的互為交涉，是「隨物婉轉，與心徘徊」的意思。這一層次的關係，不即等於詩人主客交溶，選擇角度與社會時尚，乃至經濟問題的化約。因為，當作者以全然的「道教」之心思情去「流連萬象之際」，作者是全心全意，以及縱情澎湃地介入物色，作者此時此刻何來主客的考慮，更不暇選擇角度的斟酌，階級性在此模糊化。於是，在此層次的物色妙境，完全是「境」的問題，而非社會經濟或風潮時尚的問題。因之，用〈物色〉理論的觀點，說明山水詩確有其適用性。

　　既然「思無定檢」，不即表示物色可以有不同的心思情之感受嗎？茲試用這個理論分析《文選》行旅詩。像謝靈運〈登江中孤嶼〉所作的道教之心思情即是一例，除了謝靈運較多，以及沈約的一首〈早發定山〉，之外，其餘所收作品並不時興道教之思。可是，其它作家的作品，也因此而相對地較少山水之專意描寫，而多的是〈物色〉理論所講的物色內容。復次，從〈行旅〉設類的用意看，所謂行旅，當是薄宦遊官，改服易地，勞累路途，或作相關之思，或興人世之悲，情在於離苦實多於模山範水之賞心。可是，這樣的〈行旅〉標準，謝靈運諸作大多不符合。反而非謝詩的其它作者，幾近符合。這又旁證了一項事實，即《文選》分類作法確是先立體，再選作品。當一體已類分，而非要選一位大家以歸其類時，便可能因不甚符合標準而勉強湊合，如當下這個謝靈運詩的例子。也即是說，謝詩的「模山範水」之

作確實比其它作家多，但〈行旅〉立類非要選入謝詩不可，於是，便以謝靈運「山水詩」勉強歸類入行旅，而其他作家則用〈物色〉理論的觀點，自其作品中由物色之寫氣圖貌的結果，有表達「行旅」之心思情的詩作，選出來入於該類。以致，吾人看到現存的〈行旅〉類詩作，謝詩之山水傾向與道教心思，跟其它作家的「物色」方式與「物色」之思大為不同。以下試就《文選》行旅詩三十五首物色面貌試作圖表略觀其概：

作者	詩題	模山範水	物色	玄學之思	道教之想	行旅主題	關鍵字詞
1.潘安仁	河陽縣作二首㈠	○	○	○	×	由自恨而自慰	福謙害盈
2.潘安仁	河陽縣作二首㈡	○	○	○	×	政成民和	單父邑子賤歌
3.潘安仁	在懷縣作㈠	×	○	×	×	思京南歸	越鳥志想南枝
4.潘安仁	在懷縣作㈡	×	○	○	×	思京南歸	懷歸志顧鞏洛
5.潘正叔	迎大駕	○	○	×	×	軍旅暫止	且少停君駕徐待干戈戢
6.陸士衡	赴洛詩二首㈠	×	○	×	×	感物懷歸	感物戀堂室離思一何深
7.陸士衡	赴洛詩二首㈡	×	○	×	×	感物懷歸	感物情悽惻日歸歸未克
8.陸士衡	赴洛道中作二首㈠	○	○	×	×	感物懷歸	佇立望故鄉顧影悽自憐
9.陸士衡	赴洛道中作二首㈡	○	○	×	×	故鄉之思	撫枕不寐振衣長想
10.陸士衡	吳王郎中時從梁陳作	×	○	×	×	故鄉之思	慷慨懷古人

11.陶淵明	始作鎮軍參軍經曲阿作	×	○	○	×	歸回田園	望雲慚高鳥臨水愧遊魚
12.陶淵明	辛丑歲七月赴假還江陵夜行塗口	×	○	○	○	歸田之思	養真衡茅下庶以善自名
13.謝靈運	永初三年七月十六日之郡初發都一首	×	○	×	×	返鄉歸田	將窮山海跡永絕賞心悟
14.謝靈運	過始寧墅一首	○	○	×	×	返鄉歸田	三載期歸且樹枌檟
15.謝靈運	富春渚一首	○	○	○	×	適性歸隱	懷抱既昭曠外物徒龍蠖
16.謝靈運	七里瀨	○	○	○	×	歸隱	嚴子瀨任公釣
17.謝靈運	登江中孤嶼	○	○	○	○	遊仙慕想	始信安期得盡養生
18.謝靈運	初去郡	○	○	○	×	幽棲歸隱	廬園當栖巖卑位代躬耕
19.謝靈運	初發石首城	×	○	×	○	忠盡之意	欽聖若旦暮懷賢亦悽其[2]
20.謝靈運	道路憶山中	×	○	○	×	適性歸鄉	得性非外求楚人，越客
21.謝靈運	入彭蠡湖口	○	○	×	×	妙思遠想	靈物，異人金膏，水碧
22.謝靈運	入華子崗是麻源第三谷	○	○	○	○	水遊妙境	且申獨往意乘月弄潺湲[3]
23.顏延年	北使洛	×	○	○	×	故都悲涼	宮陛多巢穴城闕生雲煙
24.顏延年	還至梁城	×	○	×	×	故都悲涼	故國多喬木空城疑寒雲
25.顏延年	始安郡還都與張湘洲登巴陵城樓作	○	○	○	×	人世幻化無常	萬古陳往還百代勞起伏

26.鮑明遠	還都道中	×	○	×	×	戒出旅 悔歸	誰令乏古節 貽此越鄉憂
27.謝玄暉	之宣城出新林浦 向版橋	○	○	×	×	入仕與 遊江樂	懷祿情 滄州趣
28.謝玄暉	敬亭山詩	○	○	×	○	靈仙 奇趣	隱淪，靈異 奇趣，丹梯
29.謝玄暉	休沐重還道中	○	○	×	×	遊宦 思歸	歲華春酒 初服效扉
30.謝玄暉	晚登三山還望邑	○	○	×	×	遊宦 思歸	有情知望鄉 誰能鬒不變
31.謝玄暉	京路夜發	×	○	×	×	遊宦 思歸	行矣倦路長 無由稅歸鞅
32.江文通	望荊山	○	○	×	×	歲晏 悲思	苦寒奏 艷歌傷
33.邱希範	旦發漁浦潭	○	○	○	×	幽棲 臥治	坐嘯臥治 幽棲清曠
34.沈休文	早發定山	○	○	×	○	幽棲	三秀九仙 蘭杜芳荃
35.沈休文	新安江水至清淺深 見底貽京邑遊好	○	○	×	×	水清 寄意	濯衣巾 纓上塵

行旅詩要素統計結果表：

項目類別	模山範水	玄學之思	道教之想	物色
所佔總數	二一	一四	七	三五
百分比	六十％	四十％	二五％	一〇〇％

表列說明：

　　一、模山範水乙欄專指描述山水及其相似物，是所謂純山水詩之定義範圍。凡○者示有，×者示無，下同。

　　二、物色乙欄，把物字做廣義辭，指在山水題材之外，尚兼及風景與大自然之描寫。另外，物字如擴大解，包括社會百態與人間事物。則物色此欄與純粹的山水描寫，實在不同，故而分立兩欄目。

　　三、玄學思想，專指運用易老莊三本書之典故，包括語典事典，及由此三書所揭思想之引伸。

　　四、道教之想，特指東晉興起的天師道及其流派，並且與玄學之想乙欄互為辯證，凡在詩主題上不能盡歸於易老莊三玄，而又略有關涉者，只好劃入此類。

　　五、行旅主題，是就當首詩主要意旨而說，至於意旨之輕重，繁簡或顯晦，可能有多種講法時，主要參考評點家之批語，散見於于光華《評註昭明文選》乙書所收者。其有疑義，則逕自讀之而下判語。

　　六、關鍵字詞即就第五項之歸類而引詞句字句為證。

六、結　語

　　由以上統計表結果，可看出幾點現象，及此現象之意義。第一是物色與模山範水有界域大小之分。凡有物色之詩，例有模山範水。反之，則未必然。可見物色範圍大，而模山範水若當作山水詩文類之特徵，顯然，山水詩就不一定是物色詩了。由此，可證明《文心雕龍》的物色理論不僅僅是山水詩之規範，而用唐宋純山水詩之標準即不能稱作是六朝這一時代文風之物色。

　　第二點，物色在每首行旅詩中都有，但不是每首行旅詩都有玄學之思，或道教之想。可是，一定有其主題，此主題中，出現

最多的是「情」的成份，抒情佔行旅主題之大半。當然，又以行旅勞累，仕途巔困，而興歸隱幽棲之情為最常事。可見，凡有物色之行旅詩，必然與〈物色〉篇理論強調的物色要與情志結合，所謂窺情風景之上云云，配合起來。又可見，物色之山水詩，也不純止於山水，多半是賦山水之物以情，而不見得是「以物觀物」的自見之情。

除了情之外，第二點是志，在統計表中每首物色詩，所表現的「志」主要以玄學與道教為最習見，或單出或雙有。可見，行旅詩在情志的抒發上，其實是情志並重的。由此，也證明了，行旅詩的物色手法合乎物色理論講的，物色要與情志結合才是物色。

第四點是所謂的志，在行旅詩中，未必是指作者的意圖，而是玄學與道教之慕想。在此，吾人將「志」做一擴大解，即志或者指作者別有之意思，或指作者就現成思想成說而引伸之，假藉物色表現。如果是前言，「志」有其獨創往。例如謝靈運〈入華子岡是麻源第三首〉的「俄頃」用這個觀念，不盡然是無用之用或無為之用。如果是後者，行旅詩的「志」，並無新意，而是「莊老告退，山水方滋」關涉的山水與莊老的互寄表裏。易言之，行旅詩的志，不過是藉行旅詩主題，用山水物色之描寫，表達莊老或道教之「志」。就此一層次而言，行旅詩的「志」，也幾乎等同「平典似道德論」的鄙直之風，只是文采稍富罷了。惟不論此二者為何，皆可印證物色理論的物色要與情志配合起來。

第五點，若再仔細推敲行旅詩的「志」，又以玄學之思佔多數。然而，道教之想也有七例，分別見之於陶淵明一首，謝靈運四首，謝玄暉一首，以及沈休文一首，總共七首。時間上，自東

晉開始，漸及劉宋與蕭梁。可知莊老告退，山水詩起來以後，除了在山水物色中裝載莊老之「志」外，更有一種民間宗教，如天師道講的「清」「靈」「真」等觀念的流行，而加入物色之「志」中。這個現象，可補充「莊老告退，山水方滋」這句話的含意，並將物色理論之情志說透過作品的實踐而落實出來。這無寧是本論文對行旅詩文類分析所得出的最大成果。[4]

第六點是輔助說明第五點的現象。即所謂物色之志，是玄學之後繼之以道教。但東晉道教自民間上流到知識階層以後，物色之志增加一途，而原來的莊老玄學也並沒有消失，遂與道教之想有合流的現象。在統計表三十五首行旅詩中，便出現了三首同時兼有玄思與道想的例子，分別是陶淵明〈辛丑歲七月赴假還江陵夜行塗口〉、謝靈運〈登江中孤嶼〉與〈入華子岡是麻源第三谷〉等三首。

附註：

1   有關中國山水詩與當代詩的相干性問題，主見要諸於陳鵬翔〈中英山水詩理論與當代中文山水詩的模式〉乙文之討論。（陳鵬翔，1991）此文引述了目前為止可見的中國山水詩討論之大半資料，最後歸結於葉維廉用「以物觀物界定純粹山水詩的觀點」可知陳文並不採用《文心雕龍・明詩》與《文心雕龍・物色》兩篇的看法。另外，陳文在引述曹道衡的山水詩意見，所據者，乃是 1961 年曹先生刊在《文學評論》的一篇叫〈也談山水詩的形成與發展〉這篇文章，其實曹先生後來在新出的一本新著中，再次論及山水詩，有比較新的看法。認為庾闡、殷仲文、謝混諸人何以能證山水詩之祖，主要因為今存諸人作品太少，無法印證檀道鸞、劉勰、鍾嶸等人的

說法。（見曹道衡 1991，頁 42 註 3）又說謝靈運詩筆下的山水，還沒跳出「有我之境」，真正的物我合一之山水詩，要到盛唐才普遍出現。（同前，頁61）案：陳、曹二家說法都以為山水詩有純與不純之分，各從寫法上要「以物觀物」「物我合一」做標準，當代山水詩即遵此標準。問題是，以物觀物之最終結果，仍然是悟理、悟境，在物中透出來。所以，與物色理論講的「情」「志」之關涉，其實同物。所以，物色理論也適合當代山水定義。有關山水詩定義之討論，另參葉維廉 1971，頁 94-1105 與 1983，頁 133-194。林文月 1976，頁 23-61。洪順隆 1980，頁 55-88。王瑤 1986，頁 47-83。

2　這首詩題旨，據方伯海評點說是謝靈運被誣而得宋太祖不罪，所表達之忠盡之言。（于光華 1977，頁 502）而于光華的補註也認為詩中的「欽聖若旦暮，懷賢亦悽其」兩句之欽聖指宋太祖，懷賢指屈原，一叩聖君，一叩忠臣。（同前，頁 503）又今人顧紹柏《謝靈運集校注》釋此句意同前說，而且，認為此詩是靈運要學習古人（案：指屈原）。不為謗毀所傷，不向惡勢力低頭云云。（顧紹柏 1987，頁 187）案：據此諸家說，而判定此詩題旨為忠盡之言。惟此詩別有「越海陵三山，遊湘歷九嶷」兩句，三山指三神山、九嶷指蒼梧山，即舜葬處。若然，三山九嶷並舉，則靈運不惟忠盡之思，實兼山水遊仙之想，故而在道教乙欄判其有。倘據《藝文類聚》卷廿七引，無此二句，又當別論。

3　此詩題旨最可拿來討論物色理論的「吟詠所發，志惟深遠」的志，當為何志？志可解作詩人藉物色而寄託其志，亦可解作是透過物色之理，主要是山水哲理，所暗示傳達的志。此詩，按何義門評點說是寫山水妙境。（于光華 1977，頁 504）但在那裏？則闕言。方伯

海則說此詩不屑屑於神仙，才由此表現謝靈運的達觀。方說並駁斥善注與五臣注引用莊子書解釋詩中「獨往古今」等詞語出典。（同前，頁 505）照方說，此詩不當有玄學之想。考詩中末句「恒充俄頃用，豈為古今然」云云，所謂俄頃用，不可與老莊道學的無用之用與無為之用相混為一。所以，于光華的評點才注意這點，說此詩「我之入是崗，不過因其勝地可樂，聊以申獨往之意，因月下聆水聲，自樂其樂而已」（同前）就是這個自樂，便可充俄頃之用。並不是相信真有仙人之事。顧紹柏之說略同，亦謂此詩在懷疑仙人之事。（顧紹柏 1987，頁 197）其它解讀者，尚有馬劍東（收入盧昆等 1989，頁 698）趙昌平（收入吳小如等 1992，頁 694），趙福海等 1992，頁 702。此三家說都注意到俄頃用在此詩的重要觀念，但都不離《莊子》獨往之出典。案《莊子》云：江海之士，山谷之人，輕天下細萬物而獨往者也。這個獨往是終極的逍遙，無待的自然。未必即山水一樂之俄頃用。以故用莊意說此二句未洽。趙福海之說解，甚至說俄頃用是對人性的肯定，是積極的生活理想，不知何據？我以為這句俄頃用，就是在山水物色間，發現的妙理，寄託的志。它不一定要是某家思想，而是一個新觀念的創說，類似觀念史研究對象的那種「思想」。這正是「體物為妙，功在密附」所得出的結果。也是物色理論「一言窮理」與「志惟深遠」的理與志之書寫。這首詩編年於謝靈運晚年之作。也可看作謝詩在山水詩文類所開創的山水之理。

4　道家與道教二者之區別不易分，這是目前可見論述道教的專著一致的看法，本論文也不例外。然而道教到六朝所分出的新創之觀念，像上清派，靈寶派與樓觀派諸派講的「清」「真」「靈」這些觀念，透別凸顯出來，應該是道教內在理路的專題，與傳統道家講的

側重點不同。（參詹石窗 1992，頁 10 與頁 71-74，又孫述圻 1992，頁 227-234，李養正 1990，頁 344-350，以及任繼愈 1990，第四、第五兩章）本人以為第一在時間上，道家典籍或有講此三字，但未將之仙化，如五經無真字，到老莊雖有真字，但老子以為道之描述，莊子以為反其真亦為哲學形上之終極境界，不雜成仙。而以神人代替仙人。到了《說文》才直接說：真，僊人變形登天也。真在仙人之更一層，但真人即仙人。有關真字之觀念史釐清，顧炎武早辨之矣。（參顧炎武 1979，頁 532）至於「靈」字，《詩經・靈臺》傳云神之精明者，疏說神之別名。又《周易・頤》也有舍爾靈龜，觀我朵頤句，鄭玄云俯者靈，是說靈龜即天龜。（《莊子・天地》）也說大愚者終身不靈，司馬昭注靈，昭也。大略先秦典籍雖有靈字，但不若靈寶派供奉靈寶天尊，強調靈字那般重要，且為仙化之靈。「清」字素為老子講究，五十七章云：我好靜而民自正。又云：清靜為天下正。其在政治無為與個人修養之關係上說得多。至於將之發展成《黃庭經》與《上清大洞真經》的清靜為主，進而做為煉養金丹的原則，如《太上老君說常清靜妙經》的以清靜為法，則絕非傳統老莊的思想。所以，道家與道教之區別的第二點是對如「清」「真」「靈」等關鍵字之孳乳發揮與側重有所不同。本文主要從以上兩點之差別為出發點，以判定道仙。另外，做為宗教層次之道教，講的靈字真字也有特殊涵意，據《雲笈七籤》收錄東晉道士楊羲是「幼而通靈」，劉宋時廬山道士陸修靜是「通交於仙真之間」，這話中的靈與真是宗教意涵的。而《雲笈七籤》道教所起乙節也分辨了道祖元始天尊在老莊之上。（參張君房，頁 10）

應用《文心雕龍》物色理論分析《文選》遊覽詩

一、序　論

　　《文心雕龍》有〈物色〉篇，置於卷十之首，范文瀾注以為不當列於此，謂〈物色〉即〈聲律〉以下諸篇之總名，與〈附會〉相對而統於〈總術〉篇。認為此篇當移於〈附會〉之下。（《文心雕龍注》卷十，頁二）案即置於卷九。

　　惟此說並無版本為證，今可見敦煌本《文心雕龍》殘卷惜闕此篇。（《敦煌遺書文心雕龍殘卷集校》，頁一一七）今之問題，是對〈物色〉篇在《文心》全書性質之認定為何？若置於〈時序〉之後，如通行本所見。顯然兩篇性質略近，一在探討時代風潮與文學互動現象，屬人文社會的層次，一在推究自然山水環境與文學關涉影響。

　　今若移置〈附會〉之下，其性質與〈指瑕〉〈養氣〉〈總術〉〈附會〉同類，恐意圖在作品組構本身，是創作論之一路，探討文學技巧如何如何。即此性質而觀，〈物色〉與《文心》卷七卷八的幾篇，都是講文章創作技巧，如〈比興〉〈夸飾〉等。

　　自今人有興趣討論中國古代山水詩起源以來，〈物色〉篇的幾段話被提出來，重新解釋。林文月引其中「近代以來……」一段話說是山水詩寫作技巧所以成功的最佳說明。（《山水與古典》，頁三五）可知〈物色〉被看做是山水詩寫作技巧論。而洪順隆又引其中「春秋代序，陰陽慘舒，物色之動，心亦搖焉」一段話，舉前人認為的山水之作，即漢武帝〈秋風辭〉、昭帝〈淋池歌〉，這兩首合乎〈物色〉此段話講的內容條件，然後進一步質疑，若是如此，《文選》收〈物色〉賦一類，有〈風賦〉〈秋興賦〉，此二首耽於山水的作品，當作山水詩的先驅，洪氏謂「大概是不會錯吧」。（《六朝詩論》，頁六二）

　　細審前述林、洪二家的山水詩論述，均直接述及〈物色〉篇內容，則〈物色〉與山水詩之問題頗可深入再論。加上彼岸學者寫出的兩部中國山水詩史，在討論山水詩問題時，亦與〈物色〉內容有涉，並牽引出《文選》二十三詩類中有招隱，遊仙，公讌，行旅之分，卻無山水詩之設，因雙扣《文選》與《文心雕龍》而論述。

　　其中李文初以為漢魏以來出現的招隱，遊仙，遊讌之體類，因其都與山水直接關係，寫景之筆常見，似與山水詩無異。（《中國山水詩史》，頁九）李說所謂的遊宴，在《文選》的詩類，實際指的是〈遊覽〉〈公讌〉兩類。丁成泉則推溯山水詩起源當自東晉初的庾闡，而不是晚半世紀如鍾嶸《詩品》所提的謝混。惟山水詩之真正奠基者仍是劉宋時期的謝靈運。（《中國山水詩史》，頁六）

　　丁說又引〈物色〉講的：物色雖繁，析辭尚簡。不足以範限山水詩，認為：那是落後於山水詩實踐的。（同前，頁一四）其

意蓋以為〈物色〉亦談及山水詩技巧。照以上諸家所論，〈物色〉篇可視作技巧創作論。

今持以稍後於《文心雕龍》成書的蕭統編《文選》相較之。《文選》於十八賦類分有〈物色〉賦，收〈風賦〉〈雪賦〉〈月賦〉〈秋興賦〉等，殆即俗稱風花雪月之賦。與〈物色〉篇所述無異，然而何以賦分物色，而二十三詩類卻不分物色詩，且物色若即山水詩技巧論，如前述諸家說者，又何以二十三詩類不設山水詩一項？凡此，皆關係六朝文學山水詩論述之種種課題。

本文撰作動機即出於前述問題之認識，初以為《文心雕龍》既講〈物色〉，則物色理論必為彼時代之文學問題，而又不置〈物色〉於卷二卷三自〈明詩〉〈樂府〉〈詮賦〉諸篇之後，視作一種流行文類，顯然，依《文心雕龍》時代看，物色是一普遍問題，非僅文類、技巧等可以規限。然而，《文心》於〈明詩〉篇偶著一句曰「莊老告退，山水方滋」，遂又引發山水詩與莊老玄言詩興廢次第之論，惟玄言之志與山水情貌，兩問題內容亦同見於〈物色〉篇之論述。則有無山水詩一類乃相引並生物色理論，而牽涉到《文選》之體類問題。

本文對此問題之處理，以為《文心雕龍》與《文選》不明確山水詩為何，而屢言物色，不如回歸彼時代當下現實之理解，對物色理論深入詮釋，則物色與山水之意涵為何，不待辯而自明。惟任何理論之理解，不能不作實際批評之檢驗，因此，援用物色理論去實際分析有物色傾向的《文選》詩類，當不失為解決物色問題之一途。爰先撰成〈試用物色理論分析文選行旅詩〉乙文，析探物色理論中兩大重點中的「言志」一項，今再就第二重點「情味」乙項，以及言志情味之調和，試作二論。

二、文心言「志」與物色言「志」

《文心雕龍‧情采》篇提到情性與文采的關係，在說明情性是文章之「實」，詞采是文章之「文」之後，強調文實並重的標準。然後，再把「情」與「志」提出來並說，認為情志為文章之本。劉勰云：「夫以草木之微，依情待實，況乎文章，述志為本，言與志反，文豈足徵。」這一句話中，述志為本的志，很可討論。意指文章不論如何詞采華茂，當以有思想為根本。

把這個「志」，拿來與《物色》篇講的志並看。略可判定劉勰很注重文章的思想。所以，不能光是物色，要在物色中藉物之寄託以述「志」。物色詩與「言志」傳統有關，於此再得一證。因之用物色理論看《文選》遊覽詩，便要注意遊覽詩中有多少的「志」在裡頭。

《物色》篇述及物色相召，沒有人能安然而不受影響，影響所及層面，則是：

> 獻歲發春，悅豫之情暢。滔滔孟夏，鬱陶之心凝。天高氣清，陰沈之志遠，霰雪無垠，矜肅之慮深。

這段話中，說四時之物色感召，引生作家之反應，分別在心、情、志、慮四方面有不同的結果。可見，「志」，是物色理論所及的內容。物色詩，當然也就牽涉到如何把志寄託在其中，而不是純粹只是物色，寫寫風景山水而已。

《物色》篇在評述「近代」以來的文學風貌時，又一次提到「志」的問題，他說：

> 自近代以來，文貴形似，窺情風景之上，鑽貌草木之中。

　　吟詠所發，志惟深遠，體物爲妙，功在密附。

這一段話中，講物色如何在「近代」的文學中表現過猶不及的一面。指出「情」在風景之上，「貌」在草木之中，只講情貌，並只限於風景草木之中。而又在風景草木之中，寄託深遠玄妙的「志」。

　　揆其意，劉勰所指的「近代」物色之弊，至少包括兩類型的作品，一是玄言，一是山水。認爲近代的作品，只在草木風景之中表現玄言之志而已。劉勰認爲這樣仍是不夠。因爲，在他看來，物色不僅止於山水、草木風景，就算草木風景作爲物色，也不能僅只表達深遠玄妙的「志」。這點很重要。可見「志」，不止一種。近代以來文學之弊即在於只表現一種。以次，劉勰才接著說「物有恆姿，思無定檢」。總此〈情采〉與〈物色〉講的志，吾人可得知，劉勰向來主張：一是文學作品無論情采如何美，物色如何限定，都不能沒有「志」。二是這個文學作品中的志，不必一定只限於其中一種，像近代以來之玄志，而是要在「思無定檢」的原則下，表現不同的「志」。

三、〈明詩〉言志與〈物色〉言志

　　〈物色〉篇與〈情采〉篇所講的「志」，既如上述。若將範圍縮限到詩這一文類，則劉勰於詩之言志主張又如何？此即〈明詩〉篇所當注意之論點。

　　劉勰在〈明詩〉篇講的詩之本質論，即「言志」說。贊同《尚書・舜典》的說法：詩言志，歌永言。只有在說明何以人會感物吟志的理由中，提出「自然」感物吟志。他說：人稟七情，

應物斯感，感物吟志，莫非自然。這個自然，即是感物吟志出於人情之自然。

　　至於說到「志」的內容為何？〈明詩〉篇歷敘詩體之發展後，說到正始時期，認為：正始明道，詩雜仙心，何晏之徒，率多浮淺。唯嵇志清峻，阮旨遙深。這裡講嵇康的詩之特點，是在於其詩中言「志」之清峻，而阮籍的詩則是「遙深」。試觀嵇康詩有〈幽憤〉之作，是言志。阮籍詩有〈詠懷〉，也是述志。《詩品・上》云：顏延之注，怯言其志。可以印證。

　　〈明詩〉篇後之贊語，又一次提出：民生而志，詠歌所含。以上三例，可證劉勰的詩觀，仍是沿續言志傳統，那麼，《文選》遊覽詩做為詩之本質，當也必有其志可說。因之，分析遊覽詩中的「志」有那些，是運用物色理論研究遊覽詩的途徑之一。

四、物色理論強調言志或者情味

　　物色理論以言志為中心，一方面固是劉勰一貫的文學主張，同時也是〈物色〉篇的重要內容，既如上述。但另一問題，緊伴言志而來，是到底劉勰的物色理論的情味說，怎麼講？

　　此一問題出在〈物色〉篇的一段話，談到物色方法為何時，劉勰直接指出光是言志還是不夠的，他說：

> 是以四序紛迴，而入興貴閑。物色雖繁，而析辭尚簡。使味飄飄而輕舉，情曄曄而更新。古來辭人，異代接武，莫不參伍以相變，因革以為功。物色盡而情有餘者，曉會通也。

這一段話是緊接劉勰對近代以來物色之弊的批評，而提出來的建

設意見。很值得注意的是，他重新提出要在物色中做到「情」「味」兼顧的意見。最後要做物色盡而情有餘。若然，顯見劉勰不以言志為物色唯一方法，而是要在言志之外，更做到有情味。於是，眼前之問題，便是劉勰以言志為重？或以情味為偏？又或者兩者兼之，方謂物色之備？

細審此段話，劉勰之意，當謂物色理論要言志與情味並重。若山林皋壤之地，每為文思泉源所發，而山水風景之物色，又以「情」為歸結。所以，他才說：屈平所以能洞鑑風騷之情者，抑亦江山之助乎？不說風騷之志，而說風騷之情，著一「情」字，可見劉勰對物色理論中「情」字如何傳達相當注意。

準此，運用物色理論分析遊覽詩，除了分析「志」之外，也要分析遊覽詩中有沒有「情味」，尤其是情味中有沒有新意。言志與情味於焉構成物色理論的兩大要素。

現在，就根據物色理論中「言志」與「情味」的兩大要點，拿《文選》二十三詩類中的遊覽一類，總計二十三首遊覽詩，做為分析對象。探討中國古代文論中的物色理論，應用到實際作品之解讀，其效用如何？有何應用上之實際問題？並檢討有關物色理論的適切性。

其中「言志」乙項，本文試圖把它理解為觀念史或思想史中講的思想內容，而不是純粹的中國子學，或今人所謂的哲學。所謂「言志」是在詩中所透露的訊息，或意義。因此，設計玄學之思與道家之想兩欄目，以便於統計考察。

編號	作者	詩題	模山範水	物色	玄學之思	道教之想	情	味	遊覽主題	關鍵字詞
①	魏文帝	芙蓉池作	×	○	×	×	?	?	遨遊快意 及時行樂	壽命非松喬 誰能得神仙
②	殷仲文	南州桓公九井作	○	○	×	×	?	?	松柏自比 好仁自勉	薄言寄松菌 伊余樂好仁
③	謝叔源	遊西池	×	○	×	×	?	?	南榮之戒 全形抱生	無為牽所思 南榮戒其多
④	謝惠連	泛湖歸出樓中翫月	○	○	×	×	?	?	友朋晤言 從夕至朝	並坐相招 晤言不罷
⑤	謝靈運	從遊京口北固應詔	○	○	○	○	?	?	工拙各宜 隱居之想	名教，神理， 舊想，長謠。
⑥	謝靈運	晚出西射堂	○	○	○	×	○	○	念舊 懷情	羈雌戀舊侶 迷鳥懷故林
⑦	謝靈運	登池上樓	○	○	○	×	○	○	因時感景 離群索居	豳歌，楚吟， 無悶，持操。[1]
⑧	謝靈運	遊南亭	○	○	○	×	○	?	感物 傷懷	秋水，白髮垂， 藥餌，衰疾。
⑨	謝靈運	遊赤石進帆海	○	○	○	×	?	?	感物 傷懷	任公言，矜名， 適己。
⑩	謝靈運	石壁精舍還湖中作	○	○	○	×	?	?	感山水清暉 悟養生慮淡	山水，清暉， 理無違，攝生客。
⑪	謝靈運	登石門最高頂	○	○	○	○	?	?	山水感悟 養生處順	居常，處順， 青雲梯。[2]
⑫	謝靈運	於南山往北山經湖中瞻眺	○	○	○	×	○	?	感物撫化 賞心誰同	解作，升長， 撫化，情嘆。[3]
⑬	謝靈運	從斤竹澗越嶺溪行	○	○	○	×	○	?	賞山水之美 悟人事之遣	握蘭，折麻， 遺物慮，得所 遣。[4]
⑭	顏延年	應詔北湖田收	○	○	○	○	?	?	觀田收風景 陳詩寄慨	聖仙，神行， 化先，觀風。[5]
⑮	顏延年	車駕幸京口侍游蒜山	×	○	○	×	?	?	觀風景 嘆不得用	化造，神營， 卜征，周南悲。

⑯	顏延年	車駕幸京口三月三日侍遊曲阿後湖作	○	○	×	○	?	?	述山水之美皆蒙帝恩	神御,天儀,人靈,鱗翰。[6]
⑰	鮑明遠	行藥至城東橋	×	○	×	×	○	?	服藥行遊嘆生年苦	容華消歇為誰苦辛[7]
⑱	謝玄暉	遊東田	○	○	×	×	?	?	傷春望鄉	不對芳春酒還望青山郭
⑲	江文通	從冠軍建平王登廬山香鑪峰	○	○	○	○	○	?	山水仙靈隱名之想	廣成神鼎,淮南丹經,松柏隱。[8]
⑳	沈休文	鍾山詩應西陽王教	○	○	○	○	?	?	體物言志	地德,九嶷,三山,八解,四禪,五藥[9]
㉑	沈休文	宿東園	×	○	×	○	?	?	物色之變慕仙之想	若蒙西山藥頹齡儻能度
㉒	沈休文	遊沈道士館	○	○	○	○	○	?	遊山覽物慕仙之想	三山,九霄,心好道,元空,石髓[10]
㉓	徐敬業	古意酬到長史溉登琅玡城詩	○	○	×	×	?	?	登山頌美立志功名	耿介立衝冠懷紀燕山石

表列說明：

　　其一、凡表列欄目中，有者示○，無者示×。不可明確有無，在疑似之間者，示？。

　　其二、所謂遊覽主題，是指每首詩較明顯可見之意涵，其中可能與道教之想或玄學之思相似，或與二者皆不似。

　　其三，凡判讀前項之依據，即關鍵字詞乙欄所示者。尤其主題與道教或玄思不一致者，於關鍵字詞乙欄中，特別標示之。

　　其四、玄學之思，專指易、老、莊三書的語典或事典，凡詩

中援用者，即判為有玄學之思。

其五、「情」項乙欄，凡判讀為有者，其根據理由，請分別參考該欄目下所附注解之說明。

五、表列提示之統計結果及意義

其一：由統計表可知，物色範圍還是大於模山範水，凡有物色者，必有模山範水。反之，則未必然。此與行旅詩的統計結果一般。可見，物色可視作一種普遍手法，一種六朝共通的文學理論，化入《文選》各體類的詩，或各體類的賦。

其二：在《遊覽》一類的詩，所言之「志」，仍以玄學與道教為常見。所可注意者，已出現道玄與釋氏同出之詩言「志」。如沈休文〈鍾山詩應西陽王教〉此首即是。這是在行旅詩中所未見者。這說明了，以物色為對象材料，可以做不同的思考，或寄託。此即物色理論中「物有恆姿，思無定檢」之印證。

其三：在「情」「味」兩欄之判讀中，最難定奪有無。表中所示，味字欄皆打問號，情字佔八項，比例甚低。可見物色理論中情味為何，最難落實為實際作品解讀。物色講到，要使「味飄飄而輕舉，情曄曄而更新」，可惜，情味是什麼？以及情味要如何輕舉更新？物色理論未有具體陳述。因此，從劉勰《文心雕龍》全書找出情味之定義，與從六朝文學理論考察情味說法，進而整理出一套實際批評的手法，當是物色理論重要研究課題。也由此反證物色做為單篇理論應用，有其不足與缺陷，急待補充說明。

其四：順著其三之問題，表中所判讀為有「情」乙欄者，蓋

根據原詩句中有「情」或「情性」之類詞者。然而此類詞中之「情」字，不盡作性情或情感解。這又是物色理論中情字判論的更細問題。另外，有幾首的判讀有「情」，是根據于光華評注《文選》的夾批眉批。分別見諸於註 7、註 4、註 3、註 1 等四例。幾佔有「情」欄判讀之半數。由此可見，原來詩句非有情字，經過物色解讀，在實際鑑賞過程中，居然也可以讀出物色之「情」（味？）。則以閱讀主體為考慮，特別是詮釋與讀者反應的因素，宜加入物色理論中，擴大而成為物色理論實際應用的參數。若然，物色理論之適用與否，有些是取決於閱讀主體者。此點，可供中國古代文論應用的一項反思。

六、情味術語之考察

　　物色理論兩大重點，一是言志，一是情味。言志之考察。容易落實於批評，既如上述。則物色理論之困難，當在情味。

　　何謂情味？至少至六朝以前，極少見情味做為連詞而成為術語者。即就〈物色〉篇原典看，此情味二字，也是分舉而說：味飄飄而輕舉，情曄曄而更新。可知，情是一概念，味又是一概念。吾人能否合而言之曰情味，亦待斟酌。

　　考今見《文心雕龍》有〈情采〉篇，情彩合言，不言情味。其它篇章，亦多見兩字分立成詞。以味為詞頭者，若「味之必厭」「味之則甘腴」，意指回味之味。又以情字為詞頭者，有：情性、情信、情理、情貌、情數、情韻、情變等。（《文心雕龍索引》，頁九七，頁一三九－一四〇）可見情字連綿詞不少，每一連綿詞皆各有新意。然均不見情味合言者。因之，理解情味做

為理論之一術語，當從情與味分立之兩途徑追溯之。而合情與味為一體之物色理論，當可視作劉勰《文心雕龍》總結前代文學理論與觀念之成果，代表《文心雕龍》理論建構創見之一。

何則？先從情的理論看。緣情說，自屈原已發其端，《楚辭・九章・惜誦》謂：惜誦以致愍兮，發憤以抒情。情字照王逸解作情思，洪興祖則引《文選》云作情愫解。[11] 情愫情思，皆類近人性所本之「情」之字意涵。

此也即是漢代詩經學觀念中的「情」字，如《毛詩序》云：吟咏情性，以風其上。即謂發端乎情思，諷諫在上位者。又云：故變風發乎情，止乎禮義。發乎情，民之性也。止乎禮義，先王之澤也。這裡的情字，一樣有情思情愫之義。只是後來毛詩一路的詩經學用禮義去節制情性，沒能再進一步走向緣情之道。

要到六朝時代，才確立情字為詩學的主要觀念，此即陸機《文賦》云詩緣情而綺靡的說法，再到摯虞《文章流別論》之以情義為主，更加發揮之。[12]

再看味字，做為一批評理論概念，當亦自陸機《文賦》開始，《文賦》說：或清虛以婉約，每除煩而去濫，缺大羹之遺味，同朱弦之清氾。這句話中的大羹即太羹，典出《左傳》，這就要追溯到《左傳》昭公九年與二十年分別提到的五味與五聲五色相配，以收晏子所謂的音樂之感受。[13] 次由味之於飲食之道，推演至言語要有「味」之比擬，於是，講話之有滋味亦同飲食之有味一般。是一技巧面與審美心理感受之雙重問題。

然而，由飲食之味影響言語之味，再到文學批評概念之有滋味，有餘味，有情味，也是從六朝開始孕乳盛行的。其中，遺味（餘味）是由陸機發端，在《文心雕龍・宗經》篇說：至根柢盤

深，枝葉峻茂，辭約而旨豐，事近而喻遠，是以往者雖舊，餘味日新。這是指像《周易》《尚書》《禮記》《春秋》等經書在言語辭章之深遠豐富，可令讀之者，歷久而有餘味，用餘味說解經書，所持「味」字意含，大抵近同陸機，此餘味因而可說是無窮意味。[14]

至於滋味，由鍾嶸《詩品》特標之，先此，《文心雕龍·聲律》云：吟咏滋味，流於字句。以及《顏氏家訓·文章》云：至於陶冶性靈，入其滋味，亦樂事也。可視作六朝文論普遍常見的批評概念。[15]

現在，滋味，餘味，既為前人有說而劉勰《文心雕龍》襲引成說發揮之。那麼，情味說又如何呢？

吾人的問題是，情味在《物色》篇的出現句型，如前文所引，是分立的兩句，兩個概念，還是連詞，成為「情味」？惟其不論為何，情味並舉，至少是情義情禮情性與滋味合流而成的綜合義。然則，情味合舉此一概念之提出，縱使不算是劉勰獨有之原創性創見，至少也是整合性創見。而何以這一整合要在物色理論中提出呢？

就《文心雕龍》所本之思想溯源與理論支持點來看。雖然，劉勰在定林寺依僧佑撰集研修佛書之事實，主導了《文心》思想與佛教關係之主要證據。以致諸家論說，輒往就此多所發揮。例如饒宗頤〈劉勰文藝思想與佛教〉乙文即是，認為《文心》的神思說本之於佛教之「神」論，引慧遠〈形神不滅論〉說之，謂劉氏論文之神理說，與佛氏之論，不無息息相關。（收入《文心雕龍研究專號》，頁一七－一九）然而，吾國易傳已發展「妙萬物而為神」之神字概念，何以，姚氏既知而引為輔證，卻不從易理

影響論而硬牽扯佛家？

　　其實，整部《文心雕龍》，真正用佛家語典事典者，像〈論說〉篇偶用「般若」一詞之例，實在不多。反而多的是先秦古籍，特別是〈原道〉篇，開頭即以天玄地黃，天圓地方，以及三才之理，奠立《文心》之基本思想。實即易理易道之張本。

　　因之，新出的學者研究意見，認為《文心》全書的思想實質，是儒家，不可能用佛家思想來指導。僅在個別場合偶用佛家術語。若硬要推其關係，則《文心》全書體系完整，論證精密，當是受到佛典之「啟發」。（《魏晉南北朝文學批評史》，頁三二五）

　　現在，吾人順這個易理易道影響論的講法，放到《文心》物色理論中看，找到物色理論把情味結合起來的作法，應該也是劉勰裁取其前代思想潮流與理論成說的慣常作法之又一例。只是這個取法的對象，是那一代？又是那一代的那一本書的思想？

　　對此一問題之解決，吾人先得讀懂〈物色〉篇有一段批評「近代以來，文貴形似，窺情風景之上，鑽貌草木之中。吟詠所發，志惟深遠，體物為妙，功在密附」的近代是指劉宋以後。而對近代的這種文風之不滿，向來是劉勰與昭明太子編集《文選》極為對立的兩個觀點。日人清水凱夫早有說之。（《六朝文學論文集》，頁一二五）所以，近代無「情味」的作品，是在風景寫物之作品中只表現形似與深志的一面，並沒有「思想」上之餘味可尋。因之，好作品要不止有「言志」，還要有「情味」。

　　若照劉勰的批評，則近代所缺的情味，自然是在經過前代與近代的比較，辯證思考後，所提出的修正意見，而此意見當要在「近代」以前找到理論或成說的依據。這樣，就算不是創見，至

少也是整合。

本文基於前述的推理，提出魏初成書的劉邵《人物志》，對於才性體味的說法，以資物色理論中情味並舉的探源依據。

《人物志》乙書在哲學上的理解，被看作是從魏初才性名理與魏末玄學名理的歷變階段。此一時期，正是鍾嶸所謂「建安」風力的時代，也為劉勰《文心雕龍》所看重的文學高成就的一代。因為到了魏末，正始明道，摻雜仙心的詩風，已為劉勰與鍾嶸所不取。鍾嶸對此期以後的詩風之評語是「建安風力盡矣」，而《文心雕龍》分別在〈時序〉〈明詩〉〈才略〉等篇於建安學各有專評，所用的批評辭彙，諸如「劉楨情高以會采」「慷慨任氣」「驅辭逐貌」「體貌英逸」「志深筆長」「雅好慷慨」等，與《人物論》首篇〈九徵〉所提九種描述個人主體的品性情味之不同，概念極類似。

因為既然《文心》於正始以後，及至「近代」以來的文學貶多於褒，五人可推溯其於理論支持點必不落於此，而極可能上達魏以前，至漢，至先秦。此所以《文心》於風騷特別推崇備至之理由。

今則推溯《文心》常用之品評文學用語有極多用例是來自漢魏之諸子論述。漢代班固《白虎通》之言情性，與魏初劉邵《人物志》之言才性情味，當為明顯可據之影響論。

試觀《人物志》有〈體別〉之說，分論情性不同風格之得失，頗與〈體性〉篇較論文品八類之作法相似。而體別說結論中強調「學所以成材，恕所以推情，偏材之性不可移轉矣」，固然是魏代才性論的普遍共識。（如曹丕《典論》說氣之清濁在父兄與子弟之間不能相移）而體別將材與情結合之論，特別與〈體

性〉篇把情性陶染不同,所形成之八體分別說法有類同之思考取向。

又如《人物論》有〈八觀〉,以為觀人才性之法,頗與《文心》〈知音〉所標閱文情之六觀法相侔。觀才性與觀文章之道,當為古代文論由人物品鑒轉化文學品評的一時代之思潮共相,不必一定如饒宗頤氏之說,必援引印度邏輯因明學為之影響因由。(《文心雕龍研究專號》,頁一八)

《人物志》首篇〈九徵〉開宗明義先言人物之本出於情性。劉昺的注又說性質稟之自然,而情變由於染習。這個情性先後論,很有二元分法之意,也類似《文心》處處把體性、體勢做二分說之例。所以,情變與文變都出於外來干涉。《文心雕龍‧時序》說:文變染乎世情,興廢繫乎時序。這個文變說與情變說真有點「理同」。

接著,〈九徵〉篇講情性於人之變,可塑而有九類,其中先標「中和」之情性為準的,描述中和之質則是「平淡無味」。說中和情性而以平淡無味形容之,顯見「情味」合詞之可能。當然,此句所講之味,是五味中的甘味,可以容受諸味調合之功。劉昺的注,清楚說明:惟淡也,故五味得和焉。

講完九情性之分後,次講五體五物五質等五行相配如何發展情性之因,〈九徵〉提出小結論,認為:雖體變無窮,猶依乎五質。(《人物志》,卷上頁二)再一次用本體變體之二分法,情變文變體變皆類似詞構型式。如何觀察五質所表現的具體特徵呢?〈九徵〉云:

> 故其剛柔明暢,貞固之徵,著乎形容,見乎聲色,發乎情味,各如其象。(同前)

這段話揭示觀察情性材質之方法，把聲色、情味並舉，是首次出現情味乙詞之文獻。而情味又與聲色同觀，可推知《文心雕龍》要在物色理論中提出物色與情味並重的用心了。惟可爭議者，是做為子學性質的《人物志》所提情味之詞，相較於文學專業化性質的《文心雕龍》言情味，如不可一概而論，至少當視為承襲影響，因而轉化，引伸，借用的理論作法之一種，是子學沾溉文學之又一例。[16]

〈九徵〉篇此下盡述情、貌、色、形、神、味等諸性情要素在於人之主客體循環，觀其結果與特徵，而最終歸之「澹味」，所以說：五常既備，包以澹味。而五常與五質五精五暉相承，是漢代思想五行論的繼續延伸發揮。由此而陶鑠出的性情九徵，分別是：

> 性之所盡，九質之徵也，然則平陂之質在於神，明暗之實在於精，勇怯之勢在於筋，彊弱之植在於骨，躁靜之決在於氣，慘懌之情在於色，衰正之形在於儀，態度之動在於容，緩急之狀在於言。其為人也，質素平澹，中叡外朗，筋勁植固，聲清色懌，儀正容直，則九徵皆至，則純粹之德也。（同前，卷上，頁三－四）

這裡，列舉筋、骨、氣、色、精、神、儀、容、言等九種徵象，做為觀人性情之方。是情性具體化後可資品鑒的依據。假使說，思想家如牟宗三把它定位在從美學的觀點對於人之才性或情性的種種姿態做品鑒的論述，且是美學的途徑。（《才性與玄理》，頁四六）那麼，對近代以來的文風不滿而可能上溯前代的《文心雕龍》，在全書思路架構上，從前代的流行思潮取資汲泉，乃是極可能之事。

　　即就今見《文心》全書在詞例、用語與概念淵源諸方面之檢
證，如前文所揭例，當有可說處。只因《文心》要以論文之心為
側重，所以，在《人物志》言體格，在《文心雕龍》乃不得不改
曰體性。而義理上的人格之具體才質才性即決定人之「體性」不
同。牟宗三疏解體格，援用體性乙詞類比之，已有意將子學之美
理延引至文學之言體性，因之牟先生以為體性之具體的說，不是
通常所謂本體的體性，實在即指體裁，體段，性格，格調之意，
乃在明每人之殊性。簡言之，牟先生以為《人物志》講的體別即
每人之體性各別之意。（同前，頁五六－五七）茲者，吾人雖不
可能斷言《文心》之體性意出於劉勰撰作之始仿自體別，但就後
代讀者的「詮釋理解」之立場言，撮合二者之始末關係，當是
「理路」上可檢證之作法。

七、物色理論應用例證

　　以上說情味乙詞之始源畢。可知情味確為《文心》之創見。[17]
　　吾人所餘之問題，主要在於物色理論之情味，如何落實於具
體評解，倘因此而可能，亦可就此可能，反過來對情味幫助理
解，其於情味概念，將可得一理論與實踐之通解。然而，《文
心》之成書，意在通論，並不專作具體摘句詮評之事。因之，物
色理論的情味說，僅得二例為證，此即〈物色〉篇所舉《詩經》
與《離騷》的標準句，劉勰云：詩騷所標，並據要害，故後進銳
筆，怯於爭鋒。其意以為詩騷之筆法，已佔據物色手法之主要重
點，後代文人，縱思銳進，恐亦自怯於不敢與詩騷爭較短長。
　　然則詩騷所用物色手法之具體又為何？《文心》〈物色〉篇

並無細論，唯在〈物色〉篇先略舉《詩經》之標準句子分別是：

1. 桃之夭夭，灼灼其華。（《毛詩‧周南‧桃夭》）

2. 昔我往矣，楊柳依依。（《毛詩‧小雅‧采薇》）

3. 其雨其雨，杲杲日出。（《毛詩‧衛風‧伯兮》）

4. 雨雪瀌瀌。（《毛詩‧小雅‧角弓》）

5. 黃鳥于飛，集於灌木，其鳴喈喈。（《毛詩‧周南‧葛覃》）

6. 喓喓草蟲，趯趯阜螽。（《毛詩‧召南‧草蟲》）

7. 謂予不信，有如皦日。（《毛詩‧王風‧大車》）

8. ‧彼小星，惟參與昴。（《毛詩‧召南‧小星》）

9. 參差荇菜，左右流之。（《毛詩‧周南‧關雎》）

10. 桑之未落，其葉沃若。（《毛詩‧衛風‧氓》）

以上是劉勰自《詩經》摘出的十個物色理論之標準句，其評價相當高，說凡此諸句並以少總多，情貌無遺。成功地把形，聲，色與情感融通起來，雖歷經千載，也無人能易奪。茲細審此十句標準句，其可見之特色，可分三組：

　　其一：有連綿疊字之詞例，如夭夭、依依、杲杲。句一至句六屬此類。

　　其二：用一個字即能說明形容，屬「一言窮理」的修辭，句七、句八是此類。

　　其三：用雙聲或疊韻的連綿字如沃若、參差。句九、句十是此類。即《文心》所謂的「兩字窮形」。

　　現在，吾人根據此三組特徵持以檢證二十三首遊覽詩之統計表中，標示有情或味的八首詩。再對參選詩評點中請人之解讀點評結果有情味之句者，互較異同，多有可論。

　　八首有情味中的第一首，即謝靈運〈晚出西射堂〉，寫步出城西掖門，遙望遠觀所見之景象，其詩如下：

　　　　步出西城門。遙望城西岑。連鄣疊巇崿。青翠杳深沈。曉霜楓葉丹。夕曛嵐氣陰。節往戚不淺。感來念已深。羈雌戀舊侶。迷鳥懷故林。含情尚勞愛。如何離賞心。撫鏡華緇鬢。攬帶緩促衿。安排徒空言。幽獨賴鳴琴。

就言志而言，此詩用了「安排」一句，出典《莊子‧大宗師》云：安排而去化，乃入于寥天一。據此而判讀為有玄學之想。然而，全詩本旨並不在宗法安排之理。「安排徒空言」，是反對否定大化安排，所以，今人顧紹柏的解讀是說謝靈運於此對莊子的說法信而又疑的矛盾心理。謝詩以下乃謂借撫琴來排遣孤獨苦悶之情。（《謝靈運集校注》，頁五四）若然，則所謂此詩之言志，不在安排任化之志，那又在那裡呢？于光華摘錄評語云：謝詩工於寫物，兼多理致。（《評注昭明文選》，頁四一七）是說謝詩在風景寫物之中，很能表現物中之「理」。這與物色理論之標準句第二與第三組，「一言窮理」、「兩字窮形」的特徵相符。所以，就算此首不在言志上有玄學之想，但在窮理與窮形兩方面卻有可讀處。這正是孤悶之情出而取代言志的標準物色詩。可見，劉勰物色理論特標情味，持以與言志玄理並重，頗能用來描述選詩遊覽一類的物色手法。

　　再看此詩的用詞造句，有巇崿，深沈，「曉霜楓葉丹，夕曛嵐氣陰」，頗類第一組特徵，用顏色字貼切地寫出景物之理。又第十句「含情尚勞愛，如何離賞心」扣「情」字。直述此詩在感物抒情，乃非藉物吟志。至此，乃可說此詩「體物為妙」，而妙處正在窺情風景之上。

　　至於情字之外，有何餘味意味？於判讀有困難。必欲強說
之，則此詩之味，即此「含情」一句之情味有餘不盡。正如方回
的評點，說：靈運多有此句法，感物而必及于情，人理之常也。
（《文選顏鮑謝詩評》，頁五八四）照此解，此詩中之理是人情
之理，此理之味，是情意之味。方回說得好：意深而心惻愴，豈
真恬于道者哉。（同前）據此，判讀此詩無有言志之玄想，當無
不可。由此不即反證凡有情味之物色詩，在「窺情風景」之餘，
「鑽貌草木」之外，不必一定要「言志」，亦可以成就物色佳
篇。

　　八首中的第二首〈登池上樓〉，原詩如下：

　　潛虬媚幽姿。飛鴻響遠音。薄霄愧雲浮。棲川怍淵沈。進
　　德智所拙。退耕力不任。徇祿反窮海。臥痾對空林。傾耳
　　聆波瀾。舉目眺嶇嶔。初景革緒風。新陽改故陰。池塘生
　　春草。園柳變鳴禽。祁祁傷豳歌。萋萋感楚吟。索居易永
　　久。離群難處心。持操豈獨古。無悶徵在今。

這一首用了《老子》《周易》的語典，如進德、無悶。乃判讀為
有「言志」之玄學之想，但又具有情味。於是，言志之中，可兼
情味，誠然符合物色理論之作。于光華摘評有云：因時興感，詩
人之遺則也。此詩前境後情，正得此意。（《評注昭明文選》，
頁四一七）所謂前境，是詩中幾句寫景之境，所謂後情，是進退
兩難之矛盾，再加上病後登樓，觸景生情，據顧紹柏注云即思鄉
思親。（《謝靈運校注》，頁六四）

　　又此詩於句法，有祁祁句，萋萋句，是物色標準句第一組之
特徵。總此檢證，此詩合於物色手法，而情味兼有言志，稍與前
詩不同。只是味字仍作情字意涵之餘味解。此餘味當即紀事寫景

中兼寓矛盾之情。今人孫明的鑑賞謂：這裡有孤芳自賞的情調，政治失意的牢騷，進退不得的苦悶，歸隱的志趣……。說得正是，可助一解。（《漢魏六朝詩鑑賞辭典》，頁六三九）

八首中的第三首〈遊南亭〉，原詩如下：

> 時竟夕澄霽。雲歸日西馳。密林含餘清。遠峰隱半規。久痗昏墊苦，旅館眺郊歧。澤蘭漸被逕。芙蓉始發池。未厭青春好。已睹朱明移。戚戚感物歎。星星白髮垂。藥餌情所止。衰疾忽在斯。逝將候秋水。息景偃舊崖。我志誰與亮。賞心惟良知。

此詩首二句，由時竟知澄霽，雲歸知日西，類「一言窮理」，其餘寫景句多，「戚戚」、「星星」亦屬標準句。

八首中的第四首〈於南山往北山經湖中瞻眺〉原詩：

> 朝旦發陽崖。景落憩陰峰。舍舟眺迴渚。停策倚茂松。側逕既窈窕。環洲亦玲瓏。俛視喬木杪。仰聆大壑·。石橫水分流，林密蹊絕縱。解作竟何感。升長皆丰容。初篁苞綠籜。新蒲含紫茸。海鷗戲春岸。天雞弄和風。撫化心無厭。覽物眷彌重。不惜去人遠。但恨莫與同。孤遊非情歎。賞廢理誰通。

此詩直引《周易》〈解〉〈升〉兩卦語典，又有「撫化」之說，乃判讀為有玄學之想。寫景句有窈窕、玲瓏，又海鷗天雞乙聯，也有窮形窮理之妙，皆合於物色之標準句特徵。何義門於俛仰四句，下批語云：可悟畫理。（《義門讀書記》，頁八九八）可見此詩於「形貌」之鑽研。

若問情味，緣於此詩主旨寫南山石門新居，石橫水分，林密絕蹤，山水之美，盡在眼前，此「色」之所見。而天雞和風，海

鷗春岸，與草木百果因雷雨春動而繁生，則是「物」之一片生機。靈運於此感物，所生之情，是一種孤遊賞廢之嘆息。（《謝靈運集校注》，頁一一九）這一層次之「情」，扣住「撫化心無厭，覽物眷彌重」句中之眷字，可知是感動萬物化生之情。而此理於物色中得之，可惜，亦僅孤遊得賞，不免獨樂之嘆，然而是理又有誰能通解之。此又一層次之「情」意。[18] 兼此兩情，可判此詩不在言志，乃在感物之情，因藉風景物色抒發之。然則所謂情味，當指此兩層次多情之味。

　　八首中的第五首〈從斤竹澗越嶺溪行〉原詩如下：

> 猨鳴誠知曙。谷幽光未顯。巖下雲方合。花上露猶泫。逶迤傍隈隩。苕遞陟陘峴。過澗既屬急。登棧亦陵緬。川渚屢逕復。乘流翫迴轉。蘋萍泛沈深。菰蒲冒清淺。企石挹飛泉。攀林摘葉卷。想見山阿人。薜蘿若在眼。握蘭勤徒結。折麻心莫展。情用賞爲美。事昧竟誰辨。觀此遺物慮。一悟得所遣。

此詩逶迤、隈隩、迢遞，皆標準物色句。此下細述溪行所見，帶轉出山中周匝景致。於是感物言情，所言之情即賞心悅目之情景，因此而爲用賞，自己獨悟是理，誰人能來分辨。最後，由情之感發，乃得觀物之悟解，詩末遂用《莊子・齊物論》郭象注一遣是非，遣之又遣的典故。言下之意，是胸中別有鬱情難申，而一時不得解，乃藉山林物色之賞用而遺去世俗物慮。就此一層次看，此詩於賞情之外，別有傷悲之情。所以，劉履補注選詩此首附會是指盧陵王劉義真冤亡，引起靈運之傷好友。清人梁章鉅駁之，認爲無此事。（《文選旁證》，卷二十一頁六）總之，在「事昧竟誰辨」一句中必有可疑處。事昧是好友之冤不得雪白之

昧，還是賞心山林物色，感悟一遣是非，於此事理，誰人通解，竟隨之暗昧不得宣傳，此事昧之又一別解。若然，則靈運此詩所感悟之情，實具雙重渲洩。難怪于光華摘錄孫月峰的評語說是：句句響俊。（《評注昭明文選》，頁四二一）

八首中的第六首是鮑明遠〈行藥至城東橋〉，原詩如下：

> 雞鳴關吏起。伐鼓早通晨。嚴車臨迥陌。延瞰歷城闉。蔓草緣高隅。脩楊夾廣津。迅風首日發。平路塞飛塵。擾擾遊宦子。營營市井人。懷金近從利。撫劍遠辭親。爭先萬里塗。各事百年身。開芳及稚節。含采各驚春。尊賢永昭灼。孤賤長隱淪。容華坐消歇。端爲誰苦辛。

此詩寫服藥後，慢行至城東橋，觀賞城外風景，所見蔓草修楊，所感迅風，所踏飛塵，因感自己遊宦之人，與市井人之逐功名利祿，各爭萬里之塗，皆為百年之計。然而己猶悲者，是開春見萬物稚嫩方生，而竟孤賤如此，長時隱淪，以下結出本意，引生一番感物傷春之情。孫月峰批云：寫景未為工，以下狀情處好。（同前，頁四二三）一語指出此詩在言情之好。可知此詩不在言志，乃在言情。

再者，此詩判讀為有物色而無模山範水，是因行藥僅及城東，說寫景之句只有蔓草以下四句，雅不見山水描寫。在遊覽詩二十三首中，類此之例僅得五首。（詳統計表）[19]

八首中的第七首是江文通〈從冠軍建平王登廬山香鑪峰〉，原詩如下：

> 廣成愛神鼎。淮南好丹經。此山具鸞鶴。往來盡仙靈。瑤草正翕蒞。玉樹信蔥青。絳氣下縈薄。白雲上杳冥。中坐瞰蜿虹。俛伏視流星。不尋遐怪極。則知耳目驚。日落長

沙渚。曾陰萬里生。藉蘭素多意。臨風默含情。方學松柏
隱。羞逐市井名。幸承光誦末。伏思託後旌。

此詩偏引道教仙人典故，最後歸結出松柏隱士之意，所以兼有道
教與玄學之想。而據何義門批語云：極體物之奇。（《義門讀書
記》，頁八九九）知此詩亦寫物色，其中青氣白雲，翕葩蔥青，
寫顏色。日落層陰乙聯則窮形窮理，凡物色標準句有者兼有。再
加上雙重言志，言志之餘，又有默含情，素多意之句。言志言情
兼備。真是一首標準的物色詩。

八首中的最後一首是沈休文〈遊沈道士館〉，原詩云：

秦皇御宇宙。漢帝恢武功。懽娛人事盡。情性猶未充。銳
意三山上。託慕九霄中。既表祈年觀。復立望仙宮。寧爲
心好道，直由意無窮。日余知止足。是願不須豐。遇可淹
留處。便欲息微躬。山嶂遠重疊。竹樹近蒙籠。開衿濯寒
水。解帶臨清風。所累非外物。爲念在玄空。朋來握石
髓。賓至賀輕鴻。都令人逕絕。唯使雲路通。一舉陵倒
景。無事適華嵩。寄言賞心客。歲暮爾來同。

與前首一段，此詩兼用《莊子》語典與道教仙想事典。於遊覽沈
道士館所見物色景致相當貼切。何義門認爲此篇是沈約五言壓卷
之作。（同前）而「懽娛人事盡，情性猶未充」兩句，直揭情性
乙詞，即才性品鑒所指的體、性、情、味之意涵。情味一概念，
亦有部份自性情情性之說而來，已見前文所論，因之判讀此詩爲
有「情」。

八、結　論

經過以上之精密閱讀，探討八首有情味的遊覽詩，吾人得知凡有情味者，例可與「言志」並行。因之所謂物色理論，應是言志與情味並重。劉勰於〈物色〉篇「近代以來」云云的一段批評，非謂物色不可言志，乃謂物色不能僅止於言志，尤須兼顧情味。

而劉勰所謂的情味，自明清評點家之批語中，可知凡讀成有「情」之詩，確實符合〈物色〉篇所舉之標準句特徵。可證物色理論與實際批評綰合，理論能見諸於實踐。

唯情味在〈物色〉篇分置於兩句，不免有單字或連詞之疑。今自八首批語之討論，得知評點家能判讀情，卻罕及「味」。然而所謂「情」，大都表現矛盾、複雜，近於多元意義的情，而多非單指一種情。由此現象，可證所謂情味之味字，不能析離情字而單言。味字須扣緊情字，作多情餘味之味解。若然，品味，滋味等味字意，當非情味之味。然則劉勰提舉情味，自不能不有所轉化前此品味滋味等先解，而於情味之概念，自影響理論看，亦不能逃脫漢魏品鑑才性之思潮。遂統攝諸多概念而成為情味乙詞之提出。就此點而言，劉勰之物色理論，表識情味，當為古代文論之一創見。

附註：

1　謝靈運這首〈登池上樓〉，根據清人批點意見，云：因時興感，詩人之遺則。此詩前境後情，正得此意。可知，在物色中有「情」，

又據詩中名句「池塘生春草，園柳變鳴禽」，知物色中有「情味」兼具之佳句。所以，何義門批語云：驚心節物，乃爾清綺……故千載常新。（以上批語分見《評註昭明文選》，頁 417）。案：此詩應是最符物色理論標準的遊覽詩。除了佳句如前揭，尚有情味，又有言志，據「無悶徵在今」無悶出典在《易‧遯》，斷為玄學之想。

2　此詩末二句云「惜無同懷客，共登青雲梯」，此雲梯一詞，五臣注良曰謂仙者因雲而升。善注亦引郭璞遊仙詩為出典，知雲梯為道教之詞。惟此詩別有安時處順之詞，典出《莊子》，當為玄學之思，據此，詩中之「志」，兼有道教與玄想。

3　據此詩末二句「孤遊非情嘆，賞廢理誰通」，于光華評註云：言己孤遊，非情所嘆，而賞心若廢，茲理誰通乎。（《評註昭明文選》，頁 420）可知此詩於物色中，頗抒情嘆，非僅止於慕山效水之想，於是判讀為有「情」。

4　據于光華評注於「握蘭心徒結，折麻心莫展」句旁夾批云：言情。（《評注昭明文選》，頁 421）又據詩句有「情用賞為美，事昧竟誰辨」，明揭「情」字。於是判讀此詩有「情」。

5　據詩句有「蓄軫豈明懟，善遊皆聖仙」，判讀有道教之想，又據「開冬眷徂物，殘悴盈化先」，判讀有玄學之想。

6　據詩句語典有「神御」「天儀」「彤雲」「祥飆」「人靈」「鱗翰」等，近似道教觀念，判讀為有道教之想。

7　據于光華評注引述孫曰：寫景未為工，以下狀情處好。（《評注昭明文選》，頁 423）案：指擾擾遊宦子以下六句，慨述世人擾擾，皆為利名之爭，乃嘆隱淪消歇，為誰苦辛。據此判讀為有「情」。

8　此詩多有道教出典，若廣成子，丹經、鸞鶴、仙靈、瑤草、玉樹、

松柏隱等。惟並無明顯之玄學出典，是遊覽詩類中少數僅有通篇道教之單一「言志」，甚可注意。又據詩句「藉蘭素多意，臨風默含情」，判讀為有「情」。

9　據此詩首句「靈山紀地德」，地德為坤卦之衍義，判為有玄學之想。又據詩中有三山，九嶷，五藥，三芝，皆道教語，判為有道教之想。而詩中別有「八解鳴澗流，四禪隱巖曲」兩句釋典，知此詩為遊覽類唯一言志有釋家之想者。

10　此詩出典大都道家之言，如：三山、九霄、祈年觀、望仙宮、石髓、輕鴻等。惟其中兩句云：所累非外物，為念在元空。元字，據奎章閣本作玄，五臣注翰曰：玄空，道也。善注引《廣雅》曰：玄，道也，道體無形故曰空。（《奎章閣本文選》上冊，新編頁539 上欄）知所謂玄空即道，本詩當判讀為有道家之想，而不將空字作釋家解。又據「懽娛人事盡，情性猶未充」句之情性，判為有「情」。

11　洪興祖所引《文選》云，不見於今本《文選》，當別有其書。案今見宋版各本《文選》於《九章》僅選〈涉江〉乙篇，未選〈惜誦〉。（參《楚辭補注》，頁 202-203）

12　摯虞《文章流別論》這一段是這麼說的：古詩之賦，以情義為主，以事類為佐。情義為主，則言省而文有例矣，……麗靡過美，則與情相悖。據此情字，宜作情實解，今人屈興國等人的選注，即注謂：與實情違背。（《古典詩論集要》，頁 20）可知，情字於情愫情思之含意外，亦兼情實意。今案：《文心雕龍》〈徵聖〉篇云：情欲信，辭欲巧……情信而辭巧，乃含章之玉牒，秉文之金科矣。又〈章表〉篇云：表體多包，情偽屢遷。凡此兩處之情字皆有情實解，可知劉勰《文心雕龍》之情字，兼含緣情與情義情性之

「情」。本論文亦取其義。

13　《左傳・昭公九年》云：味以行氣，氣以實志，志以定言，言以出令。孔穎達注云：調合飲食之味以養人，所以行人氣也，氣得和順，所以充人志也。志意充滿，慮之於心，所以定言語也。詳審言語，宣之於口，所以出號令也。案：此論由飲食之味而影響及於言語號令，頗與《易・頤》自求口實的觀念相通。孔注直謂飲食之味決定人氣更決定言語，是採直接關係論。〈頤〉卦則謂觀其自養，即自求口實。是說用什麼滋味為飲食，類比用什麼言語表達即可測知彼人平常如何修養。所以〈頤〉卦象傳說：君子以慎言語，節飲食。《左傳》用關係論，《周易》用比擬論，是二者之稍別。

14　餘味一句作餘字，黃叔琳本如此，（《文心雕龍注》卷一，頁14），敦煌寫本亦無異字。（《敦煌遺書文心雕龍殘卷集校》，頁10）因之，周振甫的白譯即謂「無窮意味」（《文心雕龍今譯》，頁29）至於陸機《文賦》原典作「大羹之遺味」，遺字，據徐復觀引《樂記》疏作「有遺餘之味」案：遺餘連詞複義，可知遺味亦同餘味。李善注云：闕其餘味，可證。楊校牧釋亦主之，謂大羹須有餘味。（《陸機文賦校釋》，頁88）又《文心雕龍・隱秀》云：深文隱蔚，餘味曲包。黃叔琳本亦作餘味，惟餘味若作遺味解，則又有「言外之意味」，當並取。宋以後詩話言味多有此解。

15　另參王叔岷的校釋，別引《管子》有「聖人齊滋味」之語。當即《左傳》與《周易》等先秦古籍中慣有的飲食五味之本義，非文學批評概念之「味」，故不引論。（《鍾嶸詩品箋證稿》，頁71）

16　情味二子分立的兩概念，頗見之於先秦兩漢古籍，但由子學所講的情味，與文學專精化後講的情味，自當判其異同，與延伸意涵。情味與情志情文皆是此。情志，由情與志之兩概念合而為一。情文，

由《荀子‧禮論》講的「故至備，情文俱盡」的禮情之文義轉而為
《文心雕龍》與《世說新語‧文學》篇講的「情文」（文學篇謂文
生於情，情生於文）。而情味一詞，也是由情與味兩字合稱而來，
首見於《文心雕龍‧物色》篇。至少，今見《辭海》不列情味乙
詞，《文選》全書不見情味詞句。（參《文選索引》）《世說新
語》全書也闕情味詞例。（據《世說新語辭典》，張永言 1992，張
萬起 1993），而「情貌」「情志」「情性」「情實」等頗常見，分
列於六朝之書。此一文獻資料事實略可輔證《文心》將「情」
「味」並舉為六朝文論家之特例，至少，吾人僅在《人物志》乙書
找到情味體性四字兼提之證。《中文大辭典》首列有情味乙詞，注
出典《人物志》，引文為釋，然亦未及《文心雕龍》。根據影響論
研究來看，《文心》承襲魏晉人物品鑑之法，應用到詩文賞評，應
可確立。再查先秦古籍，情偽，情信，分見於《禮記‧表記》與
《周易‧繫辭傳》，然亦無情味之詞。（據《十三經注疏經文索
引》），先秦子書所言情字，多做情實情志解，不及情味。（據
《經籍纂詁》）

17 情味二字可作連詞，尚可從〈情采〉篇得到旁證，〈情采〉云：繁
采寡情，味之必厭。此情字即作情味解。此後文論家提情味者，皆
在《文心》之後。如施補華《峴傭說詩》論琵琶記說有情味，王國
維《人間詞話》論朱彊村詞較吳夢窗有情味，張戒《歲寒堂詩話》
論荊軻詞風蕭蕭兮易水寒之好特在一時情味。情味乙詞遂廣為引
用。別有說味字者，如：韻味、氣味、滋味、真味、意味、興味、
趣味、風味、神味、至味、味外味等。然究竟與情味不同。因之提
情味做為物色理論之重心，確為《文心雕龍》之特殊處。

18 孤遊情嘆，賞廢理通二句，善注云：言己孤遊，非情所嘆，而賞心

若廢，茲理誰為通乎。不甚得解。（據《文選》奎章閣本，新編頁531）而五臣注濟曰云：言非我情獨為嘆息，且賞此廢此，是理誰能通矣。（據《文選》五臣注陳八郎本，卷十一頁17）亦不能明。今人有白譯云：獨遊違我真情而慨嘆，賞樂廢止玄理誰能通。（《昭明文選譯注》三冊，頁266）情字解作真情雖可，終嫌少一意。又一白譯云：孤單地出遊並非內心真正的歡暢，在愉快中若廢除天地之理，又誰能通解萬物之理。（《昭明文選新解》冊三，頁53）兩言其理，而闕萬化之說。

19　此詩題目行藥乙詞，清人許巽行逕改作行樂，並批五臣注云：因疾服藥，行而宣道之，感遊宦之子而作。謂五臣此注庸陋可笑如此。（《文選筆記》卷四，頁25）今案：許說非，據明州本文選，陳八郎本五臣注，均作行藥，知五臣與善注本不同。而行藥有詞，黃季剛云：行藥者，服散後行遊以宣之也。（《文選黃氏學》，頁114）知行藥之功在宣行藥氣，此於歧黃之學多曉其理。

應用《文心雕龍》總術理論分析馬一浮的詩及詩論

　　馬一浮（1883-1967）。本名馬浮，又名福田。號湛翁，晚號
蠲戲老人，祖籍浙江紹興。早歲潛心古學，遂志經史，光緒二十
九年（1898）戊戌應縣試，名列榜首，是年同考者有周樹人昆仲
及塾師鄭垵，師生同入榜，鄉人傳為美談。此舊學功力基礎，奠
定馬氏詩作學識豐富之風格。其後西遊美國，留學日本，盡覽西
洋先進文化之貌，浸淫於西文思想之作，嘗自譯《哲學史》、
《政治罪惡論》等，並有思想論著《中國之新民約論》。此西學
之經驗，開啟馬氏詩風「不薄古人愛今人」之變創，鑄造新詞
彙、新事物。

　　抗戰期間，馬氏避居四川成都，奉當局之囑意，主持樂山復
性書院，開講易經、四書及佛學。規撫古人書院遺風，裁成人才
極眾，影響深遠。並常與名人、碩儒交遊問學，作詩無數，講稿
亦留下數種，見證馬氏「以理入詩」之學者詩風。新中國成立
後，嘗任浙江文史館長，中央文史館副館長等職。1967 年丁未因
胃出血住院，6 月 2 日病歿於杭州，享年八十五歲。

　　馬氏一生作品，號曰三千首，量極豐碩。生前自己刊定出版
有《蠲戲齋詩前集》、《避寇集》、《蠲戲齋詩編年集》等，皆

抗戰時間至中年作品，然散佚其多。1992年浙江古籍出版社印行
《馬一浮集》三冊，大抵馬氏之作畢集於斯。其後，陸寶千編
《馬一浮先生遺稿續編》，與丁敬涵編《馬一浮先生遺稿三編》
二書出，又輯佚百首，皆未見於前人已刊者，至此馬一浮詩之全
部作品，可曰總集於此。[1]

　　若將馬一浮的詩與詩論互相參照，彼此對應，可印證其人之
詩學與詩作的辨證關係，援用《文心雕龍》的〈總術〉理論解
釋，亦頗為相契。因此，運用《文心雕龍》〈總術〉理論分析馬
一浮的詩與詩論，不但能助解馬一浮的詩作，也可視作《文心雕
龍》〈總術〉篇理論的實際批評，再次見證《文心雕龍》全書理
論與舊體詩學批評分析的高度有效性。

　　〈總術〉篇置文心一書的「文術論」之末，作為「文術」之
總結，可謂居於最重要之地位，劉勰亦頗自負此篇之作，目的是
「列在一篇，備總情變」，可見「總術」此篇是要綜合所有各類
文與筆的體製情貌之變化，歸納出「至極之美」的文是什麼境
界？劉勰〈總術〉云：

　　　　數逢其極，機入其巧，則義味騰躍而生，辭氣叢雜而至。
　　　　視之則錦繪，聽之則絲簧，味之則甘腴，佩之則芬芳。[2]

　　此段〈總術〉原文置於篇末，總結全篇所謂「乘一總萬」之
術，表現最高至極之文，應具備「視、聽、味、嗅」等四種感官
綜合反應之美。易言之，文心全書「文術論」自〈神思〉以下各
篇，專講為文之術，剖情析采，討論文章寫作方式，綜述文學創
作技巧，最後目的，即要寫出像這樣具備視、聽、味、嗅四學之
美的作品，始可謂至美之文。可見此段文字的重要，不僅是〈總
術〉篇的精采結論，更是《文心》全書理論的空前創舉。[3] 如此

重要之理論原典，可惜較少龍學家注意之，亦罕見古代文學者加以深論，更別說援用此理論原典以應用，從事實際批評、進行作品解讀。

今筆者嘗試引據此段〈總術〉精義，析論馬一浮的詩學，發現馬一浮不但在詩論強調類似的觀點，重視詩的色彩，詩心的主宰，其說法類近〈總術〉篇此段要旨。即就作品而言，也同樣處處可見妙句佳篇，字裏行間，表現綜合的視、聽、味、嗅之美。

〈總術〉篇在文心全書理論體系的重要性，不惟過去之龍學家，即使今之現代文論學者，亦較少注意。清季乾隆年間紀昀批點《文心》，首揭本篇有訛誤，語多難解。又謂此篇開端，劉勰大談「文筆」之分，原始以表末，追溯文筆體類的異同，紀昀讀此段，甚有不解，批云：「其言汗漫，未喻其命意之本。」[4] 由此可見〈總術〉篇理論的深奧難解，即連紀昀也有不了解之處。

其後，黃季剛《文心雕龍札記》一書，首次提稱本篇的重要性。黃氏認為：「此篇乃總會神思以至附會之旨，而丁寧鄭重以言之，非別有所謂總數也。」[5] 此說雖已明示〈總術〉是文心全書文術論的總結，頗有畫龍點睛之妙，並點出此篇之重要地位。但黃氏又說非別有所謂總術，則不免一失，未能窺測〈總術〉理論提出四覺之美的創見。及至劉永濟《文心雕龍校釋》一書，始一改紀、黃二家之偏解，給予〈總術〉此篇關鍵理論的地位，並道出〈總術〉一段精彩的理論要處，劉永濟云：

> 術之義既如上述，總之說亦當明辨。舍人論文，以文與心對舉，而側重在心，本篇所謂總者，即以心術總攝文術而言也。夫心識洞理者，取舍從違，咸皆得當，是為通才之鑒；理具於心者，義味辭氣，悉入機巧，是為善弈之文。

然則文體雖眾，文術雖廣，一理足以貫通，故曰「乘一總萬，舉要治繁」也。紀氏既以文章技藝視此字，又於所謂總者，未能致思，故謂辨明疑似一段，與上下文不相屬。[6]

此段疏解，特色在拈出「心術」與總術的關係，以心統領萬術，如此一解，劉氏雖未明言在四覺之外，當再加上一「心覺」，但揣摩其意而引伸之，當隱含此意。據此理解，所謂術，乃不止技藝之事。《說文》：「術，邑中道也。」謂人所由徑之路，引伸而有門法路數之意。《禮記·鄉飲酒義》：『古之學術道者。』注：「術，猶藝也。」此即術字有技藝之意。然則心術無法以形表現，心術之用，唯有體悟與了解之功，故而所謂心術之用，乃指對原理法則與意義內容的把握。[7]凡任何人讀文章，任何人品評鑑賞文學作品，最終之領會即在此。視、聽、味、嗅等等的諸種感覺，綜合交互運用，最後統歸於「心」的領悟，這是由劉永濟的解釋所引發出來的聯想。

再回到〈總術〉的原典：「數逢其極，機入其巧，則義味騰躍而生，辭氣叢雜而至」這一段專就「心術」而論，謂至妙之文，義味必生，藉由辭氣之表現，必收「視、聽、味、嗅」之至美感受。一言以蔽之，義味的「心覺」，要緊密配合視、聽、味、嗅四覺，這就是最極致手法的「斷章」功夫。任何文體作品，無論技巧如何繁富，〈總術〉篇立此標竿，以為評判作品優劣之準的，作品須能綜合視、聽、味、嗅四覺，再與「心覺」為統合，此即總術之要義。

〈總術〉篇揭示的視、聽、味、嗅四覺，真正用到作品的分析，以視、聽二覺較容易，味、嗅二覺則困難較多。如何分析作品中的味、嗅二覺？正考驗龍學家的實際批評的能力。因為，作

品由文字寫成，文字透過閱讀，直接產生形象的觸發，情景交融，如在目前，猶如可視、可聽一般的實境，重現於閱讀想像中，很快的即收「視聽」之功。但是，文字並無氣味，由視聽延伸出的形象也不可能有味道，然而何以〈總術〉篇要說一篇好作品，必須具備「味之則甘腴」，簡言之，不但作品有味道，甚至以此味道可以分別出甘甜。

　　然而，作品中「甘甜之味」如何產生？細究文心〈總術〉篇的味，其實非指真的自然之氣味與口感口味，而是作品中的「義」，即作品中的內容、思想、題材，與技巧的綜合配合，印現在心中，所展現的作品圖示、作品境界，讓讀者產生閱讀綜合反應，感受到一種如飲食氣味一般的甘甜之味，這就是〈總術〉篇味字的本意。順此理解，〈總術〉篇講的味，必須以「心覺」結合，即作品本無味，文外無味，作品之味，特指情味與義味，此二味必歸之於心，在心中發生作用。故而〈總術〉篇言「心總要術」。可見味覺的感受，最終統歸於心。作品中的味，在文心全書中，除了〈總術〉的義味，還有〈物色〉篇的情味。〈物色〉云：

> 是以四序紛回，而入興貴閑；物色雖繁，而析辭尚簡；使味飄飄而輕舉，情曄曄而更新。[8]

　　這裡講到的味，是透過精簡的修辭手法，描寫四時紛迴的景觀之物，動植之色，最終達到作品的極致表現，要使作品具備「情味」，此種情味，有飄飄輕舉之感，有歷歷如繪的清新之美。與「義味騰躍而生」的義味一樣，都是建立在「辭氣」、「析辭」的精緻技巧之完美配合，由〈物色〉與〈總術〉，兩篇講的義味與情味，乃知運用文心雕龍實際分析作品中的「味」，

重點當在分析作品中的情味與意味，以及此二味在閱讀心境中產
生的甘腴之感，據此，試引馬一浮有一首五言律詩〈秋潦〉，即
有意味與情味的表現。詩云：

　　地動知風烈，天陰急暮潮。郊原成蕩瀁，霖雨助漂搖。魑
　　魅逢人喜，黿鼉近岸驕。危樓愁獨倚，落木正蕭蕭。[9]

　　此詩首句以天地之色起筆，先言物色之極寬境，以大映小，
先天地、次郊、次鬼神、次人、次登樓見蕭蕭落木之景，濃縮為
一人獨倚之愴然，最終以細小之人做結，以應對起句天地之寬
大，呈現人與天地自然之化境。層次分明之中，大小顯明之對
比，油然而生。四時形象之色，可聽可視，而最終歸之於一種獨
倚老人登樓遠眺，念天地之悠悠，愴然見落木之蕭蕭而下的心
境，不說老人落淚，而代之以「蕭蕭落木」，視覺、聽覺兩者皆
有，但全首詩的情感，卻在「心」的作用下，愴然而起，情味也
跟著產生，義味則再細細品讀每句話的形象描寫後，亦隨之而
來。乃知地動風烈，必有所隱喻；天陰暮潮，必有所指涉。自然
的變化藉由形象展現，可視可聽，但真正的深刻涵義，只待有
「心」人領會之。頷聯續寫郊外原野之蕩瀁，及霖雨直下，大地
盡漂搖的慘烈，乃知必有某種隱喻在其中。由天地自然之慘烈變
化，言及人事景物隨之而變，再次暗示全詩波瀾浪蕩的形象氣
氛，乃知此形象皆必有所喻。末聯始歸結到老人獨倚樓之主題，
見蕭蕭落木，猶如黯然淚下的空逝之感。全首詩的主題內容至此
有一完結。情韻，意味並至，視、聽、味與心的交融感覺，完全
符合〈總術〉篇的理論要求。

　　馬一浮的詩，理詩之外，別有言情敘志，情景交融之作，必
有「通感」之句。雖未必視、聽、味、嗅、觸五覺必備，至少可

見兩覺相通。今存馬一浮二十歲之作，題曰〈二姐涅盤後三週年紀念〉詩云：

> 一從別後幾滄桑。亡客天涯百感傷。帝國莊嚴成夢影，英雄事業付蜩螗。故山萬里生青草，碧海千年尚夕陽。何日勞生重解脫，只今猶自咽風霜。[10]

此詩頷、頸兩聯，一虛寫、一實寫，生青草與尚夕陽，呈現視覺之對比、呈現動感之對比，末聯以悲生懷苦結意，猶留有餘不盡之味，因此用「咽風霜」以比擬之，咽字感覺用力甚深，配合中間兩聯之滄桑心情，此詩之時序物色主題，湧現如在目前。馬一浮的詩，襲用比興之法，擅長切合身世與家國之情，寓意深遠。早年之作，已預示一生風格。

馬一浮五十歲以後之詩，正當中國八年抗戰之期，此期間所作，無論小言大談，抒懷嘆時，敘景紀遊，必寓黍離之意於字裡行間。馬一浮五十八歲有詩題曰〈聽鸝〉七律一首，詩曰：

> 久客年年白髮生。因人問俗鳥占晴。輕雲挾雨知山態，虛閣來風識水聲。詩味都從兵後減，鄉心長伴月邊明。林花夜落摧春漲，隔樹黃鸝聒旦鳴。[11]

此詩關鍵亦在中間兩聯。一實寫眼前之景，所謂即目即景之態；一虛寫情意，皆來自當下之景，即「情往似贈，興來如答」之情景交融作用。然而，此二聯以「秀句」之勢出現，目的在表現文外重旨之多義性。因此，頸聯扣一活字「詩味」，乃知此味其實非淺，蓋詩味因兵戰之亂而益增別趣，鳥閒鷗趣之味漸淡、烽火家書之情愈深。故而詩人自嘲減，實則不減，何以不減？蓋「詩心」不失也。此詩藉由景象之視覺，鳥鳴之美音，觸白髮，感風水之聲落，連結到輕雲挾雨，林花葉落比喻，意象紛繁而不

雜，一個個意象彷彿跳接式顯現，透過「心」的感悟串聯，變成幾個換喻的並置，重新排列。由心之想像，這些換喻產生了新的意義，任讀者盡情聯想，詩味更豐富多義了。例如「鄉心伴月」、「花落春漲」、「鸛鶂旦鳴」的意象組合，句法本身的相反相成造成的張力效果，讓這幾組換喻有了深層的涵義，表現「隱秀」之美。而這樣的詩味，混合諸種感覺，最終則藉由心加以統合，此即「心總要術」之一例。

〈總術〉篇內容，可引用之做為實際批評的理論，大抵歸之為三：其一，文筆之術要追溯經典本源；其二，要結合精者、匱者、博者、蕪者、辯者、淺者、奧者、詭者等八者分析作品；其三，義味騰躍與辭氣叢雜，造成視、聽、味、嗅、觸（佩之則芬芳）五種綜合反應效果之賞鑑。以上三方面內容，即〈總術〉篇理論可以套用在作品實際批評的分析，這三方面綜合之，以兼包「批評」與「鑑賞」，可為文心全書理論之總評，甚關重要。餘下之問題，即如何運用此三法，將分析作品之過程呈現出來，透過細部解讀，層層剖析，最終印證此三法之結果。蓋〈總術〉篇此三理論，但說結果，未嘗示人以實例分析，故而如何得出此三法之結果，殆即今世治龍學與治古代文論者當務之急。

不惟《文心》全書，即使古代文論名著巨篇，已揭示之文論，妙矣盡矣！無乃皆有一通病，即直說文論歸納結果，鴛鴦繡出，卻從來未肯引例示範，未作分析批評過程，以故往往「金針莫示」，更遑言「度與人」矣！朱立元總結古代文論的特點說：

中國古代文論偏重於直覺、頓悟、和對感性體驗的描述。[12]

這是學界比較一致的看法。朱氏此語，指出古代文論普遍可見的批評方法共相，大體皆「賞鑑」之形式，蓋仿自人物品評的

手法，而所操批評詞彙，與人物品評與文論賞鑑之用語，往往重疊並見，相互旁通。但將品鑑結果說出，未將分析過程盡述。《文心雕龍》全書之批評法，亦不出此。試觀幾例如下：

〈體性〉：是以賈生俊發，故文潔而體清。

〈才略〉：賈誼才穎，陵軼飛兔，議愜而賦清。

〈體性〉：長卿傲誕，故理侈而辭溢。

〈才略〉：相如好書，師範屈宋，洞入夸艷，致名辭宗。然核取精意，理不勝辭，故揚子以為「文麗用寡者長卿」，誠哉是言也！

〈體性〉：子雲沈寂，故志隱而味深。

〈才略〉：子雲屬意，辭義最深，觀其涯度幽遠，搜選詭麗，而竭才以鑽思，故能理贍而辭堅矣。

〈體性〉：仲宣躁銳，故穎出而才果。

〈才略〉：仲宣溢才，捷而能密，文多兼善，辭少瑕累，摘其詩賦，則七子之冠冕乎！

〈體性〉：安仁輕敏，故鋒發而韻流。

〈才略〉：潘岳敏給，辭自和暢，鍾美於〈西征〉，賈餘於哀誄，非自外也。

細讀以上諸例，文心一書所用批評詞彙，皆關乎儒家體性才情特質之描述，有時更兼用比喻法、比較法，藉由形象比喻之品評，表述賞鑑之結果，此結果何以如此？如何得出？則罕見分

析。今再看文心〈詮賦〉篇直接品評作品之法，亦極類似。〈詮賦〉篇云：

> 觀夫荀結隱語，事數自環，宋發夸談，實始淫麗。枚乘〈莬園〉，舉要以會新；相如〈上林〉，繁類以成艷；賈誼〈鵩鳥〉，致辨於情理；子淵〈洞簫〉，窮變於聲貌；孟堅〈兩都〉，明絢以雅瞻；張衡〈二京〉，迅發以宏富；子雲〈甘泉〉，構深瑋之風；延壽〈靈光〉，含飛動之勢。

這一段作品批評，分別品評荀子、宋玉、枚乘、賈誼、司馬相如、王褒、班固、張衡、揚雄、王延壽等十家之賦，悉就作品而論，雖然不涉作家才情體性。可是，細論本段所用批評語詞，諸如情理、聲貌、雅瞻、宏富、深瑋、飛動之勢等等涵義，頗與體性才情之作家評用詞相混，雖然有時或可相通。然而何以區別之？以及何以自此十家作品實例分析得出此結果？皆付闕如。故文心全書理論與古代文論，似共此弊也。

今人胡大雷論述文心批評學，亦有見於此，愷切陳言，指正此弊之失。胡大雷云：

> 從劉勰對作品的批評，對作家的批評所得出的結論來看，確實如此，誰能說對〈上林〉「繁類以成艷」的評價與稱「賈生俊發，故文潔而體清」不是一種「直覺、頓悟和對感性體驗」的描述呢？但對劉勰是如何得出這些結論的進行分析，我們說劉勰也是制定了「三準」、「六觀」、「六義」、「八體」等批評標準對作品進行了詳盡的解析，只不過劉勰並不把這些解析的過程一一敘寫下來，而是直接把結論寫下來，這個結論就是「見異」，僅僅最突

出、最值得稱道的「異」表達出來，讓我們讀者享受著、理解著，但我們卻不能掌握這些結論過程。「見異」的功過即在於此。[13]

　　這段批評，說出文心理論的得失之處，一語道破，頗符實際。同時，提出文心用「見異」的功夫，即經由眾多作品與眾多作家的品評較論，突出個別作家作品的「特異處」，藉以見證作品的高價值，可謂真知睿見。然而，如何見異？文心全書只說「見異」結果，未明「見異」過程，全書充斥如此多見異，結果依舊不能示人以金針。故而今之文論學者，努力攻治龍學之領域，當即在此「見異」分析過程之補述，尋求一種或多種之具體分析方法，將劉勰《文心雕龍》全書理論，做出「圓鑑區域，大判條例」的實際批評。文心〈總術〉篇的創見，即在「圓鑑」與「大判」的理論框架之下，設立具體的作品評斷與分析。

　　可知〈總術〉一篇置於文心全書（文術論）之末篇，乃劉勰寫作文心之刻意安排。劉勰自喜「雖未足觀，亦鄙夫之見也」云云，推其意乃是劉勰頗自得此篇之設。蓋劉勰有見於近代以來的文風，共同缺失在「各競新麗，多欲練辭，莫肯研術」。意謂近代文風大多用心在新奇之體，綺麗之詞，不肯在「辭」以外，照顧總體的「文術」。對此，劉勰清楚明白地將「術」與「辭」分開。然而，劉勰不是說只要「術」而不須研辭，而是鍊術之後還應包括研辭，以及其他更多的「備總情變」之術，至於「備總情變」的術是甚麼？此正是〈總術〉篇末所揭示的「義味」與「辭氣」配合恰當，產生視、聽、味、嗅（觸）的諸種感覺之結合。由「義味」與「辭氣」二詞，可知劉勰將文術論總結之，義味與辭氣二詞類似今人所謂的「形式」與「內容」。任何作品，能夠

做到形式與內容整體技巧之結合，具備「視、聽、味、嗅
（觸）」的美感效應，還有甚麼別的可要求的嗎？文之精慮，至
此可謂極矣！〈總術〉篇居於文術論總結地位，如此重要，可惜
龍學家向來忽視此篇的真正價值，甚至誤解此篇「術」的含義，
更少見應用此篇的實際批評。[14]

其實，〈總術〉篇不只是文心全書文術論的關鍵總結，劉勰
在文心全書的文體論幾篇，自己也常常應用〈總術〉的理論，或
在「選文以定篇」的部分文字敘述中印證作品，或在「敷理以舉
統」的整合文體條例中，暗用總術的概念。應該說，劉勰對品評
作品的最高位階，即以總術為準。直言之，劉勰的文心全書，其
實就是總術觀點；劉勰的文論，就是總術理論。

劉勰在〈史傳〉篇的二段話，頗有助於總術概念的理解。其
中一段談到「史傳」文體的寫作手法有多種，其困難處惟在總會
之功。劉勰云：

> 然紀傳為式，編年綴事，文非泛論，按實而書。歲遠則同
> 異難密，事積則起訖易疏，斯固總會之為難也。或有同歸
> 一事，而數人分功，兩記則失於復重，偏舉則病於不周，
> 此又銓配之未易也。

這一段論史傳文章主要分紀傳與編年，但卻以「實事實書」
為準。因此，如何將歷史上「遠」與「近」諸史事寫的有條有
理、有脈絡，達到「疏密」不偏之功，惟賴「總會」。意指總合
各項敘事手法，類近於「備總情變」的總術之意，可知此篇之
「總會」即文術論之總術。然而，要如何做到史筆之總會呢？實
際做法，又見於〈史傳〉篇的另一段話。劉勰云：

> 至於尋繁領雜之術，務信棄奇之要，明白頭訖之序，品酌

　　事例之條，曉其大綱，則眾理可貫。

　　這一段文字，條縷細述史筆技巧的各個層面，雖然各有其理。但是，所有的理都必須「眾理可貫」。此處之眾理如何貫串起來？亦即總術之功夫。故而，此段分別用「術、要、序、條」等語詞，皆有與「術」字同義。這個「術」的實際作法，就是史筆的繁雜、信奇、頭訖、事例等各項技巧，都要綜合起來，這正是不折不扣的總術功夫。〈史傳〉篇應用總術之例證，即如上述，可以旁通總術篇之講法，頗有助解文心總術理論之功。

　　〈總術〉篇總結「文術論」之各項技巧，用之於作品必求其形式與內容兼備。〈總術〉云：「義味騰躍而生，辭氣叢雜而至」二句即兼攝形式與內容。義味是指作品的內容韻味，辭氣是指作品的文辭骨氣。此二者如何包攝於於一篇作品之中？正是〈總術〉篇要考察的對象。

　　今試根據這種理論，檢讀馬一浮〈人日雜感〉二首，明確可見第一首的「義味」雖有，但過於顯露，因而「辭氣」太弱。太弱的修辭文氣，乃源於其中缺乏視、聽、味、嗅諸覺的表現。反觀第二首，表現以義理為首的玄道意味，但非鄙直如偈語，而是注重視聽修辭，充滿形象隱秀，有言外深意，文氣沈雄開闊，真具有「總術」之功。此兩首詩如下：

　　　　語墮唯餘默，塵勞漸可忘。眾愚貪地味，宇泰發無光。問
　　　　俗思求野，安禪習面牆。樂邦良不遠，世路久迷方。
　　　　詩以感為體，天因氣積成。眾星將恐隕，虛室自生明。野
　　　　闊群龍戰，巢焚百鳥驚。老夫觀象象，宴坐有餘清。[15]

　　細讀第一首，通篇說理，略無形象之語，更不見視、聽、味、嗅之句。惟用「鄙直偈語」之句，化用「大音希聲」、「不

假外求」的道家之學,雖雅有玄味,終覺太露。而第二首盡去此病,雖同似玄理,但以易經通感為端,暗用老子「虛室生白」之說,將易老通合之。但是此詩中的玄學意念並不直說,而用「積氣」、「星隕」做襯。用野闊、龍戰、巢焚、鳥驚等形象,兼攝視聽之感。詩末又歸結到宴坐之間,靜觀有得,而心感與味嗅並生矣!第二首之義味無窮,辭氣亦頗清雅,辭義並氣味緊密配合,頗似〈總術〉篇之要求標準。就此而言,馬一浮的哲理詩之成功處,當歸功於〈總術〉功夫。方東美、徐復觀贊美其詩「淳而雅」、「意味深純」,正是總術的特點。程千帆則說他的詩「理味交融」,用「理味」之詞近乎「義味」之意。[16] 因此,評論家多謂馬一浮詩之成就,在「哲理詩」。意指表現哲理概念之詩。若問此理為何?乃緣於馬一浮精於易經,善用易理,輔以老莊之道,表現十足地玄風,故謂理味交融。馬一浮詩中的理趣,悉來自易理與玄學。這一特色又正好符合〈總術〉理論首先要求作品必須據「經書」為準,做到正而不邪,麗而不豔,情而不奔,此即〈總術〉的「控引情源」之結果。

馬一浮的詩,多言理。不但其自序與詩學已多次表白,自謂作詩以玄義為宗。歷來論者,亦每用此評。錢仲聯編輯《近代詩鈔》收錄馬一浮詩,即謂:「他精通佛理,故詩含哲理,意境超脫,頗似沈增植。但沈奇偉而馬淡雅,則是不同之處。」錢氏此評點出馬一浮詩合哲理,甚是,此即馬一浮喜言「理詩」之由來。[17] 但是馬一浮詩中之理,佛理固在其中,更多的是易理、玄理。綜合之理趣,又以易理及其引伸之玄味為宗。故而馬一浮不惟精於佛理,尤精於易學與三玄。其理詩大多隱含玄趣。馬氏嘗自述平生學思歷程,自六經啟蒙,壯歲尤參玄言。最終之詩學主張,歸

之易理之「神明」。馬氏云：

> 如使文字獨存，不隨劫火俱盡，六合之內，千載之下，容
> 有氣類相感，遙契吾言而能通其志者，求之斯編而已足。
> 庶無間於退邇，可接於神明，雖復毀棄埋灰，靡有孑遺，
> 夫何憾焉。[18]

馬氏此序可謂其一生詩學之自白，即使晚年心境有改，別有詩話之作，旁及其他理論，然要其歸終，都不離此段之自覺。即用「氣類」相推的理念看詩、看人生；用「感通神明」的言志詩學，寫詩刻劃大千世界。此「神明」與「氣類」兩個觀念，悉自易理來。《周易‧繫辭傳》謂易是一種無思無為，寂然不動的存在樣態。只有再感通之時，能做到「感而遂通天下之故」。而這種感通來源，《易繫辭》說「非至神何能臻此乎？」此神即神明感通之易理。馬一浮將感通之易理，應用在詩學理論，自覺性暗示其詩之玄理，來自易學。只是其易理表現在詩中，大多透過隱秀手法與深奧的辭氣，不易辨讀。因此錢氏用「理詩」總括之，而當代學者祖保泉則稱馬一浮的詩「也多注重於詩所顯示的義理」。[19]但是此處所謂的義理實不止限於佛理，而是有「總術」手法的義理。

案《文心雕龍》〈總術〉篇的理論，提出作家不止要練詞，更須研術，即研究如何總文筆之術。〈總術〉篇用八種表現「術」的結果，說明任何作品都難免一偏，各有缺失。但在此偏失中其實也各自成形為某種風格，此即〈總術〉八者之風格。〈總術〉云：

> 精者要約，匱者亦鮮，博者該瞻，蕪者亦繁，辯者昭晰，
> 淺者亦露，奧者複隱，詭者亦曲。

　　這段〈總術〉八者原文，提出八種風格表現，各得其貌，皆具有「義華聲悴」，或「理拙文澤」之得失。意謂作品要看「義」、「聲」、「理」、「文」四項之總合技術。據此而論，馬一浮的詩，表現「理詩」，特點在「理不拙而文澤」，意指馬一浮的理詩，成功處是由詩句的義味與辭氣兩者表現其中玄理，不是直接地說理。

　　〈總術〉篇的理論中心在「術」字。首揭文筆之術，次辨八者（精博辯奧與匱蕪淺詭）之術，三引博塞與善奕之術以助理解，最終則括舉義味騰躍與辭氣叢雜，並細分視聽味嗅（觸）四覺之個別表現。據此而言，〈總術〉分項談術，顯得有些支細瑣碎，其實不然。蓋文心之術，表面分別獨立，但就整篇作品之結果表現，卻要求總合之功夫。然則，〈總術〉篇之術，據何者而能總合之？一言以蔽之，即「心」之術，亦即總術最後歸結到心之運用，藉由「心」以總要術。「心」，即文心之心，即文果有心、即余心有寄之心，亦謂「為文之用心」。心之兩義，一在作者、一在作品。讀者必須通解二心進而總合文術。故〈神思〉篇云「心總要術」，可輔助〈總術〉篇之理解。馬一浮的詩話也一再強調「心」字功夫，以心為通達神明，創作文字之途徑。馬氏云：

> 一切吟詠語言，雖有精粗、美惡、深淺之不同，何莫非詩，不必限於三百篇也。即如孺子「滄浪之歌」，信口而出，聖人聞之，則聲入心通，發為「清斯濯纓，濁斯濯足」之義，豈非詩教？顧滄浪之歌又何嘗在三百篇之內耶？[20]

　　這段話先括舉精粗、美惡、淺深的不同語言之表現，莫不非

詩，而最終以「聲入心通」為總術之體會，頗暗合〈神思〉以心總要術之理論。其中舉精粗、美惡、淺深之術，亦頗類似〈總術〉篇引八者的分析。〈總術〉篇說八者的精者要約，淺者亦露，與馬一浮此段詩提出的精粗淺深相通。如何做到精而不淺，美而不惡？運用之妙惟在一心。馬一浮有一首理詩，用「詩」的形式說詩，頗與詩話強調「心」之詩學相通。馬氏云：

> 自古言皆寄，從心法始生。清涼成月義，普遍與天名。飛動群分命，山川亦有情。林園隨處好，裘葛順時更。[21]

此詩可謂「以詩言詩」之體。雖亦屬理詩，然言理不直說，用「清涼之月」與「普遍之天」，陰陽兼括，乾坤並喻，並收「視聽」之美，義味藉由辭氣隱藏。及至頸聯再用「飛動之勢」與「山川之情」動靜相對，虛實互照。同樣視聽之術，卻要以「心」去想像、感應。末聯則歸結「隨掛」之義，用「天下隨時，隨時之義大矣哉」之易理，總結「心術」之要——詩要隨心隨法，始能成詩。這一境界，又類似於〈隱秀〉篇舉出的「自然會妙」之旨。

馬一浮以「心」為主的詩觀，由以上一則詩話與一首詩顯明地呈現出來。

總結本文以上所論，馬一浮的古典詩所以能成就當代一大名家，必有其成功之理由，論述馬一浮的詩亦可援用古代文論詩論加以證驗。本篇論文引據《文心雕龍》〈總術〉理論，只是很多分析法之一種而已。就〈總術〉理論分析馬一浮的詩，馬一浮的古典詩總體呈現以經書易理為主導的「情志」根源，藉由詩語言多樣化的感覺表現，展現辭氣渾厚，義味豐富，具備視、聽、味、嗅之美，最終又將詩作綜合體勢，歸結於「心」之感通，恰

恰符合〈總術〉理論的極致表現。

附　註

1　關於馬氏生平資料，參錢仲聯編《近代詩抄》冊三、丁敬涵編《馬一浮先生年譜》。

2　語見《文心雕龍‧總術篇》。案：本論文引述《文心雕龍》原典文句，皆據元至正刊本為底本，另參近人校注本有黃季剛：《文心雕龍札記》，楊明照：《文心雕龍校注拾遺補正》，李曰剛：《文心雕龍斠詮》等各家校正原典。

3　由文獻角度看〈總術〉篇揭示的視、聽、嗅、味、觸，加上「心」之六覺，頗與佛家六入六識說相配。〈總術〉篇「視之則錦繪……」一段話，雖未明言嗅覺，但味之甘腴，佩之芬芳已兼有嗅覺作用。佛家講「眼耳鼻舌身意」六入，與「色聲香味觸法」相配，頗類〈總術〉篇此段話之義。差別只在佛家強調法，謂之心法。文心全書則言「術」不言「法」。文心全書之法字用詞，也僅止於「法象莫大乎天地」之法字含意。然則〈總術〉之六覺，來自佛家之六入說乎？待考。案：佛家六入說，導源自十二因緣說，文獻首見於東漢竺大利共康孟詳譯《修行本起經‧出家品》，收入《大正藏》冊三，頁 470，鳩摩羅什譯《坐禪三昧經》，又《放光般若經》直接提到五陰六情，收入《大正藏》冊八，頁 65。有關佛家六入六出的討論，參考黃景進：《意境論的形成》(台北：台灣學生書局，2004 年)，頁 33-49。又案：清初錢謙益《有學集》卷四十八〈香觀說書徐元嘆詩後〉乙文提出的「聲色香味四者，鼻根中可以兼舉，此觀詩之方便法也」之說，即「香觀詩說」，以鼻統之，與〈總術〉篇以「心」統之，又稍有別，不可混同一論。已故錢鍾書

〈通感〉一文，用心理學解釋五覺之相通，較近於〈總術〉之旨。
參錢鍾書：《錢鍾書散文》(杭州：浙江文藝出版社，1997 年)，頁
255。

4　以上兩則紀昀批語，早已為各家注引錄，此處引自黃霖：《文心雕
龍彙評》(上海：上海古籍出版社，2005 年)，頁 143。案：黃霖此
書彙錄明清以後評點文心一書之十餘家批語，堪稱備矣！然於〈總
術〉此篇之批語至少，只有紀昀、黃叔琳、李安民三家。

5　引自黃季剛《文心雕龍札記》(台北：文史哲出版社，1973 年)，頁
201。案：此書近見多種版本。

6　引自劉永濟：《文心雕龍校釋》(台北：華正書局，1981 年)，頁
166。

7　術有「法」的意思，在〈總術〉篇一段原文即有此意。〈總術〉
云：「才之能通，必資曉術，自非圓鑒區域，大判條例，豈能控制
情源，制勝文苑哉。」此段所云「區域、條例」即謂原理法則。因
此，紀昀批云：「大旨主於意在筆先，以法馭題。」所言甚是。紀
評參黃霖《文心雕龍彙評》(上海：上海古籍出版社，2005 年)，頁
143。

8　文心〈總術〉講心統「視聽味嗅」等一切感覺說法，應當上推至老
子思想的「大音希聲」或「大象無形」的概念，其次莊子的「無聽
之以耳，而聽之以心」的心齋功夫。此種理論，突出「心」統諸覺
的作用。由文心揭示心味的理論後，影響下及宋元文論的味詩味
文，凡用「味」字理論，莫不以「心」為統。這與只言「滋味」
「韻味」而不突出「心統」的說法，宜有小別。禪學有「六根互相
為用」之說，錢鍾書提出「通感」理論，可旁證文心的心統味覺
說。《周易‧繫辭傳》云：『易，無思也，無為也，寂然不動，感

而遂通天下之故，非天下之至神，其孰能與於此。』此句「感通」
實為以上諸家之本源，故無論感通或通感，莫不歸之於心神。

9　引自丁敬涵編：《馬一浮先生遺稿三編》(台北：廣文書局，2002
　　年)，，頁 27。

10　此詩作於 1903 年民國之前，馬一浮二十歲。轉引自丁敬涵編：《馬
　　一浮詩話》(上海：學林出版社，1999 年)，頁 90。

11　此詩作於 1941 年，正當抗日戰爭後四年，時局方緊之際，馬一浮
　　五十八歲。同上，頁 102。

12　參見朱立元〈走自己的路〉一文，刊於《文學評論》第三期，2002
　　年。此處轉引自胡大雷：《文心雕龍的批評學》(桂林：廣西師範大
　　學出版社，2004 年)，頁 122。

13　引自胡大雷：《文心雕龍的批評學》（桂林：廣西師範大學出版
　　社，2004 年），頁 122。

14　例如《文心雕龍學縱覽》一書總結二十世紀的龍學研究成果，此書
　　規劃的幾項研究題，未見有「總術」的相關研究。至於文心各篇理
　　論應用，以劉永濟《文心雕龍校釋》一書為最多，可惜，〈總術〉
　　此篇亦未舉作品例證。當代著名學者王運熙〈文心雕龍總術試解〉
　　一文，堪稱首篇細論總術之作，可惜此文誤解「術」字涵義，將之
　　等同於宗經理論。此文收入王運熙：《文心雕龍探索》增訂本（上
　　海：上海古籍出版社，2005 年），頁 143-151。

15　引自《馬一浮先生遺稿續編》頁 74。案：此詩繫年於 1976 年丁未
　　作，今又見《馬一浮詩話》書末附錄「文中提到的馬一浮詩」錄
　　〈人日雪〉一首，繫年於 1964 年作，與此二首不同。

16　以上方、徐、程三家評語，轉引自《馬一浮詩話》頁 167。

17　引自錢仲聯編纂《近代詩抄》冊三（南京：江蘇教育出版社，1986

年），頁 1961。

18　此序首見於馬一浮《蠲戲齋詩編年集》，此馬氏詩集之首刊。今轉
　　引自丁敬涵編注《馬一浮詩話》（上海：學林出版社，1999 年），
　　頁 61。

19　此語出自祖保泉〈讀馬一浮詩話小札〉乙文，收入丁敬涵編注《馬
　　一浮詩話》代序，今轉引自此。

20　同上，頁 4。

21　同上，頁 152。案：此題題曰〈嗇庵以蕪湖暑月郊居雜詠見示，久
　　未屬和。秋夜不寐，雜書所感，因以答之，興寄靡恒，憂樂紛糅，
　　亦不復詮次，以存一時之思〉，此詩 1937 年以前之作。

應用《文心雕龍》理論分析林亨泰詩論

一、前言：會通合數二說

　　林亨泰詩論，綜合中西，兼參古今，最終提出一家之見。其立論過程，顯明呈現「修正」之路，有所取有所不取。關於此點，就目前可見之詩論文獻而言，可舉林亨泰的「主知詩論」對治現代主義，與「民族文學」抗衡「民族主義文學」此二論為典例。

　　主知與民族文學的提法，立論重點，某些承襲現代主義的反抒情（或濫情）傾向，但極力防避主知太過導致的「理詩」，力避鄙直無文之弊。同理，民族文學，是包容、寬闊，結合土地、民族、與文化傳統的一種文學，與民族主義的激進、極端，與排除異己之基調，大大不同。對此二論之建構，林亨泰在理論與作品的實際印證，都有要言不煩的解說，絕非空口立論。試引幾則原文略觀之。林氏云：

> 然而，「中國現代派」的目的並不限於此，而它的最大的
> 抱負，乃是在於復興古中國文學的光榮，以及爭回世界文

壇上的領導權，所以，我們才提出「現代派第二高潮」的
這個想法，關於這個可能性，我曾在第十七期[1]的《現代
詩》上發表的〈關於現代派〉一文中已經檢討過。

這個想法，也許是超過了我們自己能力的想法，這個夢，
也許是難得實現的夢，但是如何教一個曾經有過成熟傳統
的中國人不抱著這個想法，以及夢呢？[2]

此段話，接續林亨泰最早發表對現代派的看法之〈關於現代派〉
乙文之意見，正式引導現代派納入歷史文化模子的看法。順此而
發，乃有更進一層次的〈談主知與抒情〉之作，提出「主知」乙
詞，藉以對治抒情的浮濫。於是，發表在《現代詩》季刊二十二
期（一九五八年十二月）的一篇〈鹹味的詩〉，正式定義林氏修
正後的主知詩論。林氏云：

如果我們不把「感情」甚至「心理」「意志」「思考」等
誤解說成「抒情」的話，那麼，紀弦先生的詩是有別於
「抒情主義」的。而他的「一些詩」—注意，我所說的只
是一些詩，而並不包括他所寫的許多主知主義的詩—似乎
可以說是「主意主義」的。然而，這種詩是意志活動佔去
了優位的，所以也可以說：這就是抒情的崩潰，也就是主
知的抬頭！[3]

這段論述，約舉主知詩的含義，包括心理、意志、思考等。簡言
之，似謂以意為詩。頗有思高妙，意高妙，理高妙，想高妙之
旨。主知的詩，在此儼然與「抒情」劃開。今細審其立論內容與
立論過程，寓不離「修正」之泛，頗似《文心》〈體性〉篇的會
通合數之道。再看林氏的民族文學論，也依循修正之論述策略。
林氏云：

> 美國的民族文學的建立，在於走出英國文學的陰影另創格
> 局的困難，是以「同文」建立民族文學成功的範例。而日
> 本「近代文學」的建立，是與異文化接觸後，以「異文」
> 走出自己民族文學成功的典範。因此，美日恰可提供我們
> 的民族文學，從大陸文學到臺灣文學（同文），從西方文
> 學到臺灣文學（異文）發展的參考。[4]

這裏，林氏先從日本與美國兩國的「國別文學」做引例，提出臺
灣文學當走的方向。在此，表面觀之，林氏所謂的臺灣文學類如
「國家文學」的性質。其後林氏又提出民族一詞，解釋臺灣文學
實質本義所在。林氏云：

> 由這兩國的經驗，要讓自己的傳統成長，吸收別人的長處
> 是必要的。因此，我認爲自一九二〇年代到一九七〇年代
> 這段長久以來，就「傳統」與「現代」的爭論應該停止
> 了，而每個作家應當依照自己的興趣與主張追求自己的創
> 作，因爲無論什麼「主張」什麼「主義」，到最後都會成
> 爲自己民族文學的一部分的。[5]

根據此段申論，推知林氏筆下的臺灣文學實質有兩項重要成份，
一個是傳統，一個是民族文化。如此一來，林氏的臺灣文學巧妙
地轉變成民族文學的內涵，避開了民族主義的框架，也同時迴避
了臺灣文學做爲獨立國家文學的思考進路，保留很寬闊的沿伸詮
釋空間。這又是林氏「會通合數」詩論的又一次展現。

二、文心創修二例

　　林亨泰主知與民族文學兩項詩論的提出，創修兼備。若拿來

比較劉勰《文心雕龍》的理論創建，亦頗暗合。蓋《文心》之作，承先人已有之文論，加以詳審細查，各取優劣之說，藉之匯為彥和一家之學，同樣表現「創修」之功，此自《文心》〈序志〉篇即可明見其志。

今觀《文心》全書文術論最有特色的提法，一個是「風骨」，一個是「神思」。然而細味之，此二種提法，無非也是創修手法。因為，單一個風字，〈毛詩序〉已揭六義之說，而風居其首。單一個骨字，則本義為骨骸，應用至書論、畫論亦早有之。在六朝玄學之風下，骨力骨氣在思想史之意義，雖頗常見，可是，將風與骨合而言之括舉風骨一概念，則非屬彥和《文心》之作不可。

同理，神字單獨出現在先秦兩漢文獻之概念，亦難以徧舉。而六朝文論或六朝思想史屢提明神、暢神、神力等等諸概念，但詳其義，皆別有所指。將神字引入文論，標譽為文術之總綱，創設「神思」一詞者，實自彥和始。[6]

三、畫論折衷二證

再者，劉勰的風骨與神思二論，雖專為文論而發，但溯其本源，無不自《周易》一書的易理發揮而來。劉勰一生之學絕非僅限於文章之術，而是經史子集兼通的達材之士。也因為具備此通才，劉勰乃能洞曉古今學術之變，昭明百世文體之別，而創修了自己一家之學的風骨神思二論。就此點而言，可用《文心雕龍·風骨》篇的一段話說明之。〈風骨〉篇云：

若夫鎔鑄經典之範，翔集子史之術，洞曉情變，曲昭文

體，然後能孚甲新意，雕畫奇辭。昭體、故意新而不辭，
曉變、故辭奇而不黷。[7]

此段文意，等如彥和一生學術之自白，自述經史子集四部兼修，
鎔鑄與翔集功夫並進，其目的在「昭體」與「曉變」。以今語釋
之，即各家理論必須兼參，各種文體務要通覽，合言之，理論與
作品兼顧之謂。

　　考劉勰《文心雕龍》一書體大思精，體大謂兼包三才之學，
縱論各體文術。思精，謂其思密心精，推理有序，結構嚴正，體
系圓神。而然，《文心雕龍》一書並非獨創，乃前有所承，繼有
淵源，此在〈序志〉篇一段自白，說之詳矣！劉勰云：

　　及其品列成文，有同乎舊談者，非雷同也，勢自不可異
　　也；有異乎前論者，非苟異也，理自不可同也。同之與
　　異，不屑古今，聲肌分理，唯務折衷；按轡文雅之場，環
　　絡藻繪之府，亦幾乎備矣。

據此，可知彥和不敢自謂立異，然亦不屑舊談，故有「折衷」一
途，道盡劉勰《文心雕龍》取法前人，採擇並世之論證法則。易
言之，即折衷論述法。茲者，吾人當問有何具體論證，可驗劉勰
之舊談與苟異並存？案劉勰自己在〈序志〉篇已述及前代文論著
作之優劣，可視作劉勰已深研之舊談。但是，《文心》全書有何
立論，可視作劉勰立異之論？且此立異又自舊談而折衷者？今可
舉《文心雕龍》一書的文骨與神思兩概念為例論證之。

　　文心一書之文骨，首將骨字引入文論。而同時代論骨字，有
謝赫〈古畫品錄〉六法之二的骨法。至於文心一書之神思概念，
立為此書文術之綱要，其在舊談者，出自《周易》之神字。並世
之已談者，則有宗炳〈畫山水序〉乙文之暢神。此二例可代表劉

劉勰《文心雕龍》一書結合「舊談」與「苟異」兩種論述之作法，
總括之曰「折衷論述」。試觀南朝劉宋宗炳〈畫山水序〉乙文如
下：

> 夫以應目會心為理者，類之成巧，則目亦同應，心亦俱
> 會。應會感神，神超理得。雖復虛求幽岩，何以加焉？
> 又，神本亡端，棲形感類，理入影跡。誠能妙寫，亦誠盡
> 矣。聖賢暎於絕代，萬趣融其神思。余復何為哉，暢神而
> 已。神之所暢，孰有先焉。[8]

此段精簡之語，至少已提出極關鍵的幾個中古文論概念，諸如由
感類引伸至體類，於是而有「文體論」之通感說。由心神之感
應，則可比附《文心雕龍》的〈神思〉、〈物色〉、〈時序〉之
感通論。案宗炳雖略早於劉勰，前者論畫，後者論文，然而文論
與畫論的類同，可視作劉勰吸收前人理論，挪為己說之折衷論。
又南齊謝赫《古畫品錄》云：

> 圖繪者，莫不明勸戒，著升沉，千載寂寥，披圖可鑒。雖
> 畫有「六法」，罕能盡該；而自古及今，各善一節。「六
> 法」者何？一、氣韻，生動是也；二、骨法，用筆是也；
> 三、應物，象形是也；四、隨類，賦彩是也；五、經營，
> 位置是也；六、轉移，模寫是也。[9]

此段畫論最顯明的兩組藝術品評概念，非「骨法」與「氣韻」莫
屬了。照對劉勰文論的折衷作法，立即聯想到《文心雕龍》〈養
氣〉、〈風骨〉二篇的理論，呈現與謝赫此段畫論頗類同的契合
現象。二者之間，已不能分辨何者為舊？何者為新？因為，截至
目前的考辨，謝赫與劉勰其實是約略同時代人物。

四、後期詩論轉變

　　根據以上所論劉勰的折衷作法，比較林亨泰詩論的發展，雖然同有折衷與會通二種方法，但林亨泰詩論並非全無變通與創發。謹以二十世紀八十年代中期臺灣政經文化歷經重大轉變的所謂「黃金三年」，特別是政治上政黨政治的實際成形，引發文化上、思想上連鎖反應的臺灣精神與臺灣意識論爭之背景下，林亨泰的對應之道對例。[10] 在此全面臺灣思想文化之論述中，焦點中心即「政治」課題。就文學人而言，即面臨政治與文學何從何去的思考。做為詩人與詩論家雙重身份的林亨泰，自亦不能勉於迎戰此一弔詭課題之思辨。於是，在現存有關林亨泰的詩論文獻中，1989 年 11 月 8 日，發表在《首都早報》的一篇〈文學與政治〉，即可標識著林氏詩論對應臺灣「黃金三年」的重新思考。反應在詩論的主張，立刻看到林亨泰後期詩論已經加入了「政治正確」一概念的辨證。於是，在前期愷切陳述的民族文化詩學基礎上，滲入「臺灣精神」的思考，[11] 與「母語的發現」。[12] 林亨泰後期的相關論述，對應這個政治正確的焦慮，隱隱然已化入整體詩論的深髓，形成林亨泰後期詩論的「政治潛意識」。

　　所幸，林亨泰終究維持了自己一貫的「主知精神」，在文學神明與政治熱情之間，他最終掌握了一桿衡秤，維持住民族、詩心、人類精神意識的陣線。就這一點而言，我願嘗試從「契合論」（affinity）理論觀照它，提出《文心雕龍》的通變與風骨兩概念，詮釋林亨泰的詩論轉變及其在一生詩論中到目前為止的總體意義及其定位。

　　當然，有必要先檢視那些轉變的詩論原典片段，何以契合於風骨的概念，先做疏解。至於通變，一般的理解，來自《周易‧繫辭傳》：「窮則變，變則通，通則久。」的思考理路，應屬古今文論之常識，姑請不贅。首先，試檢林亨泰後期詩論的幾段關鍵原典如下：

1. 身為作家，必定有著非寫不可的思想性與理想上的迫切理由。因此，作家必須把新的思想性與理想放到作品中實驗，這與如何來選擇有意義的題材一樣，是非常重要的。所以，「熱愛鄉土」和「與世界同步」相互間並不排斥，也就是基於這個理由。[13]

2. 但是，不容忽略的是，政治與文學在本質上可以說是南轅北轍的。政治是自我主義的不斷擴張、追求權力的均衡分配和維持，當然，其目的也必須是明白揭示的。而文學則是內在動機的探求，是含蓄內斂的。文學以其獨特的文體與風格，不自覺受到感化而自然地指入人心，以潛移默化的方式在讀者的心中形成一種態度，其可貴之處也就是在於深入政治所無法涉及的精神領域當中。因此，融合異質之政治與文學尋求雙方之結合點，是相當艱鉅的工作，是需要作家的天份與努力的。[14]

3. 因此，所謂「民族精神」，它的建構必須完全依賴自主的主體，而且是必須不斷地創造才能獲得的東西，絕非可以由外來壓力隨意強制得了的。它的形成亦非一蹴而及的事，必須經過種種嘗試錯誤長期熱煉才可得的東西。它的提昇也必須匯集許多人的智慧，並非藉一、二人之教條或喊喊一些口號之類的東西所能得的。它的包

容力必須大，形成的精神力量才夠強。它不是政治層次上的土著主義，而應該是文化層次上的民族主義。它必須靠大家建立，才能建立一種完美的「民族精神」，所以，與其說是屬於「過去的」，毋寧說是屬於「未來的」。[15]

4. 我在二十一歲時由日語跨越到華語從事創作，而今年我即將七十歲，決心再次跨越語言，更正確地說，應是回歸到自己的母語，這並不意味著我不再寫日語或華語，一個人能懂得外國語言愈多愈好，只是我希望今後的臺灣人，可以擁有一個碩壯而偉大的母語文化，惟有在這基礎之上，去學習其他非母語文化，才會有自我尊嚴與存在的真正意義。[16]

細讀以上四則詩論引文，幾乎可依稀感知林亨泰詩論在「政治正確」此一焦慮課題的「漸進式轉變」過程之跡。由初始的素樸政治文學之思考，經過臺灣主體精神的介入，再到最終提出的母語創作，忠誠歸屬，清清白白立誓要開始母語寫詩。此一過程，由博返約之道，立刻想到《文心雕龍》的〈神思〉篇主張「博鍊」與「貫一」之法，以及〈總術篇〉的總文筆之術概念。

抑有進者，此四段林亨泰詩論原典雖處處環繞政治中心論點，語語不離臺灣本位話語。但追究其理路底層，終未盡歸降於政治，反而更堅守詩心文心之本體。林亨泰最終用「碩壯而偉大的母語文化」，自我表白。就此而論，它與早期一貫強調的海納百川，細流不辭的融通會合之「心」，其實無別軒輊，莫辨甲乙。我以為，這隱約透露著《文心雕龍》〈風骨〉理論「剛健中正」之骨的內涵。在林亨泰詩論中，如此前後期對照，吾人立可

清晰地看到風骨概念的成形，浮現。而此一重要詩論底層內涵，應當視作林亨泰與大多數臺灣作家與時俱進翻滾在臺灣二十世紀八九十年代的劇變中，百錘千鍊，所淘洗出的異類。也正是如此風骨質素的展現，造成林亨泰詩學與其它臺灣詩論家極不相同的關鍵所。而仔細追溯此關鍵為何物？一言以蔽之，亦風骨而已。

五、風骨的契合論

考〈風骨〉篇之定義，自來說者不一。諸家之解，以黃季剛「風情骨辭」一說為正反討論之最。其實，〈風骨〉所據理論本源，來自《周易》，較少龍學家援易理以釋，故而罕能確解之者。今試論之。

〈風骨〉篇之論述次序，自原典核之，先風，後骨，再次合風骨而言之。其中末段結論云：「確乎正式，使文明以健。則風清骨峻，篇體光華。」此用《周易‧乾文言》以釋風骨。簡言之，風與骨的結合，最完美之境，即「文明以健」，關鍵在「文明」類比風，「健」類比骨。因此，理解風骨的本義，首先須弄清楚文明以健之概念。此非深究《周易‧乾卦》象術義理之學莫辦。

案乾健坤順，二者悉入劉勰著作之思，而乾健即〈風骨〉本義。蓋〈風骨〉全篇一共採用《周易》的三卦：〈乾〉、〈同人〉、〈大蓄〉等。此三卦變自乾，皆有健意。何謂乾健？〈乾文言〉釋之曰：「大哉乾乎，剛健中正，純粹精也。六爻發揮，旁情也。」直言乾以健為主，至於乾若變，則必旁通情也。此情字即情實之情，而風情之意包其中，乃知乾象主健，至於必變，

無不旁通，乾象在此已兼攝風情骨辭之雙合，即〈風骨〉總括「文明以健」之旨。據此引伸之，健正如骨，象徵正式之文體。考乾健之理又見於〈同人・象曰〉，與〈大蓄，象曰〉之二段原典：

1. 〈同人・象曰〉云：亨，利涉大川，乾行也。文明以健，中正而應，君子正也。唯君子爲能通天下之志。

2. 〈大蓄・象曰〉云：大蓄，剛健篤實輝光，日新其德，剛上而尚賢，能止健，大正也。

　　案：以上二象曰之辭，盡釋乾體健，而變必正之乾道，所言之乾體引伸至文論，即〈風骨〉篇所謂之昭體。乾變引伸至文論，則類比〈風骨〉篇之曉變。能通體，知曉變，辭新意正，必歸正式之體，達致篇體光華。風骨之本義悉本於《周易》乾卦象意，據此可無疑議矣！把握風骨的「剛健中正」之內涵，應用在林亨泰詩論後期的最後堅持之理解，也是頗為「契合」之論。

　　關於「契合」論（affinity），王佐良在上一世紀八十年代做過專書研究。在一篇題為〈文學中的契點〉乙文中，王佐良實際比較過許多中美詩人，不期而遇的契合機緣，包括戴望舒對法國象徵詩之契合，美國南方作家萊特（Jame Wright），對中華文化之契合。王氏運用契合論研究比較文學的個案極為廣泛。他歸納出不同時期或不同國別的文學契合有三種現象：其一契合的途徑或方法有多種，當不限於在某一限定時期。其二文學之契合必然發生在廣泛多元的語言與文化傳統之中。其三契合會不斷被延展、引伸。而且，此種演伸也是理解契合本身的內容之一。[17] 據此定義之契合論，作為《周易》義理的「心」學，延展至《文心雕龍》的天心地心人心，再追索文章內在的用心與載心，透過中

文語義的文化系統，在林亨泰詩論中一再強調的「心」，以及指出詩人必備人類共同的意識與精神等等，這些話語，也許古今語境不同，且古今時間空間亦自有別，但是，對那些語彙的理解，必然已經透過一種契合之手段而傳達其訊息，由此而聯想「心」在文論中的作用。此之謂林亨泰詩論與《文心雕龍》理論之契合。

　　因為，文學契合是建基平行與類同之解讀，「影響」的因素巧妙地避開，遂有像錢鍾書《談藝錄》與《管錐篇》二書大量地中西舉例，證明中西文心之共通。大體而言，錢氏筆下的中西比較，多屬中西契合論述。劉介民《比較文學方法論》提出類比學的方法，其中一法即契合論，認為契合是不涉影響的兩國文學之比較。[18] 其實，契合存在於國別作，當然也存在於國別理論，尤其是契合亦發生在民族文學的今古之間。曾任美國比較文學會長奧瑞契（Owen Aldridge）將契合論應用在「兩部作品之間」的類同考察，已指出契合的具體作法，包括作品之意念、風格、結構、與語調的類同比較。[19] 這是就「作品」之契點而言，移之於「理論」之契合，就必須置放於文化系統之下，考察術語、理路、與古今詞彙之類同現象。林亨泰一方面透過日語，學習、吸收，轉化西洋文論，一方面勤讀漢文化系統，接受豐富的民族文化精神，當他合一爐而治之，應用新詞彙，闡述一家之詩論，其中外來理論接受與影響成份的質素考索，契合論當不失為最適切之考查方法。本論文據古代文論之《文心雕龍》理論，揆其要義數端，對比林亨泰的詩論，檢證今古之心的類同論述，即是理論契合的一項例證。

六、詩本質的堅持

　　今試舉林亨泰有一篇重要的論述，直說詩的本質，題曰〈詩的本質〉，代表林氏一生詩學的總綱。林氏云：

> 詩的現代化是現代化最重要的一環，因爲如不從人類意識的現代化著手，現代化是難以成立的。詩是一種精神的活動，是人類意識的活動。
>
> 我國古代關於「詩」定義的解釋，〈詩大序〉的「在心爲志，發言爲詩」是最科學的。如說「詩言志」便縮小詩的範圍。如再提示「志」的定義會侷限「詩」的定義。
>
> 現代詩的本質：
>
> A.眞摯性：要寫今天的詩，不要虛僞。
>
> B.世界化：要有世界是一體的觀念，在精神上領導全人類的意識活動，才能感動所有的人。

這種討論在林氏詩學系統中，無寧居有指導總綱之作用。自此篇發表以後，截至目前，尚未見林亨泰有別的詩論，推翻或修正此篇既有的論述。[20] 此篇可視爲代表林氏詩學的精緻文獻，似無可議者。今通觀此篇所論，貴在今古折衷的思考進路，但又牢牢把握住文化意識之精華，即「心」的關鍵。舉「心」爲人類意識之精，此猶之古代文論文心詩心賦心的提法。而推其本源爲人類共通的天地心人心。林亨泰刻意區別心與「志」的不同，又特標出「詩言志」不等於「心」的內涵意味，隱約可見其人胸懷襟抱之寬廣，其人體性風骨之雅厚勁健，它乃是緊緊關係詩人之詩及其詩論之關鍵。所以說，《文心雕龍》〈神思〉篇申言的「心總要

術」以及「心統志氣」的講法，悉可照映於林氏的提論，藉由今古體悟，而深刻感受詩的本質之何在？此篇〈詩的本質〉做為折衷今古詩法的典例，其故在此，不可不辯。

在此段詩論中，說詩是精神的活動，詩要有世界一體的觀念。其意蓋謂詩之極致在精在純粹，而詩之作用，可通達世界，與天地萬物一體。至此之極，可視為古代文論所講的「道」。所謂「天地與我為一，萬物與我並生」即指詩之極致於道之體驗。自詩人的心靈境界如此，自讀者披文入情，進入詩的世界亦如此。故曰道為體，而心是道之作用。然而道心本來即是體用不二，萬物如此，乃可曰世界是一體的觀念。[21]

若追究天地一體，全人類一體的作用本源為何？《文心雕龍》用「為文之用心」與「文果載心」二論，突出了「心」的本體，原來是從《周易》的心引伸發揮。

總括《周易》的心學，可視作一種統整體系，接近「形而上學」的層次。由此轉化到人世間來，即人文世界講的心學。心的修養功夫問題，遂成為先秦學術的熱門課題。錢賓四在《靈魂與心》一書中，括舉《左傳・昭公二十五年》子產談心之語，子產論魂魄之定義語，子產謂：「人生始化曰魄，既生魄，陽曰魂。」云云，賓四先生認為先秦心學文獻始於《左傳》。[22]此處的心，又牽連出魂魄，把心學的領域擴充了。這與荀子談心，謂：「心統性情。」的說法一般，都在強調「心」的統整功夫。而《管子・內業》云：「靈氣在心。」次云：「心靜氣理。」，又云：「凡心之形，自充有盈，自生自成。」等等的論述心之狀態嶔力用，在在說明了先秦心學的豐富內涵。[23]

及至《中庸》，發揮易經心學，加以具體化，用「誠」字轉

化心學到德性修養，統合心學內外含意，於是，心與誠合，便成為心學最高指導原則，遂與天地之心聯繫貫通。《中庸‧二十二章》云：

> 唯天下至誠，爲能盡其性，能盡其性，則能盡人之性，能盡人之性，則能盡物之性，能盡物之性，則可以贊天地之化育，則可以與天地參矣！

在這段講誠的功夫原文裏，誠發揮極至，是可以如天地大德一般生生不息，化育萬物，也可以參透天地之心。只有心之誠，才能通達天地。所以《中庸》肯「至誠如神」（二十四章）的境界。這個心誠的功夫，既可「見天地之心」（《周易‧復‧彖》），也能「上下與天地同流」（《孟子‧盡心上》）當然，最終也能夠參天地之化育了。由此可知，不論《易經》的心學，或是先秦其它子學家講的心學，《中庸》總括一個誠字功夫，把心學具體化、功夫化。誠字總結心學的內外、形上形下諸般含意。

　　劉彥和《文心雕龍》拈出「文心」一詞，從「心」的角度以探討文學文化領域，把文心比之人心，比之天心地心，屢言「貴虛靜」、「鬱此精爽」、「文果載心」、「心生而立」、「千載心在」、「道心惟微」、「心奢而辭壯」、「心與理合」、「辭共心密」、「心以理應」、「心定而後結音」、「心術既形」等等，凡此詞彙之心概念，全部或部份引伸、轉化、無不出自《易經》為首的先秦心學。從而可知《文心雕龍》全立論架構，來自《周易》，與易理相通。

七、結　論

　　以上從風骨之展露，再到「心」之本源，透過兩位不同時代的論述，一個在公元六世紀的中古時期，一個二十世紀八九十年代的臺灣，找到二者彼此之間論述內涵的契合處。而此處所應用的對比理論，是結合契合、類同、與影響的解釋。雖然，並沒有明顯文獻或資料足以明顯表示林亨泰詩論受到《文心雕龍》與《周易》的影響，但是就林亨泰詩論的中文詞彙，以及由這些詞彙輻射引伸的文化意義，與文化訊息，上溯那些詞彙的類同概念出現在《文心雕龍》與《周易》二書的相似內涵，林亨泰的詩論放在文化系統的理解，便有了新意義，新描述。這應是重新理解與重新評價林亨泰詩論的一條新途徑。

附註：

1　這是指林亨泰發表在《現代詩》季刊十七期的一篇文章，題目〈關於現代派〉。收入呂興昌編訂《林亨泰全集》冊五，（彰化：彰化縣立文化中心，1998 年），頁 91。本論文引述林亨泰詩論均出自此書，下文重出僅標書名及頁碼。

2　林亨泰：〈從八〇年代回顧臺灣詩潮的演變〉，《林亨泰全集》冊五（彰化縣，彰化縣立文化中心，1998 年），頁 91。

3　引自林亨泰〈鹹味的詩〉乙文，收入呂興昌《林亨泰全集》冊七，頁 31-32。案：林亨泰別有一文〈談主知與抒情〉，但此文其實本來為致紀弦書簡，非專論主知。故而欲認識林亨泰主知詩論，不若據〈鹹味的詩〉此篇較佳。

4　《林亨泰全集》冊五，頁 97。

5　《林亨泰全集》冊五，頁 103。林氏此文〈從八〇年代回顧臺灣詩潮的演變〉之結語，總合民族主義、現代主義、後現代主義三者形成的民族文學，可以總括之曰臺灣民族文學。林氏云：「尤其在目前臺灣的狀況，正需要「批判」與「理想」的時候，整個社會有太多未完成、未確定的東西去改革、去完成，在某些方面，臺灣擁有「後現代」的條件似乎還未成熟，而是「現代主義」該全力發展的時候。因此，在文學上，我提出臺灣文壇應同時容納「民族主義文學」和「現代主義文學」、以及「後現代主義」（如果有的話），以建立豐碩而強韌的「民族文學」。案：這個結論是不同於國家主義的臺灣文學。

6　據阮元《經籍纂詁》舉列神字，見於古籍文獻者，未見「神思」一詞合言。參見阮元：《經籍纂詁》，（臺北：宏業書局，1980年），頁 161-162。

7　引文據黃叔琳注，紀昀評本《文心雕龍》為底本，旁參楊明照《文心雕龍校注拾遺補正》之校字。參見黃叔琳，紀昀評：《文心雕龍注》十卷，（臺北：世界書局，1984），楊明照：《文心雕龍校注拾遺補正》，（南京：江蘇古籍出版社，2001 年）

8　宗炳〈畫山水序〉原文，版本多種，今可見者有明毛晉《津逮秘書本》，嚴可均《全宋文》本，以及《歷代名畫記》載錄本。今據楊家駱主編：《畫論叢刊》上冊據《歷代名畫記》本，（臺北：鼎文書局，1972 年），頁 1。

9　引自嚴可均：《全齊文》，（北京：中華書局，1982 年），卷二十五頁 7，新編頁 2931。案：謝赫《古畫品錄》，另有叢書本，如明毛晉《津逮秘書》，張海鵬《學津討源》等，亦收錄此文。

10 關於臺灣二十世紀八十年政經發展劇變的歷史分期。指的是民國 74
　 年至 77 年之間的一段變化。論者總描述之，用「黃金三年」一詞。
　 參見《我們的雜誌》社編輯：《黃金三年》，（臺北：我們的雜誌
　 社，1988 年）。

11 林亨泰：〈臺灣精神的建立〉，《林亨泰全集》冊七（1990 年），
　 頁 231。

12 林亨泰：〈母語的發見〉，《林亨泰全集》冊七（1993 年），頁
　 279。

13 林亨泰：〈臺灣文學的構成與條件〉，《林亨泰全集》冊七（1989
　 年），頁 210。

14 林亨泰：〈文學與政治〉，《林亨泰全集》冊七（1989 年），頁
　 213。

15 〈臺灣精神的建立〉，《林亨泰全集》冊七（1990 年），頁 232。

16 〈母語的發現〉，《林亨泰全集》冊七（1993 年），頁 283。

17 契合多半結合類同、擬仿，以及影響而存在於不同國別的研究，因
　 而契合又不能僅等於平行的研究。關於契合論的專書研究，目前所
　 見以王佐良《論契合》一書較詳。參見王佐良：《論契合》（De-
　 grees of Affinity：Study in Comparative Literature），（北京：外語
　 教學與研究出版社，1989 年），頁 1-8。

18 劉介民云：「類同研究是指對沒有「影響」的兩個以上文學中的諸
　 作品，在存在類同性（affinity）的條件下的比較」，參見劉介民：
　 《比較文學方法論》，（臺北：時報文化出版企業有限公司，1990
　 年），頁 288。

19 參見奧瑞契（Owen Aldridge）：〞General Introduction：The Pur-
　 pose and Perspectives of Comparative Literature, in Comparative litera-

ture：Matter and Method'（Urbana：U of Illinois P, 1969），p.3.

20　林亨泰：〈詩的本質〉，收入呂興昌編訂《林亨泰全集》冊七，頁
　　89-90。案：此文初發表於《笠詩刊》三十七期，（1970 年 6 月 15
　　日）。此時正值臺灣文化界開始出現本土意識與鄉土現實之際。

21　案《周易‧乾文言》有一段原文，很可以引之助解林亨泰的詩本質
　　內涵。〈乾文言〉：「大哉乾乎，剛健中正，純粹精也。六爻發
　　揮，旁通情也。」此種對「乾」本質的敘述，兼有乾體與乾用的辨
　　證，可類比詩本質在「心」，而作用在「世界一體」。

22　錢穆：《靈魂與心》（臺北：聯經出版事業公司，1994 年），頁
　　60。

23　案《管子》一書駁雜。羅根澤《管子探源》云其中四十五篇，戰國
　　年間人作品。〈內業〉即其中。《韓非子‧五?》已稱舉〈兵法〉
　　篇，今本《管子》即有此篇。屈萬里《先秦文史資料考辨》謂管子
　　這部書一部份在先秦已經流傳了。但是包括〈內業〉，未定。王籧
　　常《諸子學派要詮》謂〈內業〉蓋古有其書，而管子述之，最是。

明刊批校本《劉子》跋析論

　　《劉子》一書，明刊本評校之作有三：其一孫月峰評本，即明天啟中刊《合諸名家批點諸子全書孫月峰評北齊劉晝劉子》二卷，其二明萬曆丙申世恩堂刊本，其三明萬曆壬辰蔣以化孝昌刊本，有朱墨批校。此三種刊本，兩種有評點，另一種有清人吳騫跋，即《世恩堂刊本》。吳氏跋文提出《劉子》作者的新主張，迥異於前人的說法，不謂劉勰作，亦非劉晝書，另提出金人劉處元之說。姑不論其說確否，至少於《劉子》一書之作者，及由作者考辨引伸出有關《劉子》及《文心雕龍》之研究，皆可補充今人已揭之論，今請就吳騫跋文原稿，及今人已見《劉子》作者六種說法，錄之如下。吳騫云：

> 頃周苞兮大令得舊抄本，首題劉處元集，細閱之，即此書也。并摘錄袁注于簡端，予自大令借得。歸安丁小疋學博知之，以其所藏明何允中刊本授予，屬為校勘。爰取此本合參之，按劉處元金時人，道藏中，有仙樂集四卷，皆詩詞歌頌而未聞有他著述，此題劉處元集，尤不可解也，槎客又書。[1]

　　此跋首謂先得劉處元集舊抄本，細閱之，竟然是《劉子》，並摘錄袁孝政注文。吳騫嘗考劉處元，金代人，遺存著述，未聞有此書，故而此本題劉處元集，乃不可解之事。詳味跋文，吳騫

似謂己所見《劉子》抄本為劉處元作。此論可謂震驚雲門之學者。案《劉子》作者向來有六說。據傳亞庶《劉子校釋》最新之歸納如下：

一、劉歆撰。（見唐袁孝政《劉子注》序。）清紀昀、陳鱣、近人楊明照、王叔岷反對此說，主要根據有兩條：

（一）、《劉子‧激通》篇有：「班超憤而習武，終建西域之績」之文，則劉歆撰說，可不攻自破。（見《四庫全書總目提要》。）（二）、《劉子》書中常襲用阮籍、葛洪之文，亦可證紀昀之說。（見王叔岷《劉子集證》序。）

二、劉孝標撰。（見袁孝政《劉子注》序。）紀昀、楊明照反對此說，主要根據亦有兩條：（一）、南史、梁書俱無明文，未足為據。（見《四庫全書總目提要》。）（二）、「孝標之辨命，與是書之命相相徑庭也；孝標之絕交，與是書之託附霄壤也。寫出一人之手，何有首鼠之詞？」（楊明照〈劉子理惑〉。）

三、後人偽撰。清王昶主此說，根據是：此書不見畫傳，明人好作偽，其書蓋明人偽撰。（見《春融堂集》。）清周中孚反對此說，認為：《劉子》確是唐以前古書，已見《隋志‧雜家注》中，……其書偶佚，至唐代復出耳。（見《鄭堂讀書記》。）

四、貞觀以後人撰。（《四庫全書總目提要》載此說。）六朝敦煌寫本《劉子》殘卷發現後，此說可破。

五、袁孝政偽撰自為之注。宋黃震、清丁日昌、邵懿辰等主此說。清盧文弨、孫詒讓、近人余嘉錫、楊明照、王叔

岷等反對此説，主要根據有兩條：（一）、袁注淺陋紕繆，對於《劉子》文出於《左傳》、《國語》中陳言故實者，多不能究其根柢。（二）、《劉子》文不全避唐諱。余嘉錫又列舉袁注諸多錯誤之處，以求證此書不出於袁氏。（見余嘉錫《四庫提要辨證》。）

六、劉勰撰。宋鄭樵、唐釋慧琳、明宋濂、今人林其錟等主此説。[2]

按照以上六説，至少須再根據明季《劉子》的評校本之吳騫跋文，新增金人劉處元撰一説。

考世恩堂本《劉子》吳騫跋文先後三題。第一跋出乾隆乙巳年（一七八五年）清明日，有「愚谷」鈐印。此跋云：

是書前後副頁俱有題字，不知即圖章之王予男否？項元池當是墨林後人，惜未詳其名。昔董文敏得王孟端墨竹卷，於元池家見江村銷夏錄中，豈即其人邪？至《新論》昔人多疑其非劉晝所撰，其書至南宋始出，又北齊書及北史竝不言晝有《新論》，黃東發謂書中多避唐諱，疑是唐人偽託。予觀〈九流〉一篇大都剌取《漢書·藝文志》中語，而昇道家於儒之上則其為唐人顯然矣。作注之袁孝政亦無所表見，其注更多蕪陋，且不類唐人手筆，當更改之。乾隆乙巳清明日槎客吳騫識[3]

據此第一跋文，略識明清刊本《劉子》刊刻源流，並收藏始末。復於《劉子》作者，不主劉晝説，亦不主劉勰説，另提唐人偽作説。尤其疑袁孝政之注亦為偽作，頗反前賢之論。[4]及其第二跋（第一跋次日），吳騫復疑此本無袁孝政序，與黃東發本不同，不知何時失之？復於第三跋疑上加疑，推論《劉子》既非唐人偽

託，亦非袁孝政自著自注，另提劉處元其人，可謂發千古驚人之論矣！姑不論劉處元撰真偽否？至少清人所據明刊本《劉子》佚袁孝政序一事，殆為《劉子》作者考訂之關鍵。今再據明萬曆壬辰（一五九二年）蔣以化孝昌刊本有清人沈韵瑝光緒癸未（一八八三年）跋文，再次重申明刊無注本《劉子》，皆佚袁孝政原序。沈韵瑝云：

> 《劉子》十卷・五十五篇，又名《新論》，袁孝政為之序注。自明以來諸家刊本俱無注，乾隆間詔開四庫廣採遺書，僅據《漢魏叢書》無注本著錄，未覩袁注全書，是編為萬曆中虞山蔣氏從道藏錄出校刊，流傳極少。雖孝政原序已佚，而注文完善無闕，實為罕覩，祕袟彌足寶貴，舊藏石琢堂殿撰家，今歸余齋云。光緒癸未二月歸安沈韵瑝記[5]

據此跋文，明清人所見《劉子》泰半屬無注本，且缺袁孝政原序，無怪乎明清儒者大多疑《劉子》非袁孝政作。然則，《劉子》非唐人偽託，餘下之可能作者，莫非更早於唐？或更晚於後？更早者，疑即劉勰或劉晝。更晚者，即吳騫跋文述及之《劉處元集》作者。今暫置版本考證不論，欲究《劉子》一書為劉勰作，但求之內證，細論《劉子》與《文心雕龍》二書相通，不即可驗《劉子》即劉勰作者乎？

案《劉子》、《文心》二書相通，互證之法可曰四途：

一曰本之易學易理，蓋揭易為群論之祖，此猶《漢志》述易為群經之原而不與同列五經。

二曰求之思辨之法，二書本之折中，不取狂狷，或正或反，似正似偏，論文之道如此，論人、論政、論治之策亦復如是。

　　三曰考之撰作體系與全書結構，例用上下互聯法。《文心》每於一篇之末，兼合下篇擬起之篇旨。於是，篇篇環環相扣，猶如貫珠，體勢完備。《劉子》亦然。例〈知人〉篇以下至〈殊好〉篇，上篇之末，即起下篇之意，順勢而推，有如水脈，流之愈廣，理亦愈深，層層相關，環環相扣，結構極其嚴密。故而《文心》五十篇，仿大衍之數；《劉子》五十五篇，擬天地合數，其意甚明。

　　四曰審其關鍵字詞之相通，凡《文心》一書常見之術語概念，《劉子》一書亦如之。例性情一詞，二書屢見。才量器識之意，二書亦每相通。至於《文心》者，暢敘為文有利之道，與害文之理，力陳「利害」之別，教人以趨吉避害之道，《劉子》一書，同主之。每示人以利害之由，教人以國政利害之因，利害之道，兩書屢言之。再則，勢字，《文心》有〈定勢〉篇，首揭文體之有必然之勢，撰作必循因勢利導。《劉子》亦每言勢，散見各篇，兵有兵勢，水有水勢，時有運勢……等不一而足。勢字概念，殆彥和極看重之語。

　　考《文心》論為文之用心，《劉子》陳子學之義理。論文而每每比之於人，論子學而往往不離文章，人與文相通，此彥和一生學術之寫照。何則？舉《文心‧定勢》與《劉子‧辨勢》二篇合觀之，最能驗二篇實為一家之學。

　　《劉子》強調「勢」，全書散見各種「勢」字要義，而更出以專篇即〈辨勢〉（辨施）[6]，專論勢字要義及其影響。《劉子》一書重視勢字，舉凡天地自然，人事百態，皆隱藏各有其勢。此與〈定勢〉篇論文體一旦成形，必有其勢的思考路向一致，看待勢的存在性質也如出一轍。劉勰的勢字觀，放在文論是創見。劉

勰〈辨勢〉放在子學家系統看也是創見。

何則？子論說勢，盡人皆知，始自法家《韓非子》之論勢，而〈易傳〉也已說及陰陽剛柔之勢。但法家的勢，專指權勢，賢勢，倡言人君威嚴之勢。不若劉勰講的勢，意義涵攝天地人文自然各個層面，甚至文章也有文勢，時序也有時勢。劉勰將子論的勢，已講至最大範圍。即使從漢魏的子論家去比較，劉勰的勢也是最廣泛又細密。

《劉子》一書之〈明權〉亦別創新義。一方面，採用經學之「權」的義理解，一方面變出子論家喜談「權」的治術之要，劉勰的〈明權〉，括舉權字的最大解釋，諸如：權衡、權勢、道體權用等三義。

《劉子》〈明權〉釋權，表現劉勰一生學問嫻熟經學，善引經義之功力。《文心》〈宗經〉則表現劉勰除了詳經學義理之外，更將經學發揮到文學文論，可謂經學文學之草創者。就〈明權〉而言，劉勰如何發揮經義呢？

首先，就繼承前說而言，〈明權〉主張行權是可行的作法，而且，行權雖然反經，但〈明權〉篇以為此種反經，最終還是合於道。劉勰在先儒何宴解釋《論語‧子罕》此章的「反經行權」之義後，更進一步說明反經合道的「道」字觀。且劉勰不主張經與權分，只是在「變通」的作法上，權與經有別而已。但劉勰強調權的反經之途，終究只是權變之宜而已。反經最後還是合道。〈明權〉特別在反經合道之後，再進一解，提出「反義後善」之輔助說明。於是，〈子罕〉此章「可與適道，未可與立，可與立，未可與權」的經義解釋，經由何宴的「反經行權」之後，又衍異出「反經合道」「反義後善」的補充注解，〈明權〉篇以子

論之注經，與經學家之義理訓解，同等並重，《劉子》一書展現劉勰的經學修養高深，頗有助於經學匯通子學之參考。

但有一點不同於經學方法者，即劉勰憑著文章功力，善為博譬，故而更能形象化地協助經學義理之說明。在〈明權〉篇，劉勰用「稱衡」與「稱錘」做比喻，說明「經」與「權」的分而合一之關係。形象顯明，頗能助解。〈明權〉篇云：「衡者，測邪正之形。權者，揆輕重之勢。量有輕重，則形之於衡。今加一環於衡左則右蹙，加之於右則左蹙，唯秤之動而平正矣！」這段話之中的「一環」，猶如一秤之錘。量衡之平，必賴錘之加減，錘之加減必出於變動，故而行權等如加錘，除非不動不變則始終平正矣！如此善譬妙喻，乃將「經」與「權」的體用不分，見體即用之關係，闡述清楚。劉勰此一生動之比喻，恰恰與〈子罕〉篇此章用「棠棣之花」的初反後合之特性，相互發明印證，更形象化地把經學義理用文學手法表現出來。

〈明權〉篇最末用「道體權用」的體用關係，總結「反經行權」的義理。對後世的啟導很大，尤其宋明理學對此章的討論，大多糾結在「經」與「權」的分分合合，以及經體權用的體用問題打轉。[7] 然而有關「反經行權」、「反經合道」的總體大意，類不超出〈明權〉此篇已揭示之要義。試引明代萬曆年間經學家高拱（一五一二－一五七八年）對此問題的意見，可見一斑。高拱云：

> 經者，稱之衡也，斤兩各具，星子有定而不可易。如父子之必親，君臣之必義，以至其他莫不皆然者也。權，稱之錘也，往來取中，變通而不窮。如親務得乎親之正，義務得乎義之正，以至其他莫不皆然者也。蓋無常無變，無大

無小，常相爲用而不得以相離。若謂常則守經，變則行
權，是常則專用衡而不用錘，變則專用錘而不用衡也，而
可乎？[8]

這一段「反經行權」的經義討論，高拱也是引用「衡秤」與
「錘」的比喻，說明「經」與「權」的不可分，再次申言經與權
的一體，而「行權」只是為了「制變」而用之的方法而已。如此
解法，對讀〈明權〉篇，幾乎雷同。

大凡子論之作，首篇之設，至關典要。《文心雕龍》論文首
立〈原道〉，一書之大旨由此揭出。《文心》之文術論首立〈神
思〉，文之神妙，盡示於此。此貴首篇之法，同見於《劉子》一
書之撰作。何則？

《劉子》首編立〈清神〉，力陳心、形、神三者於治身之
要，聖人以之為本，治世憑之而用。自內自外，方圓兼備，無不
先從「清神」始。全書陳治世方策，皆由首篇以引伸。足證劉勰
一生學問焦聚於神清之功夫，專注於神字之作用，由〈神思〉至
〈清神〉二篇，展露無遺。

經查漢魏古書，不論經子，罕有立〈清神〉為首編，在漫漫
長河之子論系統中，《劉子》的〈清神〉，確屬創見。試觀稍早
於《劉子》的葛洪《抱朴子》，內篇首揭〈暢玄〉，以玄學玄論
為全書之主，代表葛洪以道家道學為立場的學術門徑。更進一
層，由玄而入仙，故而內篇僅次於〈暢玄〉者即〈問仙〉，十足
地表現葛洪《抱朴子》志在神仙道教之學的企圖。

可是，《劉子》則不然。劉勰以〈清神〉為立論首篇，以
〈言苑〉暢述治國處世之策，而〈九流〉篇殿全書之末，歸宗於
儒道二家。《劉子》最終未入玄道與神仙之流，充分展現劉勰一

生學術的「中流砥柱」之志趣，處在魏晉以下一片玄學玄化之潮流，劉勰恆保清醒，雖陷玄學之當代，然而卻是「反當代」。《劉子》一書自首篇始，即有自家新說，絕非抄襲匯萃前人舊論而已。[9]

溯此以推，《呂氏春秋》世稱《呂覽》，乃子論雜家之祖，全書由十二記、八覽、六論總集而成，盡備治國處世之要，而驗其全書之篇，無涉〈清神〉之目。只有〈慎勢〉與《劉子》〈辨勢〉相關，〈召類〉、〈愛類〉、〈別類〉與《劉子》〈感類〉相通。

再看《淮南子》全書二十一卷，首立〈原道訓〉，或與《文心》〈原道〉同趣，然而《文心》〈原道〉志在易經，淮南王書〈原道〉，則歸之老莊，故而此書次列〈俶真訓〉，述真人之可修，尤為首篇〈原道〉助解。及至第七卷始立〈精神訓〉，注重「神」字之用，可謂《劉子》〈清神〉之所本。其不同者輕重而已。故知貴首篇乃子論撰作宗旨，子書流派之顯徵，不可不辨。其例若《韓非子》首見〈初見秦〉，次列〈存韓〉，韓非撰作之由，二篇盡知之矣！

今試據程榮輯《漢魏叢書》所收經史子古書，詳案各書篇目。立首編據神字者悉無，不在首篇而名目神字者，僅揚雄《法言》卷四〈問神〉篇，應劭《風俗通義》卷九〈怪神〉二例而已。[10]由此益證《劉子》一書貴首篇，揭〈清神〉之旨，於漢魏子論源流中，允稱創例，《劉子》一書之子論地位，斯可證矣！

復就南北朝之世，北學觀點而言，今人有謂《劉子》屬北學系統，固劉晝撰，蓋《齊書》、《北史》俱載晝本傳。[11]今案北學子論之首顏之推《顏氏家訓》全書誡子孫服道守義，諄諄之

言，溢於言表。故立〈教子〉為首義，〈序致〉則一書之序耳。縱觀全書，亦無涉「清神」之旨。其第十六篇〈歸心〉初疑與「神」有關，細味之，全篇唯辨儒佛同心，殊途同歸，乃勸其子孫儒釋共道，內教外教歸於一心，可知其所謂心非心神之義，與《劉子‧清神》合形心神為一體之論，判然可別，豈可將《劉子》歸之北學，定為劉晝所撰乎？

與《劉子》相近時世之《顏氏家訓》已不見立〈清神〉首篇，稍後於六朝之世，今再舉隋唐子論，亦僅唐初司馬承禎《天隱子》首立〈神仙〉。然其所謂神仙，終究非〈清神〉之神。此書第八篇曰〈神解〉，則融合儒釋之神而並解。謂：「信定閑慧四門通神謂之神解。」乃知此非〈清神〉所據易經之神解。12 合以上二證，《劉子》一書立〈清神〉為首章，以「神」為要義，既非專取於儒者，亦非乞靈於內教，無論並世之子論，或隋唐之子學，皆罕有與《劉子》同論調者。《劉子》一書居於子論史上承先啟後之地位，不辨而自明。

《劉子》與《文心雕龍》二書之基本思想相通，歸究其極，無非子論之雜家。《文心》一書看似「言為文之用心」，但此書之文，為文章之文。凡聖賢書辭，經史諸子之文，《文心》皆視之為文，故而《文心》一書所論者在文章，所涵蓋之學問，則兼包經史子。難怪彥和學術之歸屬，多屬「雜家」之列。

但是，雜家一詞當作深解。所謂雜，非謂駁雜，蓋乃匯聚諸家，雜合為一家之學。這是自魏晉以下，子論興盛之後，智士才子勤勤志學，自期一生成就之所在，此一時期之讀書人，撰仿篇章，已不能冒經仿經，亦不敢隨意私撰史志，而集部以個人篇章，彙為一集，此時集部非專指文集之集。故而個人著作往往自

期高超，冀能匯為一家之言。所以，像司馬遷「究天人之際，適古今之變，成一家之言」的胸懷，殆為子論之共同志趣。於是，像《呂覽》、《淮南子》書等作，皆在雜家之列。雜家竟在「牢籠天地，範圍宇宙」，即使未必盡善，亦每望「越世高談，自開戶牖」。自漢以下，王充《論衡》、葛洪《抱朴子》，可謂典型之作。而劉勰《文心雕龍》與《劉子》二書，順流而發，別開蹊徑，結合文集日盛，文論日繁之集部學，與子論家之胸襟抱負，撰作此二書，相較於彥和以前之學術，既有承襲，亦有開創，但總歸之子論雜家之學，實為至論。今欲證論《劉子》為劉勰作，但立基於子論家之業，沿波討源，自兩書之基本理論而求之，當為論辯《劉子》彥和作之首務。

附註：

1　參見國立中央圖書館特藏組編：《國立中央圖書館善本題跋真跡》冊二，（臺北：國立中央圖書館，1982 年），頁 1369。

2　案以上六說引自傅亞庶：《劉子校釋》，（北京：中華書局，1998 年），頁 614。

3　引自國立中央圖書館特藏組編：《國立中央圖書館善本題跋真跡》，（臺北：國立中央圖書館，1982 年），頁 1369。

4　吳騫此序跋於乾隆五十年，適四庫全書甫編之際，紀昀提要亦從黃東發之疑，主唐人偽作，紀昀云：「觀其書末九流一篇，所指得失，皆與隋書經籍志子部所論相同。使隋志襲用其說，不應反不錄其書，使其剽襲隋志，則貞觀以後人做矣。」案：吳騫此跋當未及見紀昀說，無意間，二人所見略同。

5　引自國立中央圖書館特藏組編：《國立中央圖書館善本題跋真

跡》，（臺北：國立中央圖書館，1982 年），頁 1371。

6　勢通施，〈辨施〉全篇暢述勢之生成及其要義，勢之影響成敗，與《文心雕龍》〈定勢〉篇之文勢體勢，有互參之意。故而〈辨施〉當作〈辨勢〉，諸家校讀無有校此字者。近出陳應鸞《劉子校注增訂》亦缺校。

7　有關經學對「經權」問題，在宋明儒的辨證，可參鐘彩鈞〈高拱的經學思想〉乙文之第五節體用兼備經權不離，載林慶彰、蔣秋華主編：《明代經學國際研討會論文集》，（臺北：中央研究院中國文哲研究所籌備處，1996 年），頁 476-48。《論語》〈子罕〉篇此章之討論，程樹德云北宋以前多從何晏解。參程樹德：《論語集釋》，（北京：中華書局，1997 年），頁 634。案：何晏之解謂反經行權。

8　高拱：《高拱論著四種》（流水點校），（北京：中華書局，1993年 7 月），頁 159-165。

9　案《抱朴子》外篇首立〈嘉遯〉，次〈逸民〉，此亦與《劉子》首立〈清神〉不同旨趣。

10　參程榮纂輯：《漢魏叢書》，（長春：吉林大學出版社，1992年）。案：貴首篇之例，衡之於今人之作亦然。例楊樹達《春秋大義述》作於抗戰之困，有感於時移世艱，乃以是經設教，令諸生嚴夷夏之防，切腹讎之志，明義利之辨，於是，《春秋大義述》首立〈榮復讎〉篇，次〈攘夷〉，次〈貴死〉，此書大旨，由此可知。參楊樹達：《春秋大義述》，（上海：上海古籍出版社，2007年），自序。

11　主張《劉子》劉晝撰，據北學之屬為證之論，可舉陳應鸞〈劉子作者補考〉乙文為代表。參陳應鸞：《增訂劉子校注》，（成都：巴

蜀書社，2008 年），頁 58。

12　此處所謂隋唐子論，悉據楊家駱編增訂中國學術名著第一輯。參見
　　楊家駱主編：《隋唐子書十種》下冊《天隱子》，（臺北：世界書
　　局，1981 年）。案：有關隋唐子論真偽與輯佚之考辨，今暫略。又
　　據馬國翰輯《玉函山房輯佚書》有關魏晉子論，由楊家駱編入四部
　　刊要《雜家佚書十九種》，自漢唐蒙至梁沈約，斷簡零語，皆未見
　　類似「清神」之論。

《劉子》與《易經》初論

　　劉勰一生學術以子家自居，故而《文心雕龍》之作，必列〈諸子〉一篇，藉以述子書之文。而《劉子新論》固子論之書，雖全書博明萬事，盡述子家之學，然寫作此書之文術，亦極其講究。故而雖作子論，必兼文術情采，必講全書架構，必重鎔詞裁意，使子書之作猶如子書之文。劉子一生學術，據兩書以完全呈現其人道器並建，體用如一之圓通子學，二書互參、互證、且互為影響，理至甚明。故而《文心雕龍》與《劉子新論》雖二名，而實出一人之手。此猶如易理必講「因貳以濟民行」之策，必循乾體坤用之兩元辨證體系。《劉子新論》一書之作者必劉勰無疑。

　　既曰劉勰為子家，則必問劉勰述子家學術之源。劉勰一生子家學術，與其他諸子，大抵本源實無不同。蓋皆枝條五經，而必本乎「易」為之源。《文心雕龍》立〈原道〉為首篇，即謂文論溯源易之道。《劉子新論》立〈清神〉為首論，即示子家首在易之神。故而《周易》一書所闡述之易理、易道、易學，殆為劉勰一生學術之所本。然則，《易》非五經之列，《易》實為五經之「原」。自《漢書‧藝文志‧六藝略》云：「而易為五經之原。」其意蓋指《易》為群經之首、百學之源云云，當為論證子家與論證劉勰一生學術之第一義，不可不辨。

考《文心雕龍·諸子》曹學佺眉批云：「彥和以子自居。」
又〈諸子〉篇有句「嗟乎，身與時舛，志共道申，標心於萬古之
上，而送懷於千載之下，金石靡矣，聲其銷乎！」，明人鍾惺評
曰：「數語假然以子自居。」[1] 以上曹、鍾二家之評點甚是，一
語道破劉勰一生學問志趣歸趨實為子家之學，此明代學者流行以
子家視劉勰之明證。今人曹文彪〈為什麼晚明有些學者把文心雕
龍看成子書〉乙文云：

> 晚明有些學者視《文心》為子書是有道理的。魏晉六朝百
> 家爭鳴的時代特色給這種看法的產生以一定的現實啟發，
> 《文心》本身所具有的子書特點是這種看法產生的內在根
> 據，劉勰對諸子及子書的傾慕則為這種看法的合理性提供
> 了有力佐證。晚明學者產生這種看法，與晚明學風之經世
> 致用、私人講學、博通群經等特點有關。把《文心》從集
> 部提升到子部，就使它具有了特殊的地位，因而是很有意
> 義的。[2]

這段異於俗見的新解，頗具慧眼。只是未指明彥和以子家學術的
中心根源，本乎易學易理。而且彥和早已在〈諸子〉篇批判子學
源流至魏晉已漸趨薄弱之弊，故而劉勰云：「雖作者間出，瀾言
兼存，瑑語必錄，類聚而求，亦充箱照軫矣！」此段話深詆魏晉
子家之非類，雖然不乏子家作者，卻只供充箱照軫而已。故而彥
和挺身而出，力挽狂瀾，必撰作新論，以改寫子家流弊，再創子
學風範。據此而言，劉勰一生學術，不但在論文敘筆，寫下《文
心》一書之空前鉅作，更在子學領域，復興魏晉子家衰弊之劣
勢，不可謂非子學傳統之一功臣。

然則如何論證彥和子家學術之根源？亦求之易學與易理而已

矣！如何求之？先自影響學說理論考查之。影響論為比較文學之一支，但是在思想史（或觀念史）之領域亦每挪用之。其相關說法，可據以下說法略考之：

> 思想史家斯金納（Quentin Skinner）認為，作為能夠論證影響關係的條件是：
>
> （A）甲（先行者）與乙（後行者）的教義之間必須具有真正的類似點。
>
> （B）乙不能在甲以外的著作中找到該教義。
>
> （C）即使具有某種類似性，能夠證明乙受甲的影響，還必須能夠證明乙不是獨自闡明該教義。
>
> 只有滿足了這三個條件，才能主張甲影響了乙。[3]

上列之影響論，注重前後著作，不同作者之影響。例如六經之學，影響及於後世深遠。自兩漢以下，約略可見之影響，諸如：六經皆經、六經皆道、六經皆理、六經皆情、六經皆史、六經皆文等等，即其一例。同在一六經之典籍，影響及於後世，竟有以上所述六種之解讀結果，此即思想史影響論佳例之一。

試問，今欲證《文心雕龍》與《劉子新論》（案：書名當作劉子《新論》）二書之影響，其論證法稍不同於前者。蓋劉勰以一人之身，而作二書，有關二書之異同並其互為影響之論證，可援前揭史金納之說法乎？

案同一作者之二書互有影響之論證方法，首在篇與篇之互證互校，還有首篇之貴立，以及作者學說體系之架構理解。今試以〈原道〉為例，可助一解。章學誠《文史通義·原道篇》云：

> 鄙著〈原道〉之作，蓋為三家（考訂〈朴學〉，義理〈宋學〉、文辭〈文學〉）之分畛域設也。篇名為前人（《淮

南子・原道訓》，《文心雕龍・原道》篇，韓愈《原
道》）疊見之餘，其所發明，實從古未鑿之實，諸君似見
題襲前人，遂覺文如常習耳。夫文章以六藝爲歸，人倫以
孔子爲極，三尺孺子能言之矣。然學術之未進於古，正坐
儒者流誤欲法六經而師孔子耳。孔子不得位而行道，述六
經以垂教於萬世，孔子之不得已也。後儒非處衰周不可爲
之世，輒謂師法孔子必當著述以垂後，豈有不得已者乎？
何其蔑視同時之人而惓惓於後世邪！故學孔子者，當學孔
子之所學，不當學孔子之不得已。然自孟子以後，命爲通
儒者，率皆願學孔子之不得已也。以孔子之不得已而誤謂
孔子之本志，則虛尊道德文章，別爲一物。大而經緯宇
宙，細而日用倫常，視爲粗跡矣。故知道器合一，方可言
學；道器合一之故，必求端於周、孔之分，此實古今學術
之要旨，而前人於此，言議或有未盡也。[4]

以上這段〈原道〉原文，立刻想到《淮南子・原道》、《文心雕
龍・原道》、韓愈〈原道〉等篇與篇之古今影響。就劉勰的學說
而言，立刻想到〈原道〉與〈九流〉此二篇之關係。

　　章學誠此篇之末歸結到道器合一之學，為古今學術要旨。立
刻想到《文心雕龍》全書首〈原道〉終〈程器〉的全書體系架
構。章學誠〈原道〉的突出觀點，即義理、辭章、考據三者合一
之學。此三者總歸之六經，而六經總結之以文章，故曰六經文
章。此見解立刻想到《文心雕龍》立〈史傳〉、〈諸子〉、〈練
字〉、〈指瑕〉（近似考據之學）各篇之用意與主旨不離乎章學
誠主張的三合一之學。

　　然而，對章氏〈原道〉篇的類似說法，皆聚焦於「六經」之

經學課題，吾人可試引三家較論之。其一顧炎武云：

> 然愚獨以爲理學之名，自宋人始有之。古之所謂理學，經
> 學也……今之所謂理學，禪學也。不取之五經而但資之語
> 錄。[5]

案顧氏直指宋人之理學非經學，而雜揉禪學。繼此而推，經書之
道，又似有禪理之揉和。其二戴震云：

> 經之至者道也。所以明道者，其詞也。所以成詞者，未有
> 能外小學文字者也。由文字以通乎語言，由語言以通乎古
> 聖賢之心志。[6]

案戴氏此處講的經學及其孕含之道，皆非戴氏所謂的主體。戴氏
以為經學之根本，要自文字語言之訓詁求解。於是，經書表面之
語言文字，字義訓詁大於文學意趣。其三山口久和云：

> 章學誠説：由於孔子無法得位以實踐王道，所以述六經以
> 垂教於萬世。在今文經學的學說中，把孔子尊爲素王，而
> 且把孔子其人以及經他之手而成的六經視爲普遍眞理的體
> 現，將其神聖化。但實際的議論則發展爲，認爲孔子祖述
> 六經是因爲自己無法實踐王道而採取的萬不得已的辦法，
> 因而六經不可能是眞理的完全體現。此外，效仿孔子的人
> 應該效仿孔子所效仿的東西（周代之禮），而不應該效仿
> 孔子不得已的舉措，及藉托六經以倡言道德。對孔子和六
> 經的這種看法顯然接近古文經學的學說。不過，實際的議
> 論又背離了古文經學的領域而進入了自己獨特的視域。上
> 至宇宙世界，下至日常人倫，也就是説，他認爲這個歷史
> 世界才是道本身，而不單單是道的「跡」；理解「道器合
> 一」之故，才是學術的要旨。[7]

日本學者山口久和此段疏解章氏〈原道〉之主旨，突出了章氏對今古文經的獨家看法，既有今文之「素王」意，又有古文經學之實證方法，但是最終章氏主要提出自己「道器合一」之經學意涵，許為一家創解。

　　以上由六經之課題討論，引生影響後世學說之三例，可藉以參用，試其法於《文心雕龍》與《劉子新論》二書之影響論證，以及《文心》與《劉子》二書之作深受《周易》之影響，此蓋援影響論的「前書」對「後書」之影響而研究之。

　　《文心雕龍》與《劉子》二書之於結構體系，一言以蔽之曰：「精心巧構」。何則？可援四例以證之，一曰貴首篇，二曰示篇數，三曰貫珠結構，謂篇與篇之旨相連相承或相繼，纏纏如貫珠，四曰善結。謂《文心》以〈程器〉篇結全書，《劉子》以〈九流〉篇壓軸，皆刻意安排，藉之收結全書所歸，並申明個人學術志趣。劉勰著書，注重體系通貫，兼參博一之法，安排首尾一體，始終之圓，蓋其一生學術文章之特色，亦向來大學問家，名山志業之共相。

　　倘再進求而之，則以上所揭四例，無不見於《周易》一書經傳之結構。《周易》首乾坤。《易・繫辭傳》謂：「乾坤其易之門耶？」此著書貴首篇之始。《劉子》首篇立〈清神〉。力陳心、形、神三者於治身之要，聖人以之為本，治世憑之而用。自內自外，方圓兼備，無不先從「清神」始。全書陳治世方策，皆由首篇以引申。足證劉勰一生學問焦聚於神清之功夫，專注於神字之作用，由〈神思〉至〈清神〉，展露無疑。

　　經查漢魏古書，不論經子，罕有立〈清神〉為首篇者，在漫漫長河之子論系統中，《劉子》的清神，確屬創見。試觀稍早於

《劉子》的葛共《抱朴子》，內篇首揭〈倡玄〉，以玄學玄論為全書之主，代表葛共以道家道學為立場的學術門徑。更進一層，由玄而入仙，故而內篇僅次於〈倡玄〉者即〈問仙〉，十足地表現葛洪《抱朴子》志在神仙道教之學的企圖。

可是，《劉子》則不然。劉勰以〈清神〉為立論首篇，以〈言苑〉暢述治國處世之策，而〈九流〉篇殿全書之末，歸宗於儒道二家。《劉子》最終未入玄道與神仙之流，充分展現劉勰一生學術的「中流砥柱」之志趣，處在魏晉以下一片玄學玄化之潮流，劉勰恆保清醒，雖陷玄學之當代，然而卻是「反當代」。《劉子》一書自首篇始，即有自家新說，絕非抄襲匯萃前人舊論而已。[8]

溯此以推，《呂氏春秋》世稱呂覽，乃子論雜家之祖，全書由十二紀、八覽、六論總集而成，盡備治國處世之要，而驗其全書之篇，無涉〈清神〉之目。只有〈慎勢〉與《劉子》〈辨勢〉相關，〈召類〉、〈愛類〉、〈別類〉與《劉子》〈感類〉相通。

再看《淮南子》全書二十一卷，首立〈原道訓〉，或與《文心》〈原道〉同趣，然而《文心》〈原道〉志在《易經》，淮南王書〈原道〉，則歸之老莊，故而此書次列〈俶真訓〉，述真人之可修，尤為首篇〈原道〉助解。及至第七卷始立〈精神訓〉，注重「神」字之用，可謂《劉子》〈清神〉之所本。其不同者輕重而已。故知貴首篇乃子論撰作宗旨，子書流派之顯徵，不可不辨。其例若《韓非子》首見〈初見秦〉，次列〈存韓〉，韓非撰作之由，二篇盡知之矣！

今試據程榮輯《漢魏叢書》所收經史子古書，詳案各書篇

目。立首篇據神字者悉無，不在首篇而題名神字者，僅揚雄《法言》卷四〈問神〉篇，應劭《風俗通義》卷九〈怪神〉二例而已。[9] 由此亦證《劉子》一書貴首篇，揭〈清神〉之旨，於漢魏子論源流中，允稱創例，《劉子》一書之子論地位，斯可證矣！

　　復就南北朝之世，北學觀點而言，今人有謂《劉子》屬北學系統，固劉晝撰，蓋《齊書》、《北史》晝本傳俱載之。[10] 今案北學子論之首顏之推《顏氏家訓》全書誡子孫服道守義，諄諄之言，溢於言表。故立〈教子〉為首義，〈序致〉則一書之序耳。縱觀全書，亦無涉「清神」之旨。其第十六篇〈歸心〉初疑與「神」有關，細味之，全篇唯辨儒佛同心，殊途同歸，乃勸其子孫儒釋共道，內教外教歸於一心，可知其所謂心非心神，與《劉子・清神》合形心神為一體之論，判然可別，豈可將《劉子》歸之北學，定為劉晝所撰乎？

　　與《劉子》相近時世之《顏氏家訓》已不見立〈清神〉首篇，稍後於六朝之世，今再舉隋唐子論，亦僅唐初司馬承禎《天隱子》首立〈神仙〉，然其所謂神仙，終究非〈清神〉之神。此書第八篇曰〈神解〉，則融合儒釋之神而並解。謂：「信定閑慧四門通神謂之神解。」乃知此非〈清神〉所據《易經》之神解。[11] 合以上二證，《劉子》一書立〈清神〉為首章，以「神」為要義，既非專取於儒者，亦非乞靈於內教，無論並世之子論，或隋唐之子學，皆罕有與《劉子》同論調者。《劉子》一書居於子論史上承先啟後之地位，不辨而自明。

　　《劉子》與《文心雕龍》二書之基本思想相通，歸究其極，無非子論之雜家。《文心》一書看似「言為文之用心」，但此書之文，為文章之文。凡聖賢書辭，經史諸子之書，《文心》皆視

之為文，故而《文心》一書所論者在文章，所涵蓋之學問，則兼
包經史子。難怪彥和學術之歸屬，多屬「雜家」之列。惟此所謂
之「雜」，當據《易傳》〈雜〉卦所述，「錯綜複雜」之雜，謂
雜合而變化之，非謂駁雜之雜。

　　《周易》全日有上下經之分，由之而有上下經之傳，《文心
雕龍》全書五十篇，自言上篇以上綱領明矣，下篇以下，毛目舉
矣。蓋略仿此意。《劉子》雖不分上下，但全書總以十卷。自首
卷至卷五，類皆由修己以至治人，自卷五以下，乃更進以治國之
策，以及文武兼修之道。上下之名雖無，卻有其實，細意揣摩，
隱約可知。此亦略仿《周易》一書上下之結構。

　　至於篇與篇之連繫，猶之一篇〈序卦〉之組織，有天地而後
有夫婦，有夫婦而後有人倫，故《周易》全書上經以明天道，下
經以明人事。《文心》上下各二十五篇，上篇自卷二曰文體論。
自〈明詩〉以迄〈書記〉皆有其依次之序，篇篇相承，有若貫時
系統。至於《劉子》五十五篇之排序，雖此書無〈自序〉以自
表，但精心讀者，立可看出此書自篇首至結尾，自「道」至
「器」之跡甚明，自己至他之階可窺，由內而外之路隨現，又時
有「以類次篇」，或「錯綜」篇卷數目之意。全書結構深藏密細
之心，理通《文心》，而可上追《周易》之〈序卦〉與〈雜卦〉
之理。今請試製《劉子》全書五十五篇結構之歌訣，藉之可窺
《劉子》全書之系統，殆非散置，實見其精心巧構。《劉子》篇
目歌訣曰：

　　　清神防慾去情早；韜光崇學專務章；辨樂之人必履信；
　　　思順兼修慎獨房；貴農愛民在從化；法術賞罰妙錦囊；
　　　審名鄙名知人術；薦賢因顯託付詳；心隱通塞遇不遇；

　　精讀細批命相忙；妄瑕起自適才否；文武均任敢擔當；

　　慎言貴言傷讒忌；慎隙誠盈三慎常；明謙本來我大質；

　　辨勢和性殊好藏；兵術閱武明權謀；貴速觀量隨時參；

　　風俗利害生禍福；貪愛總緣類感傷；正賞激通要惜時；

　　言苑九流儒道方；如是五五篇十卷；劉子新論名聲揚。

據上錄歌訣所示《劉子》各篇結構得知，《劉子》首二卷先由
「治身修身」說起，由內而外，由己而外之論述步驟，覽之甚
明。而〈清神〉篇可謂修身之首務。蓋古人著作必貴首篇，凡立
首篇者必切全書大旨。大旨不同，篇意必異。故而《文心雕龍》
立〈原道〉，推崇文章之道。此道字即有形上學之意味。蓋文章
之理，必有其道，故述〈原道〉。

　　至於《劉子》撰作旨趣在「人」，固與論文不同。論人宜重
其形心神，論人之修為，宜注意修為具體之策，故論人不同於論
文之必推求文章之「道」，乃轉而問究修己治人之方法，及其可
取資之學說。於是，《劉子》首篇揭示修己第一策在清神，次以
防慾，再次以去情。慾情皆去，形全神清。下一步，則可學矣！
然而學之始，又先誡之以韜光之道，如何韜光？亦唯君子「內直
外義」之坤德。

　　可以說，自〈韜光〉以下，《劉子》一連七篇，止於卷二，
《劉子》暢述君子修己之策盡粹於此七篇。而此七篇所應用之
理，或引伸，或直用，或挪用，或啟示影響，無不來自《周易‧
坤文言》的坤順內美之易理。[12] 簡言之，韜光，講究君子修為在
隱跡隱智，以定內神，似擬坤掛的「含章可貞」之理，即〈坤文
言〉講到的「含萬物而化光」。

　　〈崇學〉篇分析君子的得道與否，無不繫乎學與不學。故而

此篇引據事例，率皆古人問師求道之事，例如「南榮求道」即其一例。而所舉力學成學之流，大率出於儒家之徒。其中申言崇學勿求速達，蓋仿〈坤掛〉：「履霜堅冰至」之理，歸結大意，學須漸進，學尤重「心順」之妙。

於是，〈崇學〉之後繼之以〈專務〉。[13] 專務者，謂專心務學，強調「心」之於學，關係至密。此篇雖無直接明顯可見之易理，但從全篇所講之專心，謂先「正其心，而後理義入」，強調正心功夫，做為「專心用心」之先導，恰恰是〈坤文言〉云「君子黃中通理，正位居體，美在其中」的間接挪用，二者相互之理實可通。

及至〈辨樂〉，已正式揭示君子修己具體作法之第一步，自「辨樂」始。而此篇講的樂，是中和之樂，注重五性相配，人心中和之樂，強調「順」與「逆」的養氣功夫，一個「順」字，再次暗合坤順至柔而剛，至靜德方之易理。故而〈辨樂〉篇與〈坤文言〉之「美順」，息息相關。

君子能〈辨樂〉之後，也必定能履信。然而，不惟君子履信，天地萬物，動植諸類，亦必履信。〈履信〉篇所稱之「信」，絕非僅止人與人交往之信。一言以蔽之，信即順。能順則能信。蓋凡能信而順者，必出乎誠意，信誠思順之理，正是〈坤卦〉履霜堅冰至反映的「言順」之信。〈履信〉篇的信字，採用《周易》古義，而捨後世引伸義，乃是《劉子》一書暗用易理的一篇特殊篇章。

在〈履信〉之後，僅僅接續講〈思順〉，可謂先一篇以啟下一篇之法，此法猶如《文心雕龍》一書之結構，篇篇相承，歷歷在目，有如貫珠。〈履信〉與〈思順〉實為一篇之兩說，互為印

證，旁通並生，而無不取資於〈坤卦〉易理。[14]

　　最後，卷二末篇總結君子修養之極至，即慎獨功夫。慎獨要旨，在不疑，既不疑己，又不疑於人。蓋仿〈坤文言〉：「陰凝於陽必戰，為其嫌於無陽也」之易理。於是，君子之誠，君子之美善，君子之正位居體，皆得力於慎獨之有功。而〈坤文言〉之易理在《劉子》〈慎獨〉篇，遂有論證之實例。今錄〈坤文言〉於下，仔細揣摩，〈韜光〉以下七篇隱含之易理，及其關鍵字詞概念，若合符節。〈坤文言〉云：

> 坤，至柔而動也剛，至靜而德方，後得主而有常，含萬物而化光，坤道其順乎。承天而時行，積善之家，必有餘慶，積不善之家，必有餘殃。臣弒其君，子弒其父，非一朝一夕之故，其所由來者漸矣。由辨之不早辨也，易曰：履霜堅冰至，蓋言順也。直其正也，方其義也，君子敬以直內，義以方外，敬義立而德不孤。直方大，不習無不利，則不疑其所行也。陰雖有美，含之，以從王事，弗敢成也。地道也，妻道也，臣道也，地道無成，而代有終也。天地變化，草木蕃，天地閉，賢人隱。易曰：括囊，無咎無譽，蓋言謹也。君子黃中通理，正位居體，美在其中，而暢於四支，發於事業，美之至也。陰疑於陽必戰，為其嫌於無陽也，故稱龍焉。猶未離其類也，故稱血焉。夫玄黃者，天地之雜也，天玄而地黃。

此段坤文言傳，主要講「善順」之理，及其本源。本源來自坤德，但與乾元不可離析，故而乾為坤「主」，坤之迷，迷在起初不順其「主」，故先迷後得主，坤之後來得順於主，一切即歸於「常」，常即常道，常道必在坤順之極至而講求之，始歸於常，

即謂合乾坤道德而言之。故曰坤順之德，是此七篇立論之本源。

　　本源可視作形上之「道」，坤文言傳此段不惟先立本源，更就坤順之理在「個人修己」與「治國平世」之實踐上，顯其功夫。於是，修己治人，必貴積善之家，積善即積善順之坤德。因為，自個人以至父子君臣之理，無不先定於坤順之理，父慈子孝，君臣之義，皆本然自善之理，順之而行，固善。反之而逆，必殃必敗。合個人修己如此，推而及之，以至齊家治國之道亦莫不如此。此之謂履順。乃引「履霜堅冰至」卦辭以證之。則坤卦之基本精神在「善順」，可曰至明至顯矣！《劉子》有〈慎隟〉篇，暢言事物將敗，必先於小，故慎防其初，莫謂表面無徵，錯失防慎，此猶如巢穴之風，看似無風，其毒人者深，一中則為不可癒之疾，似乎同理。故曰隟者巢也，謂巢穴之風。[15] 蓋〈慎隟〉篇主要講早先預防之理。這與坤文言分析霜堅冰至之象，暗示天地萬事萬物皆在漸漸變化之理相符，講一個「漸順」之理。可見順有正順與迷順，正順最終得主，即順於乾道的剛健中正。迷順是逆走敗道，亦即不順於天，不歸於常。〈慎隟〉篇講的就是要做到正順歸常之理，可說是坤文言傳的深一層引伸立論。

　　自「易曰」以下一段坤文言傳，括出君子「內敬外義」的修為典範，一切以「正順」為主導，依次分論坤附於乾必據「敬義」之德，且要內外合一。於是由「附」之乾坤性質，引導出君子在人間升降沉浮之路，必有《劉子》一書的〈薦賢〉、〈因顯〉、〈託附〉之經驗。此三篇都在講君子出處所由之徑，得主不得主之機遇，分析成就事業與否之因素。一言以蔽之，只要主僕主客兩方面皆順於「常道」，則君子必有薦舉顯功之機，必得附勢託效之功。此三篇是坤文言傳在「治人修己治國」之策的實

際運作。而其最終指導原理，即是「坤順乾主」，正順善順，乾坤體用不二之形上概念。所謂「天地之雜也」之雜，乃乾健坤順之合，亦即坤文言傳最後講的「天玄地黃」的內外合一，方圓一體的主常之道。[16] 整部《劉子》起〈清神〉，終〈九流〉，分篇五十五，明合天地之數，隱括內外之理，以及乾道（神）坤德之意，皆依稀隱藏於其中。由《劉子》全書安章設句，立篇分論的整體架構看，《劉子》理論深受《周易》一書的影響，及其引導，不可謂無其徵，《劉子》與《周易》的理論關係由此可證。

附註：

1　以上曹學佺，鍾惺二人之批語，轉錄自黃霖：《文心雕龍彙評》（上海：上海古籍出版社，2005 年），頁 63、頁 65。案：〈序志〉篇曹學佺又有批語云：「彥和雖是子類……。」（頁 164），再申劉勰子家，可並參。

2　轉引自楊明照主編：《文心雕龍學綜覽》（上海：上海書店出版社，1995 年），頁 282。

3　〔日〕半澤孝麿、加藤節編譯：《何謂思想史》（東京：岩波書店，1990 年），頁 79。Quentin Skinner: Meaning and Context: Quentin Skinner and His Critics,（Cambridge: Polity, 1998.）

4　引自章學誠：《文史通義・原道》（臺北：華世出版社，1982 年），頁 8。

5　引自顧炎武：《亭林文集・與施愚山書》（臺北：廣文書局，1985 年），卷三，頁 31。

6　引自戴震：〈古經解鈎沉序〉，《戴震文集》（臺北：廣文書局，1982 年），卷十。

7　引自山口久和著，王標（中譯）：《章學誠的知識論》（上海：上海古籍出版社，2001 年），頁 155。

8　案《抱朴子》外篇首立〈嘉遯〉，次〈逸民〉，此亦與《劉子》首立〈清神〉不同旨趣。

9　參程榮纂輯：《漢魏叢書》（長春：吉林大學出版社，1992 年）。案：貴首篇之例，衡之於今人之作亦然。例楊樹達《春秋大義述》作於抗戰之困，有感於時移世艱，乃以是經設教，令諸生嚴夷夏之防，切復讎之志，明義利之辨，於是，《春秋大義述》首立〈榮復讎〉篇，次〈攘夷〉次〈貴死〉，此書大旨，由此可知。參楊樹達：《春秋大義述》（上海：上海古籍出版社，2007 年），自序。

10　主張《劉子》劉畫撰，據北學之屬為證之論，可舉陳應鸞〈劉子作者補考〉乙文為代表。參陳應鸞：《增訂劉子校注》（成都：巴蜀書社，2008 年），頁 58。

11　此處所謂隋唐子論，悉據楊家駱編增訂中國學術名著第一輯。參見楊家駱主編：《隋唐子書十種》下冊《天隱子》（臺北：世界書局，1981 年）。案：有關隋唐子論真偽與輯佚之考辨，今暫略。又據馬國翰輯《玉函山房輯佚書》有關魏晉子論，由楊家駱編入四部刊要《雜家佚書十九種》，自漢唐蒙至梁沈約，斷簡零語，皆未見類似「清神」之論。

12　兩書或兩家之學的文本互涉之探求，直用引用，易於索解，但挪用較難檢證。所謂挪用，這裡借自文學理論的「Appropriation」一詞之概念。

13　〈專務〉篇，一本作〈專學〉，今從傅亞庶《劉子校釋》校改。

14　案信做順解，又互見於〈言苑〉云：「信讓者，百行之順也。」此處信訓順，可助一解。

15 隙字，諸家校不一。楊明照《劉子校注》缺校，傅亞庶《劉子校譯》，王叔岷《劉子集證》，陳應鸞《增訂劉子校注》同闕。案：隙即隙，「故牆之崩潰，必因其隙」句謂牆之傾頹，非一夕而倒，乃先起於小隙，漸隙之散而牆倒。《淮南子・人間世》：「夫牆之壞也於隙，劍之折，必有齧。」隙作隙可證。

16 體用不二一詞，描述乾坤二卦，借自熊十力《乾坤衍》一書之說。熊氏云：「此孔子《大易》所以肯定乾坤或萬物為真實，而收攝實體以歸藏於乾坤或萬物。易言之，實體是乾坤或萬物之內在根源，不可求實體於乾坤或萬物以外也。皇哉《大易》！體用不二之義，征諸萬有而不謬，洞澈理根而無疑，百世以俟後聖而不搖，可謂至矣！」參見熊十力：《乾坤衍》（上海：上海書店，2008 年），頁238。

《劉子》思想溯源

一、駁劉子蹈襲

　　古人著書，大家胸襟，無不參酌百家，兼綜眾學，而後取精用宏，自運機杼。其間著作述意，於前人書有可取者，直引之，雖為抄引，不可謂即蹈襲。今人攻劉勰《新論》非出勰手，每持《文心雕龍》與《新論》二書高下懸殊，功力學問不同，以為質正。謂《新論》多蹈襲雜揉古書，而《文心雕龍》非是。執此論者，蓋混蹈襲與承受二事為一之誤也。案《新論》雜揉古書，《文心雕龍》徵引前人之論，法出一手。《文心雕龍》〈鎔裁〉篇立三準說，其三準之語，全出自《春秋左氏傳》。然而未可因此判定《劉子》一書抄襲，蓋凡秦漢以下子家之書，必受先秦子學影響，至於多少之際，承受之跡，端在詮釋者之見仁見智也。

二、《周易》主德九卦與劉子履信

　　劉勰一生學術文史兼修，子學文學並治，一生通治經史子集，而無不貫之以文。故〈情采〉篇曰聖賢書辭總稱文章，意謂經史子莫非文章。然則，彥和述作，必先求撰作之旨。論文敘

策，言為文之用心，乃作《文心雕龍》一書。至於述道言治，陳治平之策，乃別有《劉子新論》之作，理甚易解。可惜今本《劉子》五十五篇，但缺〈序志〉一篇，遂無由窺知彥和撰作此書之旨。不若《文心雕龍》有〈序志〉一篇，凡彥和述作之意盡揭於此。此即《劉子新論》何為而作？《劉子新論》全書述作結構為何？以及《劉子新論》本源何出？等等諸疑，頗招議於後世論者，甚有因此而致疑此書非勰作者？可嘆！

今據《文心雕龍》〈諸子〉篇謂諸子者：「本體易總，述道言治，枝條五經。」云云，定義諸子之學，首明本體為何，次述道言治，即諸子撰作之企圖，再次力申諸子必出乎五經，蓋謂諸子之學不離乎五經。如此定義，按之《劉子新論》一書，若合符節。何以言之？

所謂諸子之本體，在《劉子新論》者，即「清神」。此神字本體，其本源來自易學易理。

所謂諸子之述道言治，在《劉子新論》者，則卷三自〈貴農〉、〈愛民〉以下之各篇，力陳治世之策，亦即《文心雕龍》〈程器〉篇云：「安有丈夫學文而不達於政事者哉！」之策。

又所謂諸子之學，源出五經者，在《劉子新論》而言，即〈辨樂〉、〈履信〉、〈審名〉、〈慎獨〉等各篇之主旨，本乎禮、樂、春秋之學，而統繫乎易學易理。此即漢志所謂易為五經之原，而《劉子新論》多自《周易》之道引伸義理而發揮之。何以證之？原來《劉子新論》全書架構除「述道言治」之餘，更增飾以「修己」之方。合而言之，全書五十五篇看似無章法，其實無不暗藏「修己」、「述道」、「言治」三類。而三類之設，首之以修己，修己之要，又括舉「神」、「學」、「德」。此三

者，清神與崇學實為修己之總綱，而「德」者，始為修己之實踐。故而劉子設〈履信〉一篇，即專主履字之修為。履者，行也。行德之謂也。而德之行，首在信字之講求。德之修，貴在履行。行、信、德互為因果，遂有「主德」說。而本之《周易·繫辭傳下》之九卦德。繫辭下云：

> 易之興也，其於中古乎？作易者，其有憂患乎？是故履，德之基也。謙，德之柄也。復，德之本也。恆，德之固也。損，德之脩也。益，德之裕也。困，德之辨也。井，德之地也。巽，德之制也。履和而至，謙尊而光，復小而辨於物，恆雜而不厭，損先難而後易，益長裕而不設，困窮而通，井居其所而遷，巽稱而隱，履以和行，謙以制禮，復以自知，恆以一德，損以遠害，益以興利，困以寡怨，井以辨義，巽以行權。

此段繫詞傳文，例舉履謙復恆損益困井巽九卦，詳為說解，而三陳之，故曰「三陳九卦」。分別自此九卦之卦名、卦德，及其實際作用而述講，可謂至細至密矣！凡易學易理引伸至人事應變，修己治人之方，盡備於此。今試約取其中要義，可與《劉子新論》互參互證者，至少有以下各篇：〈辨樂〉、〈履信〉、〈風俗〉、〈利害〉、〈有質〉、〈明謙〉、〈誡盈〉、〈辨施〉、〈和性〉、〈明權〉等。以上各篇又以〈明權〉與〈履信〉兩篇最有可說，前者用巽卦的「巽以行權」，後者用〈履〉卦的「履，德之基也」。

首先，就〈履〉卦而言，履字有二義，諸家大多訓履者，禮也。固宜。[1] 但是履字又有一義曰行，較適合〈履信〉之解。蓋禮者必行，無禮不行，乃知禮之先必先有可行之事。行之而得

宜，必中禮，禮之行乃有「履以和行」之「和」字原則。故而履字，可約取履禮、履行二義，本之以觀《劉子新論》，則〈大質〉篇力陳質性自然，中和為貴之旨，與〈履〉卦之理相通。〈辨施〉篇申明陰陽剛柔之勢，調和折中，亦〈履〉卦之和義。至於〈和性〉篇專述「和」字，力揭剛柔之和，履和為貴，即〈履〉卦九德之一。〈履〉卦確為德之基。〈風俗〉、〈利害〉、〈禍福〉皆與之息息相關。乃知《劉子新論》本源《周易》〈履〉卦之義理何其深刻？而履，做為修己之基礎，實為《劉子新論》全書三大結構之重要環節。

　　再看此段易繫辭九卦德的最末一卦〈巽〉卦之德，其作用在「巽以明權」。它直接連繫劉子很重要的〈明權〉論。可謂劉子大大修正法家「重法」、「重勢」、「重術」之後，新提出的「明權」論。而其本源實與《周易》〈巽〉卦相通。然則，巽與「權」何以有比附之義，清儒焦循《易章句》一書說之最詳，焦氏云：

> 巽則能變通，盈者濟之以虛，輕者平之以厚，帝王治世，聖人教人，所以因之、革之、文之、質之，退則進之，兼人則退之，皆權也。故孔子言“可與立，未可與權”，孟子言“子莫執中”，執中無權，獨執一也。伏羲以前人道未定，患在不知，既知之后，患又在知，故偏於剛，偏於柔，皆足使民怠玩而不可以久。必本之以德禮，而隨時左右之。自知其故，民莫能窺，乃可一德。遠害興利，而寡怨而歸之於辨義行權。聖人既示人以人道之常，又諄諄於變則通，通則久之義，蓋不獨為一時計，且為萬世計。一患解又慢，一患無時不慢，故無時不敬，特舉此九卦再三

明之也。[2]

此段訓解〈巽〉卦有「行權」之義，重點在突出經義的「明權」說。經學與子學在此做了巧妙的會通。無論經義或子論，都共同主張以「德」為行權之基，為明權之準則。至此，以〈巽〉之行權，為「九卦」之理做一總結，充分明示《劉子新論》的〈明權〉之理，若不謂本源於易學易理，則必可曰與易理相通。

三、從〈慎獨〉篇看劉子在子學源流的創見

劉子有〈慎獨〉篇，發揮《中庸》與《大學》二篇的思想，專列〈慎獨〉，置於全書第十篇，做為君子修身之總結。〈慎獨〉篇在《劉子》全書之結構，居樞紐位置。因為，自此篇以下，開始〈貴農〉、〈愛民〉、〈從化〉、〈法術〉、〈賞罰〉等已改變〈慎獨〉論題，由修身而講到治國之策，由近及遠，自內而外，《劉子》全書架構體系原自有其順序，蓋出於精心刻意安排，絕非率爾編成。

〈慎獨〉功夫經子思曾子之提倡，自漢以下，子學源流之發展，要到宋明理學才大談特談。朱子根據慎獨發揮主敬之說，並將慎獨與中和，慎獨與幾結合之。明儒劉宗周也將慎獨視作君子首要功夫，是心體與性體的本源。慎獨可謂宋明理學最重要之術語範疇。然而，若問從兩漢以下至宋明之間，子學家何以特別標出慎獨學問？恐亦不多矣！而劉子一書立專篇暢述其義，愈顯其承先啟後之價值。故劉子〈慎獨〉是子學史上一篇關鍵文獻。

〈慎獨〉首揭「善」，為百行之總。與「道」一樣，不可須臾離也。此種「善」，存於人心，而見於功夫。故劉子從「慎

獨」做起，隱顯幽微，視聽之際，皆須慎養獨居。此一層慎獨基本意，蓋本之《中庸》。

　　劉子〈慎獨〉與後來宋明儒最不同點之處，即闡明慎獨與鬼神慶祥之關係，宋儒則較少牽涉。

　　劉子以為不愧於屋漏，不做暗昧昏惑之行，即使鬼神不知，自己亦知之。自己何以知？即「心」也。慎獨要歸本於「心」，心之敬，心之誠，即慎獨之至極處。由此將慎獨與誠意、正心、修身結合一起，又將《中庸》講的「至誠如神」，與「可以前知」包含並述，劉子的慎獨之說，出自《中庸》、《大學》的一貫理路，具有濃厚的「主心」色彩。這個主「心」的學問，恰恰呼應劉子全書首篇的〈清神〉，講究「神靜心和」的功夫，也旁涉劉勰《文心雕龍》強調「文心」的心神論，呈現劉勰思想體系的一貫性。

　　宋明理學家講的慎獨，雖亦自《中庸》、《大學》出，但較少連繫慎獨心誠與神明慶祥的關係，稍偏離思孟本意，而更加引伸發展慎獨的功夫論，與劉子的〈慎獨〉要義有別。

　　然則，「慎獨」本義若何？《禮記・中庸》注云：「慎獨者，慎其閒居之所為。」，此解為漢唐以後所共遵。若進一層問究閒居所為何為？鄭注未細言之。漢唐以後，解慎獨者，多出理學家之言。而其所釋重點多聚焦於慎獨功夫論，誡人謹慎言行？其代表論述者，首推朱熹《四書集註》。朱熹《四書集註・論語・子張篇》注云：

　　　抑程子之意，正謂理無大小。故君子之學，不可不由其序
　　　以盡乎小者近者，而後可以進乎遠者大者耳。故曰：『其
　　　要只在慎獨』。此甚言小之不可忽也。又云：「程子所謂

慎獨者，則不敢忽其小者，以理之所當。」

　　此段程朱解慎獨，首將慎獨帶入「理」字，理無大小，猶之事無細微，皆君子慎獨當謹守之理。此後，朱子發揮慎獨之功夫論，加入「幾」的概念，可謂慎獨思想之一大突破。朱子《大學章句‧誠意章》注云：

　　獨者，人所不知而己所獨知之地也。言欲自修者，知爲善以去惡，則當實用其力，而禁止其自欺。

又《中庸章句‧首章》注云：

　　獨者，人所不知而己所獨知之地也。言幽暗之中，細微之事，跡雖未形而幾則已動。人雖不知而己獨知之。

　　朱子此二段之慎獨解，已超出漢唐人之注解，也不自限於理字，乃擴充慎獨義，與「善惡」之存念，「幾」字之幽微，置於君子閒居之時，即「獨知」之境界。其中，用「善惡」之獨知，具體點明慎獨功夫的內容，尤其是漢唐以來註解慎獨之創解。[3] 然而，何以朱子的慎獨能涉及「為善去惡」之具體修為呢？其實，《劉子》〈慎獨〉篇歸結慎獨的功夫，已提及此概念。〈慎獨〉云：

　　孔徒晨起，爲善孳孳，東平居室，以善爲樂。故身恒居善，則内無憂慮，外無畏懼。獨立不慚於影，獨寢不媿於衾，上可以接神明，下可以固人倫。德被幽明，慶祥臻矣。

　　將此段解釋，比較朱子的慎獨解，二者之相通處，立見可曉。差別在，劉子舉東平王劉蒼之慎獨為善，與孔門之徒（指顏淵）孳孳為善，當作慎獨善惡之辨的具體實例，事理配合實證，更能助解慎獨本義？再者，劉子此段話明講獨立不慚，獨寢不

愧，正是「獨居」的最重要二事。至於慎獨之極至功夫，最終可以上達神明，慶祥臻至。則是《中庸》至誠之道，可以前知，以及至誠如神的類似思考。

綜上比較，漢唐之間的「慎獨」解，自鄭玄而下，只有《劉子》闢專篇討論，及至宋代理學，始又暢論慎獨之道，而以朱子為代表的理學家慎獨解釋，大要主旨不出劉子〈慎獨〉篇之內容。若非朱子受劉子影響，至少，劉子申論慎獨之學，早出朱子五百年矣！劉子〈慎獨〉篇在子學思想系統之轉折地位，應予肯定。

四、劉子〈慎獨〉篇要義

《劉子》一書之〈慎獨〉篇，專講君子平居要正心誠意，無愧於屋漏，以達致「止於至善」之最高境界。此即儒家講大學之道八德目之總結果。《劉子》有此一篇，見證劉子學術思想歸宗儒家，與劉子〈九流〉篇以儒道二化為治世方策，前後呼應，完成全書子學體系之建構。

再者，〈慎獨〉篇的論述焦點，突出人世與自然二界的「隱微」處，注意事物與人心都共同有「視之不見」、「聽之不聞」的幽暗，警戒君子莫因旁人不知，違道背禮，有愧言行。因此，提示「鬼神前知」之理，任何暗昧昏惑，未必隱而不彰。尊「鬼神」於人事之先的思考路數，隱隱然又與《中庸》的鬼神之為德，義理相符。劉子這篇〈慎獨〉，綜合發揮《大學》誠意正心與《中庸》的神明之理，置於劉子全書第十篇，可謂劉子總結君子修養方法的重要論述。由此篇也可旁通《文心雕龍》為何有

〈隱秀〉篇？闡述文章的隱密深意。又為何有〈神思〉篇？探究文章的神理思維。劉勰將儒家的心神之道分二途申論，一在〈慎獨〉篇，二在〈隱秀〉與〈神思〉二篇。以子通集，以集證經，最終則經子集合一之學，見證劉勰以子家自居，綜貫百學的學術志趣。

五、《劉子》與《荀子》

劉勰一生學術，不限一端，不拘一學，所著《文心雕龍‧風骨》篇一段話，最能說明劉勰一生學問之步驟。〈風骨〉篇云：

> 若夫鎔鑄經典之範，翔集子史之術，洞曉情變，曲昭文體，然後能孚甲新意，雕畫奇辭。

此段話雖就「文」而言，論文士之練風骨，必先能鎔鑄經典，翔集子史。故而清初黃叔琳眉批云：「風骨又從經典子史中出。」4 此評甚是。今若移此語以問《劉子》一書，亦自經典子史中取精用華而出，亦可成理。蓋《劉子》一書，《四庫全書》劃歸子部雜家類，視此書為雜學，其性質殆同《呂氏春秋》、《淮南子》、《顏氏家訓》諸書。至於《道藏》亦收錄《劉子》，則《劉子》又有道家之術。由是可知《劉子》一書內容之繁雜，義理之多方。《劉子》一書必兼採經史子而自成一家之言，劉勰撰作《劉子》之法，猶如文心〈風骨〉此段所言。然則《文心雕龍》兼論子史，立〈諸子〉、〈史傳〉二篇，信知必有其故矣！文心與《劉子》二書雖然一論文理，一說子學，焦點側重各有不同，唯其撰述之背景，並其立論之本源，二書同取資於經典子史，可無待辨也。

　　然則，若問《劉子》一書立論與子書何家有涉？則非《荀子》一書不可。《劉子》一書重「法」，而有〈法術篇〉，此篇所講之法，轉化自《荀子》暢述之禮法。又《劉子》一書極注意「正名」，而有〈審名〉、〈鄙名〉之目，亦多取資於《荀子》論名與實之約定俗成，戒人必知「名實相符」之理。重視禮法以治國，明察名實以治世，《劉子》與《荀子》皆有相似之論點。可以說，先秦子學系統中，《劉子》取材最多的一部子書，就是《荀子》。今據《劉子》一書的〈法術〉篇，分析其所謂的法為何物？以及法與術之關係，借觀劉勰《劉子》如何受到《荀子》一書的影響。〈法術〉原文如下：

> 法術者，人主之所執，為治之樞機也。術藏於內，隨務應變；法設於外，適時御人。人用其道而不知其數者，術也；懸教設令以示人者，法也。人主以術化世，猶天以氣變萬物。氣變萬物，而不見其象；以術化人，而不見其形。故天以氣為靈，主以術為神，術以神隱成妙，法以明斷為工。淳風一澆，則人有爭心，情偽既動，則立法以檢之。建國君人者，雖能善政，未能棄法而成治也。故神農不施刑罰而人善，為政者不可廢法而治人。舜執干戚而服有苗，征伐者不可釋甲而制寇。

> 立法者譬如善御，必察馬之力，揣途之數，齊其銜轡，以其從勢。故能登高赴險，無覆轍之敗，乘危涉遠，無越軌之患。君猶御也，法猶轡也，人猶馬也，理猶軌也。執轡者，欲馬之遵軌也；明法者，欲人之循理也。轡不均齊，馬失軌也；法不適時，人乖理也。是以明主務循其法，因時制宜。苟利於人，不必法古；苟周於事，不可循舊。

夏、商之衰，不變法而亡；三代之興，不相襲而王。堯、
舜異道而德蓋天下，湯、武殊治而名施後代。由此觀之，
法宜變動，非一代也。

今法者則溺於古律，儒者則拘於舊禮，而不識情宜移法宜
變改也。此可與守法而施教，不可與論法而立教。故智者
作法，愚者制焉；賢者更禮，不肖者拘焉。拘禮之人，不
足以言事；制法之士，不足以論理。若握一世之法，以傳
百世之人，由以一衣凝寒暑，一藥治痤瘕也。若載一時之
禮，以訓無窮之俗，是刻舟而求劍，守株而待兔也。

故法者，為治之所由，而非所以為治也；禮者，成化之所
宗，而非所以成化也。成化之宗，在於隨時；為治之本，
在於因世。不因世而欲治，不隨時而成化，以斯治政，未
為忠也。

細審此篇談「法」之概念，並無「唯法」思想。而是用禮法
兼濟，取代唯法之專制。

然則，劉子的法治學說，究竟與韓非的唯法思想有何淵源？

六、劉子與韓非子異同

本於子學以「述道言治」為歸的論述，必要針砭當代並世之
時弊，提出對治之策，故而論述多偏向實用效能，此一定之理
也。劉勰撰作《新論》即是如此。

先秦子學家特重實際切用之說者，《韓非子》可為代表。而
《劉子》承受韓非子影響，在〈知人〉篇提出知人之難，在於不
能預見明哲於前，察之於未形的講法，與《韓非子》一再感嘆知

音難過，游說難行，法術之士，材用終不見明的呼聲，頗相類似。韓非子〈孤憤〉篇講智術之士，必遠見而明察，與〈知人〉篇的預見明哲於前，同一道理。至於〈和氏〉篇暢述卞和抱眞玉而受刑，終不肯屈，以見心志之堅。與劉勰《新論》的〈正賞〉、〈知人〉、〈薦賢〉等三篇嘆敘知音難求，名實容易眩惑的說法，頗爲相符。若再參照劉勰《新論》有〈法術〉、〈賞罰〉二篇強調法治的效用，似乎可證劉勰子論蓋嘗取資於韓非子之說。

今即就實用治世之觀點而論，《劉子》的〈知人〉章，與《韓非子》的〈用人〉、〈和氏〉二篇，可供二書義理互通之一證。

七、《呂覽》與《劉子》

《呂覽》一書首在全書篇章結構刻意安排，暗用易之數，以組織全書。此其用心，恰與《文心雕龍》、《劉子新論》二書之篇數結構用意相似。文心五十篇用大衍數，《劉子》五十五篇用天地數。《呂覽》則用十二紀以表天干地支之運行，八覽象徵八卦，六論則有六爻之寓意，亦有主水之旨，蓋用易經術數太一九宮數一六主水之說，近人傅斯年對此頗有細解。傅氏云：

> 而呂不韋之八覽六論十二紀二十餘萬言，乃成一部全始要終的書，不是些散篇了。八覽六論十二紀，六爲秦之聖數，八則卦數，十二則記天之數，這三個數八、六、十二，也都是在當時有意義的整數。這部呂氏眞是中國第一部整書，以前只是些散篇而已。這個體裁雖始於戰國末，

然這樣的系統著作尚非依傍大財力不可，故漢朝人之繼續者，始有劉安，在體裁上《淮南子》是"青出於藍而青於藍"的《呂氏春秋》。太史公未必富，但有異常的精力，也許武帝時文書的物質更廉了，於是百三十篇又是一部要去貫天地人的通書。十表像天干，十二本紀像地支，書八章像八卦，三十世家取老子三十幅共一轂之語，七十列傳之數亦取一個豐長的整數。從此以後，系統的著書乃更多，《周禮》之成書，一往整齊，卜筮如《太玄》，續子長者如《漢書》，乃至字書之《說文解字》，都在那裡有始有終，托於系統哲學啦。[5]

此段揭示《呂覽》全書篇數設計，皆有用意，非漫心組合之作，甚得其實。而又特標明《呂覽》為首部有系統之子書，非如記言體之《論語》與《孟子》，亦甚有創見。據此，劉勰一生撰作文心與劉子二書，於篇數不草設，蓋亦呂氏書之沾溉乎？此劉勰受《呂覽》影響之一例。

再者，《呂覽》於全書自首至尾精心結構，篇篇相承之法，即所謂「系統法」著書。此又劉勰撰作文心與劉子二書所師法。傅斯年云：

《呂覽》這部書在著書體裁上是個創作，蓋前于《呂覽》者，只聞著篇，不聞著成系統之一書。雖《慎子》著十二論以齊物為始，彷彿像是一個系統論，但《慎子》殘文見於《莊子》等書者甚少，我們無以見他的十二論究竟原始要終系統到什麼地步。自呂氏而后，漢朝人著文，乃造系統，於是篇的觀念進而為書的觀念。淮南之書，子長之史，皆從此一線之體裁。

　　按此段之說法，「系統化」是先秦以下子書的寫作特點，而由《呂覽》與《淮南子》開其端。劉勰做為後世子家，自然不例外，要取法於前賢呂氏書的系統結構，故而《文心雕龍》有文原論、有論文敘筆，有剖析情采，有知音才略之品評，體系完整，殆即子書系統化之表現。

　　而《劉子》一書今本闕「序」，無由知曉劉勰於此書是否有「系統化」之意圖。然而明眼人細讀此書，自〈清神〉立首篇以下，次〈防慾〉、〈去情〉，實亦前後關聯，結構有序，至全書末尾，結以〈言苑〉、〈九流〉二篇，亦似刻意經營之作。蓋同文心，皆有「系統化」之用心。

八、《劉子》〈法治〉、〈賞罰〉思想非法家

　　《劉子》全書思想駁雜，不尚一家，前賢多有論證，其中或有謂劉子有法家思想。蓋今本《劉子》有〈法治〉、〈賞罰〉二篇可證。

　　今當辨者，《劉子》之法家非純法唯法之法家，似較近於太史公《史記》〈循吏列傳〉所定義之法家。據〈循吏列傳〉云：

> 太史公曰：法令所以導民也，刑罰所以禁姦也。文武不備，良民懼然身修者，官未曾亂也。奉職循理，亦可以為治，何必威嚴哉？
>
> 孫叔敖者，楚之處士也。虞丘相進之於楚莊王，以自代也。三月為楚相，施教導民，上下和合，世俗盛美，政緩禁止，吏無姦邪，盜賊不起。秋冬則勸民山採，春夏以水，各得其所便，民皆樂其生。

楚民俗好庳車，王以爲庳車不便馬，欲下令使高之。相曰：「令數下，民不知所從，不可。王必欲高車，臣請教閭里使高其梱。乘車者皆君子，君子不能數下車。」王許之。居半歲，民悉自高其車。

此不教而民從其化，近者視而效之，遠者四面望而法之。故三得相而不喜，知其材自得之也；三去相而不悔，知非己之罪也。

子產者，鄭之列大夫也。鄭昭君之時，以所愛徐摯爲相，國亂，上下不親，父子不和。大宮子期言之君，以子產爲相。爲相一年，豎子不戲狎，斑白不提挈，僮子不犁畔。二年，市不豫賈。三年，門不夜關，道不拾遺。四年，田器不歸。五年，士無尺籍，喪期不令而治。治鄭二十六年而死，丁壯號哭，老人兒啼，曰：「子產去我死乎！民將安歸？」

李離者，晉文公之理也。過聽殺人，自拘當死。文公曰：「官有貴賤，罰有輕重。下吏有過，非子之罪也。」李離曰：「臣居官爲長，不與吏讓位；受祿爲多，不與下分利。今過聽殺人，傅其罪下吏，非所聞也。」辭不受令。文公曰：「子則自以爲有罪，寡人亦有罪邪？」李離曰：「理有法，失刑則刑，失死則死。公以臣能聽微決疑，故使爲理。今過聽殺人，罪當死。」遂不受令，伏劍而死。太史公曰：孫叔敖出一言，郢市復。子產病死，鄭民號哭。公儀子見好布而家婦逐。石奢縱父而死，楚昭名立。李離過殺而伏劍，晉文以正國法。

縱觀太史公〈循吏列傳〉所敘人物成敗，或有從「化」而受

人民感戴者，如子產，不強調「奉法循理」之綱。然亦有「奉法循理」，拘執法字，不知權變，因而敗事者。此二類殆為全篇之對比。故而〈循吏列傳〉所謂法有三義：其一禮法，其二以德化治人，勝於嚴法刑人，其三奉法循理，不知權變，亦非善法。

以上法之三義，對照《劉子》〈法術〉篇所謂的法，大抵相符。茲引〈法術〉三段原文以證之：

> 法術者，人主之所執，爲治之樞機也。術藏於內，隨務應變；法設於外，適時御人。人用其道而不知其數者，術也；縣教設令以示人者，法也。人主以術化世，猶天以氣變萬物。氣變萬物，而不見其象；以術化人，而不見其形。

> 今法者則溺於古律，儒者則拘於舊禮，而不識情宜移法宜變改也。此可與守法而施教，不可與論法而立教。故智者作法，愚者制焉；賢者更禮，不肖者拘焉。拘禮之人，不足以言事；制法之士，不足以論理。若握一世之法，以傳百世之人，由以一衣礙寒暑，一藥治痤瘊也。若載一時之禮，以訓無窮之俗，是刻舟而求劍，守株而待兔也。

> 故法者，爲治之所由，而非所以爲治也；禮者，成化之所宗，而非所以成化也。成化之宗，在於隨時；爲治之本，在於因世。不因世而欲治，不隨時而成化，以斯治政，未爲忠也。

據上列〈法術〉文義，要旨亦有三，其一法與術兼用，而妙在能「化人」，非專以嚴刑峻法治人，不同於法家之法。其二法即《荀子》所謂禮義謂之法，偏重在禮義，劉子以禮法為總歸，非純用刑法。其三法非一定，必須因世隨時，成化成治，故而法

先王，與法後王，皆可並參，非必以先王為法。此又與《史記》〈六國年表〉採自秦紀之思想相合。蓋皆不泥古而能參今法。清儒姚祖恩的評點，可助一解。姚氏云：

> 子長因秦紀創立年表，上紹春秋之書法，下開綱目之源流，是一部史記大主腦。但春秋以魯為主，綱目以正統之君為主，六國年表則分界層格，各國自為其主；以其時勢均力敵，地醜德齊，無可統攝之義也。然六國之興滅，惟一秦始終之。秦雖不可以統六國，而未始不可以貫六國。況上世之文，列邦之史，已為秦人收付一炬，則臨文考事，捨秦紀更無可憑，所以入手先敘秦之漸強，次即夾敘六國之寖盛，此即六國表前半公案也。次敘秦之并天下，而六國表後半公案已漸滅其中。然其言外，卻復老大悲慨，老大不平，因起手得天之意，挽住西畤郊天作一疑；又因起手踰隴營岐之事，串出西北收功作一信，此是題外原題之法也。然後轉出焚書之後，他無可据，故不得不援秦紀以存二百七十年崖略，而世儒動欲遠法上古，殊不知近已而俗變相類，議卑而易行，傳所謂「法後王」者，其理不可易也。末乃明點出踵春秋之後，著興壞之端，則又藉秦紀而不為秦紀用者矣。

　　以上姚氏的評點，強調太史公〈循吏列傳〉已揭法理隨時之說[6]，則〈六國年表〉主秦紀，不作遠法上古之論，可謂前後一貫之論述。

九、劉子〈託附〉自〈伯夷列傳〉來

　　劉勰一生志於三不朽之志甚明。可從《文心雕龍》一書散見片段之語，與《劉子新論》一書特設〈薦賢〉、〈因顯〉、〈託附〉三篇，看出端倪。推溯「託附」之理，先秦兩漢古書早已有之。蓋託附之嘆，必隨身世之悲，與懷才不遇而來。司馬遷《史記‧伯夷列傳》可謂「託附」論之代表。司馬遷云：

　　「君子疾沒世而名不稱焉。」賈子曰：「貪夫徇財，烈士徇名，夸者死權，眾庶馮生。」「同明相照，同類相求。」「雲從龍，風從虎，聖人作而萬物覩。」伯夷、叔齊雖賢，得夫子而名益彰。顏淵雖篤學，附驥尾而行益顯。巖穴之士，趣舍有時若此，類名堙滅而不稱，悲夫！閭巷之人，欲砥行立名者非附青雲之士，惡能施於後世哉？

　　不葬，爰及干戈，可謂孝乎？可謂仁乎？」左右欲兵之。太公曰：「此義人也。」扶而去之。武王已平殷亂，天下宗周，而伯夷、叔齊恥之。義不食周粟，隱於首陽山，采薇而食之。及餓且死，作歌。其辭曰：「登彼西山兮，采其薇矣。以暴易暴兮，不知其非矣。神農、虞、夏忽焉沒兮，我安適歸矣？于嗟徂兮，命之，衰矣！」遂餓死於首陽山。

　　由此觀之，怨邪非邪？

　　或曰：「天道無親，常與善人。」若伯夷、叔齊，可謂善人者非邪？積仁絜行如此而餓死！且七十子之徒，仲尼獨

薦顏淵爲好學。然回也屢空，糟糠不厭，而卒蚤夭。天之
報施善人，其何如哉？盜蹠日殺不辜，肝人之肉，暴戾恣
睢，聚黨數千人橫行天下，竟以壽終。是遵何德哉？此其
尤大彰明較著者也。若至近世，操行不軌，專犯忌諱，而
終身逸樂，富厚累世不絕。或擇地而蹈之，時然後出言，
行不由徑，非公正不發憤，而遇禍災者，不可勝數也。余
甚惑焉，儻所謂天道，是邪非邪？

子曰「道不同不相爲謀」，亦各從其志也。故曰「富貴如
可求，雖執鞭之士，吾亦爲之。如不可求，從吾所好」。
「歲寒，然後知松柏之後凋」。舉世混濁，清士乃見。豈
以其重若彼，其輕若此哉？

案〈伯夷列傳〉敍述君子雖賢，卻困於當世，身名隱沒，惟
賴後世賢人表章而後顯。由此可知君子一生之遭遇，與〈託附〉
極有關係。《劉子》全書之〈知人〉、〈心隱〉、〈通塞〉、
〈遇不遇〉、〈命相〉等各篇要義，恰與此相通。《劉子》一
書，不止可見劉勰平生學問述道言志之方，復可推究劉勰寄託身
世之微言大義，不可不辨。

十、《人物志》予《劉子》之影響

三國魏人劉邵《人物志》暢論人物之理，可謂人學之始。古
代之觀人術，流業之分辨，品騭之高下，此書已盡其詳。南朝蕭
梁劉勰《劉子新論》，述道言志，博明萬事，適辨一理，固屬子
家之流。粗觀之，二書自似異旨，細審則驚其相通互佐之實，頗
須一探究竟。

　　考《人物志》一書始出，名揚不揚，大道湮埋，遲至南朝劉
宋，其書始行。劉勰自幼力學，苦心孤詣，身當宋世不遠，必及
見此書，涵泳既深，玩索探味，極有可能承受影響，採其餘緒，
申之於新論。有關《人物志》一書源流始末，晉人阮逸言之最
詳。阮逸云：

> 予好閱古書，於史部中得劉邵人物志十二篇，極數萬言。
> 其述性品之上下，材質之兼偏，研幽摘微，一貫於道。善
> 慶之長短，權之輕重，無銖髮蔽也。大抵考諸行事，而約
> 人於中庸之域，誠一家之善志也。由魏至宋歷數百載，其
> 用尚晦，而鮮有知者，吁可惜哉。[7]

　　此段簡要之序，表明《人物志》湮埋百年不彰之悲嘆，及至
南朝劉宋始有知之者。此時正當劉勰苦心力學之期，必及見此
書。沉讀日久，轉出新義，劉勰必有取資於《人物志》以撰作
《劉子》，乃見立目設篇，往往有跡可尋。

　　考《人物志》乃一家之善志，宗旨在「人」。反觀《劉子》
為子書，宗旨在「述道言治」，而「修己」為基礎，乃劉勰取資
於《人物志》之補充說法。故而今本《劉子》有〈適才〉、〈觀
量〉、〈大質〉、〈明權〉等各篇，暢言人才器量大小，人才質
性之中和，人才知謀明術之妙策等等，諸篇要領，約略見載於
《人物志》一書，即阮逸序謂性品上下，材質兼偏，度之長短，
權之輕重等學問，皆《人物志》一書之重要內容。《劉子》與
《人物志》二書在論人才之各項問題與人才特質分類，處處相
通。阮逸此篇序可謂言簡意賅，一言中論。

　　以上由《劉子》以前的子書，比較與《劉子》的異同，不難
看出，《劉子》對於前代子學，廣泛吸取，藉以建構自己的思想

本源。至於建構方法，劉勰依例採用折中與統合的思想方法，十足表現劉勰做為子家的風範。

附　註

1　履卦諸家訓解不一。案〈序卦〉曰：「履者，禮也。」，朱熹說同。惟陸九淵謂：「行為德之基。……不行德何由而積。」，履遂有「行」解，近人屈萬里從之。見屈萬里：《讀易三種》，（台北：聯經出版事業公司，1983年），頁854。

2　引自焦循《易章句》卷八，收入焦循撰：《易學三書》（李一忻點校），（北京：九州出版社，2003年），頁369-370。

3　朱子注解四書，一注再注，晚年語錄又再申言此處所說的「幾」與獨知之重要，明顯可證朱子對自己的慎獨注解，自謂定論。案《朱子文集》卷六十〈答周南仲書〉云：「然其實與不實，蓋有他人所不及知而己獨知之者。故必謹之於此，以審其幾焉。」又《論語集註‧子罕篇》注云：「人欲體此道者，當如此也。善道無時而不然。惟慎其獨，則可以無所間斷而不虧真體。」以上二段原文，皆可並參，見證朱子的晚年慎獨定論。

4　引自黃霖：《文心雕龍彙評》，（上海：上海古籍出版社，2006年），頁101。

5　引自傅斯年：《戰國子家與史記講義》，（天津：天津古籍出版社，2009年），頁76。

6　引自姚祖恩：《史記菁華錄》，（台北：聯經出版事業公司，1988年），頁27-28。

7　引自阮逸〈人物志〉序，收入楊家駱主編《人物志注‧名家佚書》，（台北：世界書局，2000年）。

劉子非劉勰作考辨

一、《劉子》寫作企圖

　　《劉子》一書撰作旨趣，雖今本未見有「序」或跋，無得窺其私意。然考之全書五十五篇，結構宏整，兼綜各家，大有整合晉宋以前子學之意圖，而歸本於述道言志。此種寫作企圖，殆即六國以前子學家之撰作旨趣。若《孟子》一書即其顯例。據《史記・卷七四・孟荀列傳》太史公述《孟子》一書寫作企圖，及其身世遭遇，頗可借以觀測《劉子》成書之緣由。司馬遷云：

　　孟軻，鄒人也。受業子思之門人。道既通，游事齊宣王，宣王不能用。適梁，梁惠王不果所言，則見以爲迂遠而闊於事情，當是之時，秦用商君，富國強兵；楚、魏用吳起，戰勝弱敵；齊威王、宣王用孫子、田忌之徒，而諸侯東面朝齊。天下方務於合縱連衡，以攻伐爲賢，而孟軻乃述唐、虞、三代之德，是以所如者不合。退而與萬章之徒序《序》、《書》，述仲尼之意，作《孟子》七篇。

　　此段敘孟子遊事戰國諸侯，歷齊宣王、梁惠王而皆不得重用，蓋非孟子學道不精，而是與時世潮流不合。雖不合，孟子猶堅守己道，退而與門徒述經尊孔，始作《孟子》七篇。對照劉勰

生平遭遇，頗類似之。蓋劉勰屢言丈夫學文，必達政事，力伸君子藏器以待時用，故而早歲作《文心雕龍》，有干進沈約座前之舉。及歷事南康王、臨川王、太末令等，雖仕途小進，及至步兵校尉兼掌東宮警衛，亦僅位至六品，與雄才大志之初衷，不可相比類，故而〈諸子〉篇有「身與時舛」之感慨。於是，繼文心之作，劉勰又有《劉子》一書，頗類孟子求道不合退而序詩書之意。劉勰有見於立功不成，立言有待，故有「述德建言」之想。《劉子》一書最末提出儒道二化，與文心首標〈宗經〉〈徵聖〉之旨，互相發揮旁證，蓋仿「述仲尼之意」，引為《劉子》全書撰作企圖，此先秦子家「經」「子」未嚴限之子學著作共通旨趣。劉勰不干自限於晉宋「集」部文人，又無意再追馬、鄭經注之餘緒，故而以子家自期，而兼參尊孔徵聖之「經」義，遂令不論文心或劉子二書，皆共同展現子家體系而追尊經學孔聖的撰作企圖。此即劉勰一生學術生命之寫照，《劉子》一書當屬之劉勰作者。

二、《隋書經籍志・總序》言作志之旨即《新論》之學

劉子以子家自居，欲綜合古今子家之學，成就一家之言。故而《文心雕龍》與《新論》二書之作，皆本於此。《隋書經籍志・總序》末段總括經籍撰作之旨，可引以為類比劉勰《新論》全書撰作之旨。總敘云：

遠覽馬史班書，近觀王阮志錄，把其風流體制，削其浮雜

鄙俚，離其疏遠，合其近密，約文緒義，凡五十五篇。各
列本條之下，以備經籍志。雖未能研幾探賾，窮極幽隱，
庶乎弘道設教，可以無遺闕焉。夫仁義禮智所以治國也，
方技數術所以治身也，諸子爲經籍之鼓吹，文章乃政化之
黼黻，皆爲治之具也。

　　詳此段文意，立篇章五十五篇，述作書之旨在弘道設教，而
治學門徑則諸子與文章並重。總之，一切學術無不歸諸述道言
志。這種胸襟氣魄，頗符合《文心雕龍》與《劉子》二書，尤其
與《劉子》全書結構大抵相合。反觀劉晝著作則無此傾向。

三、劉晝學術與《劉子》不符

　　據劉晝本傳載，晝之學術一精於三禮，二詳於服氏春秋。據
此二門學問驗觀《劉子》，頗不相符。《劉子》非晝之學可造，
不待辨而自明。

　　考《劉子》有〈辨樂〉一篇，雖略涉〈三禮〉之學，但此篇
歸之「中和」，主張先王立樂，貴在感人善心，不必太拘於禮。
故曰：「五帝殊時，不相沿樂。三王異世，不相襲禮。」，劉子
注重樂心，可類比《文心雕龍》特標文心。劉子強調中和之樂，
使情性內和，邪音不入，較之禮制規章更爲重要。不若劉晝但知
三禮，未合參禮樂。《北齊書》劉晝本傳云：

劉晝，字孔昭，渤海阜城人也。少孤貧，愛學，負笈從
師，伏膺無倦。與儒者李寶鼎同鄉里，甚相親愛，受其三
禮。又就馬敬德習服氏春秋，俱通大義。恨下里少墳籍，
便杖策入都。知太府少卿宋世良家多書，乃造焉。世良納

之。恣意披覽，晝夜不息。河清初，還冀州，舉秀才入京，考策不第。乃恨不學屬文，方復緝綴辭藻，言甚古拙。制一首賦，以「六合」為名，自謂絕倫，吟諷不輟。乃歎曰：「儒者勞而少功，見於斯矣！我讀儒書二十餘年，而答策不第，始學作文，便得如是。」曾以此賦呈魏收，收謂人曰：「賦名六合，其愚已甚；及見其賦又愚於名。」晝又撰高才不遇傳三篇。在皇建、大寧之朝，又頻上書，言亦切直，多非世要，終不見收采。自謂博物奇才，言好矜大，每云：「使我數十卷書行於後世，不易齊景之千駟也。」而容止舒緩，舉動不倫，由是竟無仕進。天統中，卒於家，年五十二。

根據以上晝本傳所載，晝之學專在「經學」。今既未見《劉子》一書有言禮專篇，復又不聞有春秋大義之論。反而，多見《易經》遍引於《劉子》全書，而「玄學」之風尤處處可見其跡。其它若〈思順〉、〈慎獨〉、〈和性〉等孕育自《中庸》、《大學》之心性論，遠非劉晝其人之能習。可見，劉晝之經學專偏二經，《劉子》之經學則廣涉群經。二者學術寬狹有別，劉晝不可能《劉子》作者。

再者，《劉子》重視兵學，主張「文武」兼備之學，尤其是劉晝本傳闕述者。劉子於諸子九家，主張兼通並蓄，各取其長，而最終歸結「儒」「道」二化，以治理天下之學說觀點，劉晝本傳幾乎隻字無涉。由本傳所見劉晝其人及其學，絕無能作《劉子》之理。尤其以劉晝不談文武，僅專精自命一儒士，最不合《劉子》文武均任，講兵術，重〈貴速〉，倡〈閱武〉的思想精神。

　　何以《劉子》特重文武？一言以蔽之，殆即梁武帝親身示
範，以及公開唱議之風氣，影響《劉子》，啟發《劉子》一書的
文武並重主張。案梁武帝在位四十八年，《梁書‧武帝紀》分三
卷綜述一生行止，贊許為「歷觀古昔帝王人君，恭儉莊敬，藝能
博學，罕或有焉」，此評可謂美稱之極。若問梁武帝何以成就一
世明君？此不得不歸功於梁武以帝王之尊，博學通經，躬自講
學。又濟以武略，雄才權謀有以致之。《梁書‧簡文紀》載中大
通三年梁武詔簡文帝繼太子文，頗可見梁武重文武之意。詔文
曰：

> 「非至公無以主天下，非博愛無以臨四海。所以堯舜克
> 讓，惟德是與；文王舍伯邑考而立武王，格於上下，光於
> 四表。今岱宗牢落，天步艱難，淳風猶鬱，黎民未乂，自
> 非克明克哲，允武允文，豈能荷神器之重，嗣龍圖之尊。
> 晉安王綱，文義生知，孝敬自然，威惠外宣，德行內敏，
> 群后歸美，率士宅心。可立為皇太子。」七月乙亥，臨軒
> 策拜，以脩繕東宮，權居東府。四年九月，移還東宮。

　　又《梁書‧敬帝紀》末引魏徵評論梁武帝一生成敗關鍵，亦
功在梁武帝允文允武。魏徵云：

> 史臣侍中、鄭國公魏徵曰：「高祖固天攸縱，聰明稽古，
> 道亞生知，學為博物，允文允武，多藝多才。爰自諸生，
> 有不羈之度，屬昏凶肆虐，天倫及禍，收合義旅，將雪家
> 冤。曰紂可伐，不期而會，龍躍樊、漢，電擊湘、郢，翦
> 離德如振槁，取獨夫如拾遺。其雄才大略，固無得而稱
> 矣。既懸白旗之首，方應皇天之眷，布德施惠，悅近來
> 遠，開蕩蕩之王道，革靡靡之商俗，大脩文教，盛飾禮

容，鼓扇玄風，闡揚儒業，介胄仁義，折衝罇俎，聲振寰宇，澤流遐裔，干戈載戢，凡數十年。濟濟焉，洋洋焉，魏、晉已來，未有若斯之盛。」

以上所引二則史料，明證梁世尚文武。劉勰身居梁朝，不欲仕進則已，如欲寄志清雲，高拾青紫，豈能不迎合當世風潮，揣摩聖意？故而《劉子》一書暢論文武，注重兵術，頗符合劉勰身處梁朝的時代背景，絕非劉晝所居的北齊皇室。本乎此，劉勰早年作《文心雕龍》〈程器〉篇，以「安有丈夫學文而不達於政事者哉」結束全書，殆即《劉子》一書文武並重思想的前後一貫理路。

四、劉晝本傳與《劉子》〈遇不遇〉篇旨不合

今存劉晝本傳，分見於《北齊書》儒林傳與《北史》儒林傳。兩傳稍有詳略，然大體無甚不同。今據本傳所表述劉晝其人及其言行，印證於《劉子》一書各篇，多有不相合之語。由此可知《劉子》必非晝作至明。

然則，何以晁公武、陳振孫、王應麟等宋儒必指《劉子》劉晝撰？蓋緣晝本傳或言晝懷才不遇，《劉子》恰有〈遇不遇〉一篇。又晝本傳謂晝精於三禮，《劉子》有〈辨樂〉、〈履信〉二篇與之有涉。總之，論者喜括舉晝本傳，印證於《劉子》全書，推論《劉子》劉晝撰。

案：《劉子》一書多處文句，所述意旨，細審之，皆非劉晝本傳之意。今臚列如次：

1.本傳言：「河清初，還冀州，舉秀才，入京考策不第，乃

恨不學屬文，方復緝綴辭藻，言甚古拙。制一首賦，以六合為
名，自謂絕倫，吟諷不輟。乃歎曰：『儒者勞而少功，見於斯
矣！我讀儒書二十餘年，而答策不第，始學作文，便得如是！』
曾以此賦呈魏收，收謂人曰：『賦名六合，愚已甚；及見其賦，
又愚於名！』晝又撰高才不遇傳三篇。」

　　案：據此，晝一則舉秀才不第，二則欲託附魏收不成，於是
嘆而作高才不遇傳三篇。如此，晝所謂不遇，乃自怨自哀，傷嘆
憤激之詞，消極性高，積極性低。此非《劉子》〈遇不遇〉篇旨
之意。〈遇不遇〉篇分遇與不遇，正反辨證。目的申明人生處
世，貴賤、禍福、榮辱之不可必期。冥冥之中，似有一個「機」
在，非人力可掌控者。故而《劉子》全書於不可知之神妙，頗加
注意。其本源或受易經「知幾其神乎」之思想啟示。但《劉子》
絕不含憤激之詞，抱怨不遇之意。尤其〈遇不遇〉末段提出「達
命」觀，十足展現劉子通達時命，鑑照人生之處世智慧。此中境
界，絕非劉晝其人只知進不知退，專於仕位而不悟謙隱之單一思
路可比擬。〈遇不遇〉云：「遇不遇，命也；賢不賢，性也。怨
不肖者，不通性也；傷不遇者，不知命也。如能臨難而不懼，貧
賤而不憂，可為達命者矣。」此段揭出「達命」觀，對照晝本傳
殊不合。若再參讀〈遇不遇〉下篇〈命相〉章，乃知二篇前後連
貫統一，未可單獨抽離遇不遇的命題，僅據表面詞句，硬套晝本
傳。再者，若將遇不遇命題，擴充至一國之政，或治或亂，亦非
智力可明者。為此，《劉子》又有〈隨時〉章，應用易經〈隨〉
卦之理，闡述政教隨時而變，隨時而宜的道理。恰恰與君子處世
的達命觀互相印證，合為表裏。〈隨時〉章云：「魯哀公好儒而
削，代君修墨而殘，徐偃王行仁而亡，燕噲為義而滅。夫削殘亡

滅，暴亂之所招也。而此以行仁義儒墨而遇之，非仁義儒墨之不可行，非其時之所致也。」，此處之隨時觀，正好與達命觀配合，一在治國，一在修身，構成《劉子》一書的思想體系。而畫本傳僅述不遇的抱怨之氣，與《劉子》思想簡直不相干。

2.本傳言：「在皇建、太寧之朝，又頻上書，言亦切直，多非世要，終不見收采。自謂博物奇才，言好矜大，每云：『使我數十卷書行於後世，不易齊景之千駟也！』而容止舒緩，舉動不倫，由是竟無仕進。天統中，卒於家，年五十二。」

案：畫本傳所見其人性情面貌，此段最顯眼具形。似其人性傲氣粗，放言高論，乃不知謙沖抑己之流。核之《劉子》數處文句，表現委婉詞順，心謙自度之風貌，殊為不合。更何況《劉子》別有專章〈明謙〉、〈大質〉、〈辨施〉、〈和性〉等諸篇，皆不主狂妄疏氣之體性，硬指《劉子》與畫之思想相合，尤為可議。首先，可引〈激通〉此章，表面看似有激字，或謂憤激之語。有些類似畫本傳述畫懷才不遇，感嘆憤激之詞。其實不然。此章激通之激字意，或有驚激而通，或有激發、激促於君子困厄之時，乃思憤激其力，發憤述作。因此，〈激通〉之意旨，在勉人莫因一時困厄而自悲，莫因暫時蔑辱而失志。其語氣堅忍挺拔，內斂自持，且思遠志廣，氣魄境界，皆非畫本傳「言好矜大」之人。試讀〈激通〉結語云：「故平原五達，易行之衢也；孤峰九折，難陟之逕也。從高越下，駑馬之步也；騰峭登危，飛顧之足也。以險而陟，然後為貴；以難而昇，所以為賢。古之烈士，厄而能通，屈而能伸，彼皆有才智，又遇其時，得為世用也。」詳味此段論述，舉才智、屈伸、與遇不遇，時不時互相類比而論，固屬《劉子》一貫採用的二元辨證思考，迥非畫本傳的

單面思路。如此二家思想理路差異之大，怎能說晝本傳與《劉子》若合符節呢？請再參讀〈惜時〉篇的一段，〈九流〉篇的一段，立可知《劉子》原文的謙沖口氣，謹言詞意，與始終本著儒道二方的思考路數，貫穿《劉子》全書，斷非劉晝本傳所見的自謂「奇才」之口脗。〈惜時〉篇云：「今人退不知臭腐榮華，剗絕嗜欲，被麗弦歌，取媚泉石。進不能被策樹勳，毗贊明時，空蝗梁黍，枉沒歲華。生為無聞之人，歿成一棺之土，亦何殊草木自生自死者哉！歲之秋也，涼風鳴條，清露變葉，則寒蟬抱樹而長叫，吟烈悲酸，蕭瑟於落日之際，何也？哀其時命，迫於嚴霜而寄悲于菀柳。今日嚮西峰，道業未就，鬱聲於窮岫之陰，無聞於休明之世。已矣夫！亦奚能不霑衿於將來，染意於松煙者哉！」

〈九流〉篇云：「夫道以無為化世，儒以六藝濟俗。無為以清虛為心，六藝以禮教為訓。若以禮教行於大同，則邪偽萌生；使無為化於成、康，則氛亂競起。何者？澆淳時異則風化應殊，古今乖舛則政教宜隔。以此觀之，儒教雖非得真之說，然茲教可以導物；道家雖為達情之論，而違禮復不可以救弊。今治世之賢，宜以禮教為先；嘉遁之士，應以無為是務，則操業俱遂而身名兩全。」

由以上〈惜時〉篇之委婉謙沖口氣，嘆述己身塞困遭遇，可知與劉晝自誇狂生語氣，判若兩人。次由〈九流〉篇的兼參各家心胸，也與劉晝一生只精於禮學，層次高多了。然而，何以《劉子》贗作，致疑於後世？先秦即有類似之例。

五、《劉子》與《國語》一人作二書之疑似

　　以一人之作而有二書，因疑似而遭後世駁辨者，劉勰既作
《文心雕龍》之後，又繼作《劉子新論》，與左丘明既先輯《國
語》，復撰作《春秋左氏傳》之情況相似。二人之著述，見疑於
後世，議論紛紜，終莫有定，此可謂一人作二書致疑後世之顯
例。今自左丘明著《國語》、《左傳》二書，孰真孰偽之辨證，
反觀劉勰是否作《劉子新論》？考察其中類似關鍵，多有可參
者，茲述如下。

　　案凡討論一人之作真偽何是？當須辨明三問：其一著作者學
術綜合傾向，及其歸屬為何？其二該書之內容、思想、體系如何
歸類？其三後世閱讀得出何種理解？判定何類學術流派？今據
《國語》一書為例？首先辨明者？作者究為左丘明，抑非左兵
明？然此又必與左氏之學術綜合判斷相互並參。須問左丘明是經
學或子學？其實，以左丘明所處之周秦時代而言，經子之分未
萌，學術分類未定劃，左氏之學兼攝經子，此即《文心雕龍》、
〈諸子〉篇所云「聖賢並世，經子異流」之所指。《國語》韋昭
注今本書末有〈解敘〉一篇，開宗明義已揭示左丘明的著作之
旨。韋昭云：

> 昔孔子發憤於舊史，垂法於素王，左丘明因聖言以攄意，
> 托王義以流藻，其淵原深大，沉懿雅麗，可謂命世之才，
> 博物善作者也。其明識高遠，雅思未盡，故復彩錄前世穆
> 王以來，下訖魯悼，智伯之誅，邦國成敗，嘉言善語，陰
> 陽律呂，天時人事，逆順之數，以為《國語》。其文不主

於經，故號曰"外傳"，所以包羅天地，探測禍福，發起幽微，章表善惡者，昭然甚明，實與經藝並陳，非特諸子之倫也。

此敘首述左丘明的著述與聖人述作不同，一在經一在傳。而左丘明是以「作者」身份著一家之言，與孔子「述而不作」的企圖大為相左。其次，說明《國語》全書的主要內容，大談善惡、幽微、禍福之深題，與「經義」並陳，結論終究歸類《國語》一書為經，與「述道言志」的諸子之作不同類。在此，韋昭所理解的《國語》一書，是從「經」與「子」的辨證做對比，注意左丘明的經子學術歸類問題。討論劉勰的一生學術，當注意「子」與「集」的文集課題。

次論《國語》一書後人解讀有二說。

司馬光謂《國語》、《左傳》二書皆左丘明作。司馬氏云：

先儒多怪左丘明既傳《春秋》，又作《國語》，為之說者多矣，皆未甚通也。先君以為丘明將傳《春秋》，乃先采集列國之史國別分之，取其菁英者為《春秋傳》，而先所采集之稿因為時人所傳，命曰"國語"，非丘明之本志也，故其辭語繁重，序事過詳，不若《春秋傳》之簡直精明、渾厚道峻也，又多駮染不粹之文，誠由列國之史學有厚薄、才有淺深，不能醇一故也，不然，丘明作此復重之書何為耶？（司馬光《傳家集》卷六十七《述〈國語〉》）

葉少蘊反對，謂左氏與左丘明不同人。葉氏云：

葉少蘊云："古有左氏、左丘氏，太史公稱'左丘失明，厥有《國語》'，今《春秋傳》作左氏，而《國語》為左

丘氏，則不得爲一家，文體亦自不同，其非一家書明甚。"左氏蓋左史之後，以官氏者。朱文公謂："左氏乃左史倚相之後，故其書說楚事爲詳。"司馬氏謂："左氏欲傳《春秋》，先作《國語》，《國語》之文不及《傳》之精也。"（王應麟《困學紀聞》卷六）

以上司馬氏與葉氏二人，一正一反的主張，焦點皆在「人」的討論，忘了就其人與其「書」的綜合連繫。此與對劉勰是否即《新論》的作者？多集中在劉勰的生平、身世、與出處交遊的考證，忽略直接考辨《新論》全書與《文心雕龍》的內容、體系、思想之異同，導致「人」與「書」孤立而談的不協調結論。因此，對一人而作二書的考證重點，允宜轉向「書」的直接證據，或當較近於實。例如，《國語》一書終屬左丘明之作，即定論於清代乾隆年間紀昀的考辨。紀昀《四庫全書總目提要》云：

《國語》出自何人，說者不一，然終以漢人所說爲近古。所記之事與《左傳》俱訖智伯之亡，時代亦復相合，中有與《左傳》未符者，獨《新序》、《說苑》同出劉向而時復抵悟，蓋古人著書各據所見之舊文，疑以存疑，不似後人輕改也。

紀昀從漢人之說，謂《國語》、《左傳》二書俱出一人之手。因爲，二書的起始雖不同，但都止於智伯亡國，故二書有詳略繁簡互補之功。考《左傳》依經而傳，專述春秋史事。而《國語》上記周語，首載西周穆王事，中歷幽王、厲王、宣王等，下至共和。皆《左傳》所未載事。且《魯語》記孔子論大骨，預言肅慎楛矢事，皆不見於《春秋》，可證二書互有詳略闕佚，而所以一重於「言」，一專於「事」，同出一人之手，蓋所以互補未

備。《劉子》與《文心雕龍》，也可作如是觀。起初劉勰本以子家自居，故《文心雕龍》雖先出，且有〈諸子〉、〈史傳〉之篇，然於子史之學實未能盡言。故而繼文心之作，再勒成《劉子新論》，專論「述道言志」之說，所以博明萬事，考史事之得失，據古今成敗之理，成一家之言，正是劉勰一生學術之綜合呈現。《文心雕龍》與《劉子新論》二書實乃劉勰學術互補互證之例。《劉子新論》就其全書體系而言，非劉勰作做不可。

　　據以上所論，《國語》一書的歸類非經、非子，因此，紀昀最終提出新的理解，歸之為「雜史」類。紀昀又云：

> 《國語》二十一篇，《漢志》雖載《春秋》後，然無"春秋外傳"之名也，《漢書·律歷志》始稱"春秋外傳"，王充《論衡》云"《國語》，左氏之外傳也，左氏傳經詞語尚略，故復選錄《國語》之詞以實之"，劉熙《釋名》亦云"《國語》亦曰'外傳'。《春秋》以魯為內，以諸國為外，外國所傳之事也。"考《國語》上包周穆王，下既魯悼公，與《春秋》時代首尾皆不相應，其事亦多與《春秋》無關，係之《春秋》殊為不類。至書中明有"魯語"，而劉熙以為"外國所傳"，尤為舛迕，附之於經，於義未允。《史通》六家，《國語》居一，實古左史之遺，今改隸之雜史類焉。

　　紀昀在此重新解釋左丘明《國語》一書當屬史部「雜史」類，以有別於前此的「似經」、「似子」之疑，代表後世理解《國語》一書的意見，是藉由「詮釋手段」得出結論。同此理，對《劉子新論》的學術歸類，也須經由龍學學者的「閱讀詮釋」始能期望得出新的理解，新的歸類。此亦《劉子新論》研究，目

前最切要之課題。

以下請從劉勰時代背景與學術風尚再推考之。

六、《劉子》著述時代背景

今本《梁書》，初唐姚思廉與魏徵作。本紀之後，繼以列傳，列傳體例，凡著錄務求盡備，並不嚴分儒玄文史，以致有一人之作，而四部皆著錄之。其例不同於《南齊書》、《後漢書》、〈宋書〉等。足證梁世文人才士不專主一家一門之學，而傾向兼攝各家之說。甚至於九流之餘，不避佛論，不惟儒玄文史合治，且已道釋並通。此即梁世文人才士治學「雜家化」之風氣，不可不辨。而梁武帝以帝王之尊身先倡導之，遂演成一時風尚，觀《武帝本紀》著錄可知，梁元帝蕭繹《金樓子》尤屬其倫。於是，劉勰一生學術以子家自居，而必雜學化，乃有文心之作，而繼以《劉子新論》，蓋亦不得不隨時勢風潮而行，亦即「文變世情，興廢時序」之證也。

七、劉子〈辨施〉篇暗喻朱异

《劉子》有〈辨施〉篇，講述為人處世，富貴當好施財。而輕財之士，世非無有，但困於貧窮而不能施惠，非貧人不好施。此篇凸出君子寬仁施惠之理，文氣溫婉含蓄，一則暗喻劉勰自己一生寒窮之士，雖心欲好施，而力實有不濟。二則藉此篇暗批當權貴要，但務阿諛承上，貪財貨積，卻性情儉吝，未嘗散施。

案劉子何以有〈辨施〉一篇，蓋陰指梁武帝時，位居權要三

十年的朱异其人之貪吝。據《梁書》卷三十八朱异本傳，述朱异有神童之稱，年二十一破格特擢為揚州議曹從事。及於天監四年（公元五〇五年），由五經博士明山賓表薦，兼太學博士，此年，並侍講《孝經》。此後，朱异歷官皆高位，尤以自中大通元年（公元五二九年）後，本傳說他「代掌機謀，方鎮改換，朝儀國典，詔誥敕書，並兼掌之」云云，最稱顯赫。據本傳稱异居權要三十餘年，卒年六十七，而其卒適侯景亂時，逆推之，朱异當生於齊建元二年（公元四八〇年），卒於太清元年（公元五四七年）。朱异一生居權要三十餘年，即自天監四年侍講起，終其一生，達三十年貴顯。然而本傳記述朱异性吝，不好施財。本傳云：

> 异居權要三十餘年，善窺人主意曲，能阿諛以承上旨，故特被寵任。歷官自員外常侍至侍中，四官皆珥貂，自右衛率至領軍，四職並驅鹵簿，近代未之有也。要及諸子自潮溝列宅至青溪，其中有臺池翫好，每暇日與賓客遊焉。四方所饋，財貨充積。性吝嗇，未嘗有散施。廚下珍羞腐爛，每月常棄十數車，雖諸子別房亦不分贍。所撰禮易講疏及儀注文集百餘篇，亂中多亡逸。

細觀以上朱异其人，學通禮易，位居權要，卻吝嗇不施。對照《劉子》〈辨施〉篇文意所指，殆指其人。〈辨施〉云：

> 相馬者，失在於瘦，求千里之步虧也；相人者，失在於貧，求恩惠之迹缺也。輕財之士，世非少也，然而不見者，貧掩之也。德行未著，而稱我能，猶足不能行而賣躄藥，望人信之，實為難矣。

詳味此段文意，引論輕財之士非少，施惠巨公罕遇，對觀朱

异本傳，幾乎脗合。劉子所摘嘆名公貴卿而無惠人之資，猶如朱异雖財貨充積，亦不分贍諸子別房之流，〈辨施〉篇章作意，切中時弊，陰有所指。

次由以上〈辨施〉篇與朱异之關係，推而廣之，可判定《劉子》一書必作於昭明太子歿後，凡東宮官屬皆罷，劉勰自嘆不遇，困居後生之時。蓋昭明太子薨，東官學士皆罷，朝中機謀，掌於朱异，至侯景亂前，朱异皆居貴位。劉勰眼看託附無望，失勢無依，故有嘆怨，不敢明謂，乃作〈辨施〉寄意，聊申言治之道。《劉子》一書作於此時，宜得其情。

八、劉子〈貴言〉篇暗喻賀琛

劉勰既定義子學「述道言治」之作，何謂述道？即〈言苑〉、〈九流〉之篇所述。言治則《劉子》一書甚多篇章有涉。其中〈貴言〉篇即述君主當廣聽諫言，勿蔽賢人之路。此篇影射梁武帝惡臣下建言之史事甚明顯。清季史家錢大昕〈論梁武帝〉乙文，析之甚詳。錢氏云：

> 然則梁何以遽亡？曰：梁之亡，亡於拒諫而自滿也。方創業之始，沈、范、周、徐，大都非骨鯁之彥，護前之失，休文已早識之。及臨御日久，舊臣彫落，以為天下皆莫己若也，而惡人之讜言；讜言不至於前，則所用者皆容悅諂諛之徒，無有為梁任事者，而梁之亡形成矣。觀於賀琛之諫，非甚激切，而武帝口授主書，誚讓幾二千言，曰「貪殘」，曰「姦猾」，則詰其主名；曰「深刻」，曰「煩費」，則窮其條目，必使之謝過不敢復有指斥而後已。烏

呼，武帝豈誠以長吏爲無一貪殘，百司爲無一深刻，朝廷無一妨民費財之事也哉！不過塗飾一時耳目，以箝諫者之口，謂可欺天下後世爾。且其言曰：「我自除公宴，不食國家之食，多歷年稔，乃至宮人亦不食國家之食。」夫天下之財止有此數，正賦之外，別有私蓄，要皆國家之物。帝與宮人非能辟穀，豈有不食國家之食之理。以是推之，多見其偏而已矣。夫琛所陳四事者，雖中當時之弊，猶不至於亡也，病在自以爲是而惡人之言。言事於人主之前，人情之至難也。引而進之猶懼其弗言，責而怒之，誰復爲言者！以四海之大，百司之眾，無一人能爲朝廷直言而國不亡者，未之有也。何也？正人者，朝廷之元氣也，無直言則正人之氣不伸，而夸毗體柔之徒進而用事，虛美薰心，實禍閉塞，識者知有土崩之漸，而宴然猶以爲金甌無缺也。當此之時，雖無侯景，亦不免於禍。何也？元氣衰則百病皆得而殺之，不必癃疽之能殺其身也。雖然，以武帝之聰明才略，豈不知爲其身與其國計，特以自信太過，視諫諍之言皆浮而不切於務，徒足以損己之名，故拒之甚力也。庸詎知禍之一至於斯哉！是故有天下而能保之者，必自納諫始。

錢氏之論引梁武帝斥責賀琛進諫規弊，粉飾太平爲例，斷曰梁武亡國之由在此。案之《梁書》賀琛本傳，頗得其實。然則梁武帝不喜納諫之惡習，積之已久。《劉子》〈貴言〉篇針砭朝政，言治國之要，似有心而發論，惟不敢明指而已。

其實，不但《劉子》一書針砭時情，有史事可案尋。若論梁世學風與著書體例，亦與《劉子》相似。

九、南北朝著書體例相通：《洛陽伽藍記》與《劉子》

　　《文心雕龍》與《劉子》著書體例相通，皆以篇篇相扣，上卷以啟下卷，使全書融會貫通為結構。此亦南北朝著書之通例。南朝如劉勰文心與劉子二書，北朝可舉楊衒之《洛陽伽藍記》為例。今人楊勇箋注此書論其體例，有謂：

> 衒之為書雖分五卷，實則一本。故讀書者，當觀其會通，勿有隔閡；視各卷末幅之文，先作提示啟導可知也。此等先導之文，皆屬有意為之，非是顛倒，尤以卷三末幅言崇虛寺之在城西，而其篇則置在城南卷三之末，其意最為明顯。此外卷一之末敘建春門內建制，而連繫卷二，卷二之末景寧寺下敘出青陽門外孝義里，而連繫卷三，及卷四之末敘西域遠者乃至大秦國云云，筆意亦與卷五宋雲出使西域之文相同。意在使前後融會貫通，線索相連，此地理為書之良法也。

　　據楊氏此段所示，《洛陽伽藍記》書分五卷，然每卷之末，多有啟導下卷之意，使全書前後貫通，結構完整，達致意顯體精之功，此與《文心雕龍》、《劉子》二書之作法如出一轍。故不止地理書有此良法，子書亦同有之，蓋六朝人著述凡精至之作必共有此通例。

十、顏之推子家自居與劉勰

　　魏晉六朝著述流行以「子家」自居，劉勰一生學術亦仿此。故而《劉子》一書，書名當曰劉子《新論》最恰切。此期間以「子家」自居之學，至顏之推《顏氏家訓》為典型代表。此書雖以家訓名書，其實質內容則以「子」自居。試讀《顏氏家訓》序致云：

> 夫聖賢之書，教人誠孝，慎言檢迹，立身揚名，亦已備矣。魏、晉已來，所著諸子，理重事複，遞相模學，猶屋下架屋，牀上施牀耳。吾今所以復爲此者，非敢軌物範世也，業以整齊門內，提撕子孫。[3]

　　詳此段文義，顏之推先別「子」家於經，次再分「子」家與「屬文」不同。經、子、集為分類。所謂「屬文」者，非「集」即「子」，而顏之推表面上自別子家，謙稱不敢軌物範世，但據「整齊門內，提撕子孫」而已。其實著述性質近似子學，蓋欲成一家之言，此魏晉子家之共同祈嚮[4]。例如《隋書經籍志》儒家類著錄各書如下，皆同性質之作。經籍志云：

　　趙曦明曰：「隋書經籍志儒家有徐氏中論六卷，魏太子文學徐幹撰；王氏正論一卷，王肅撰；杜氏體論四卷，魏幽州刺史杜恕撰；顧子新語十二卷，吳太常顧譚撰；譙子法訓八卷，譙周撰；袁子正論十九卷，袁準撰；新論十卷，晉散騎常侍夏侯湛撰。」

　　以上七家魏晉子書，雖然理重事複，疊床架屋。但反面而思，正足以反映魏晉著述好以子家自居之著述現象。[5]

最後，當注意子學自兩漢以後，必然要走的「折中」與「統合」路線。《漢書·藝文志·諸子略》云：

> 其言雖殊，辟猶水火，相滅亦相生也。仁之與義，敬之與和，相反而皆相成也。易曰天下同歸而殊塗，一致而百慮，今異家者，各推所長，窮知究慮，以明其指，雖有蔽短，合其要歸，亦六經之支與流裔。使其人遭明王聖主，得其所折中，皆股肱之材已。

這一段話的「折中」，正是《劉子》全書的寫作總綱。

十一、劉子《新論》折中論述法

然而劉勰《新論》一書為何有「雜採古書」之舉呢？此甚易解也。蓋劉勰以子家自居，又區分子學有周秦諸子與漢以後子家之別。到了劉勰之世，子家有二途乃為普遍共象。其一「統合各家」，其二即「折衷中道」。這兩種方法，又皆出於易經之理。自《漢書·藝文志》首揭子學此二法，《隋書·經籍志》再申明之而沿襲。中間之過渡轉接者，殆即〈諸子〉與〈九流〉二篇，繼承漢志的子學二法，到了隋志而定為子學通律。基於此二法之理解，劉勰《新論》若屬子家之作，必然地，會統合周秦諸子之古學，兼綜並參，最終歸之儒道二方，採用不折不扣的「折中」論述之道。

附 註

1 引自司馬遷：《史記》卷七四〈孟子荀卿列傳〉，（台北：藝文印書館，1981 年），頁 748。

2　引自楊勇：《洛陽伽藍記校箋》，（台北：正文書局，1982年），凡例，頁16。

3　引自王利器撰：《顏氏家訓集解》，（北京：中華書局，1993年），頁1。

4　《顏氏家訓》一書之性質，非子家類，宋代學者已作如是觀。南宋淳熙七年沈揆《顏氏家訓考證》序云：「北齊黃門侍郎顏之推，學優才贍，山高海深，常雌黃朝廷，品藻人物，為書七卷，式範千葉，號曰顏氏家訓。雖非子史同波，抑是王言蓋代，其中破疑遣惑，在廣雅之右，鏡賢燭愚，出世說之左，唯較量佛事一篇，窮理盡性也。」，據此序謂顏書「雖非子史同波」一語，可知此書不入子部。

5　評價魏晉子書格調不高，除了顏之推之外，劉勰亦有同見。例《文心雕龍》〈諸子〉篇謂：「躏言兼存，璅語必錄。」，所以魏晉子書，只不過「充箱照軫」而已。此評類如顏之推。

《劉子》與《文心雕龍》比較

一、《劉子》與《文心雕龍》二書同申三才之道

劉勰《文心雕龍》〈原道〉篇首揭天文地文人文三才之學，以為文章之源。劉勰《劉子新論》〈慎言〉章亦標三才之論，而歸重於人文，以戒人文之失。二書一併重視三才，殆即劉勰一生學術之所本。

何以劉勰注重三才之道？蓋劉子乃自許子家之故也。凡子學自先秦以下，即由一派一家之學轉為一書一子之學。蓋先秦子學不專主一人，先秦子書亦非一人專著，大多集篇成書，由後人纂錄。故先秦子學以「派別」而居。此已經多位學者較論之。[1] 無庸致疑。

然而，自《呂覽》一書起，子學以「雜家」形式出之，代表自先秦以下子書必專主一人，專屬一書之新體已出現。於是，子學別出一途。凡為子家，不必自拘於歸屬何門派？何家法？而大抵趨進於雜揉眾家，彙萃百學之風氣。因此，兩漢以下，子學遂有濃厚之「雜學」意味。

　　本乎此，劉勰既以子家自命，則亦必殫精竭慮，取精用宏，鎔鑄百家之學，最後歸結一家獨門自出之說。劉勰子學必具「雜家」之勢，乃不得不然矣！[2]

　　今當置論者，即先秦子書到底何家何書可能對劉勰產生影響？則不得不推《呂氏春秋》一書矣！蓋《呂覽》為先秦子書「雜學」之首作。全書撰作宗旨，自〈序意〉一篇即揭出三才之道。凡獨立子家，推其最大胸襟懷抱，例不出通達天地人三才之道。此即「究天人之際，通古今之變」的子家之學。故而《文心雕龍》〈諸子〉篇云：「諸子者入道見志之書。」，此所謂志，即究天地人三才之道，以論治亂存亡之書。凡子學一人獨創，莫不本於此，亦莫不具備三才統合之「總術」觀。今對觀《呂覽》〈序意〉之三才，與《劉子新論》〈慎言〉之三才，《文心雕龍》〈原道〉之三才，立可明悟劉勰統合三才之道，遠溯《呂覽》雜家之學的影響之跡。首錄《呂覽》〈序意〉論三才之道如下：

> 維秦八年，歲在涒灘，秋，甲子朔，朔之日，良人請問十二紀。文信侯曰：『嘗得學黃帝之所以誨顓頊矣，爰有大圜在上，大矩在下，汝能法之，為民父母。蓋聞古之清世，是法天地。凡十二紀者，所以紀治亂存亡也，所以知壽夭吉凶也。上揆之天，下驗之地，中審之人，若此則是非可不可無所遁矣。天曰順，順維生；地曰固，固維寧；人曰信，信維聽。三者咸當，無為而行。行也者，行其理也。行數，循其理，平其私。夫私視使目盲，私聽使耳聾，私慮使心狂。三者皆私設精則智無由公。智不公，則福日衰，災日隆，以日倪而西望知之。』[3]

此段約舉十二紀之總綱在闡明治亂存亡，壽夭吉凶，而涵括天地人三者之「咸當」。《呂氏春秋》置十二紀於全書首篇，明示天地人三才之道為治亂存亡之本，已帶有濃厚的統合縱觀之學。此即《呂覽》一書必屬雜家之故[4]。而《劉子新論》〈慎言〉篇，亦同揭三才之理，而歸結於人文，遂標舉「言行，君子之樞機」，重視人文的修為，明顯與《呂覽》同旨趣。〈慎言〉云：

> 日月者，天之文也；山川者，地之文也；言語者，人之文也。天文失，必有謫蝕之變；地文失，必有崩竭之災；人文失，必有傷身之患。

此段申言天文地文人文三文不可失[5]，人文之失在口，則必有傷身之患。即自「三才」之統合觀而立論慎言之必要。再看《文心雕龍》〈原道〉篇首段亦云：

> 文之為德也大矣！與天地並生者何哉？夫玄黃色雜，方圓體分，日月疊璧，以垂麗天之象；山川煥綺，以鋪理地之形。此蓋道之文也。仰觀吐曜，俯察含章，高卑定位，故兩儀既生矣，惟人參之。性靈所鍾，是謂三才，為五行之秀，實天地之心。

此段明示天地人三才，而人文居性靈所鍾。與《劉子》〈慎言〉揭示的三文，同源出易理。

二、〈清神〉與〈神思〉本源

劉勰一生學術頗重視「神」字理論。以故《文心雕龍》有〈神思〉篇，而《劉子》一書首闢〈清神〉章。案重「神」之說，歷代皆有，此劉勰承前賢之論而更加發揮者。漢初賈誼《新

書》〈六術〉篇，述六德之理，其中即有神字。〈六術〉云：

> 德有六理，何謂六理？道、德、性、神、明、命，此六者
> 德之理也。六理無不生也，已生而六理存乎所生之內。是
> 以陰陽、天地、人盡以六理爲內度，內度成業，故謂之六
> 法。六法藏內，變環而外遂，外遂六術，故謂之六行。是
> 以陰陽各有六月之節，而天地有六合之事，人有仁、義、
> 禮、智、信之行，行和則樂與，樂與則六，此之謂六行。
> 陰陽、天地之動也，不失六律，故能合六法；人謹修六
> 行，則亦可以合六法矣。

又云：六者非獨爲六藝本也，他事亦皆以六爲度。6

又云：事之以六爲法者，不可勝數也。此所言六，以效事之
尺，盡以六爲度者謂六理，可謂陰陽之六節，可謂天地之六法，
可謂人之六行。

　　準此「六數」爲度之說，劉勰《文心雕龍》〈知音〉篇立
「六觀」，蓋亦仿此。至於六理之性、明與命，則《劉子》闢
〈明謙〉、〈命相〉，文心立〈明詩〉〈體性〉各篇，率皆呼應
賈誼六術之說，盡參《新書》六理之論。別有道德二字，則皆統
括於〈原道〉。〈原道〉云：「文之爲德也大矣！與天地並生者
何哉？」即兼論道德。此下繼言仰觀俯察，天高地卑云云，皆乾
坤道德並言之意。劉勰承繼前代學說，分別用之於子集二部之
學，此又一證，非盡可以「蹈襲」一詞抹殺之。

三、〈九流〉〈諸子〉〈序志〉三篇主神說

　　司馬談〈論六家要旨〉（即太史公自序前編）末段歸結

「形」「神」為治天下之本。引之與《劉子》〈清神〉之主形心神，可知勰有所本而亦有所增。六家要旨云：

> 凡人所生者神也，所託者形也。神大用則竭，形大勞則敝。形神離則死，死者不可復生，離者不可復反，故聖人重之。由是觀之，神者，生之本也。形者，生之具也。不先定其神，而曰我有以治天下，何由哉？

案：此形神之義，可歸之老莊道家乎？試據易傳之形神，則形神為本體，引之以人學，則如司馬談此段話。引之以論文章，即如文心之〈神思〉篇要旨。引之以論人，即《劉子》首篇〈清神〉之大略。

四、〈諸子〉與〈九流〉之相似

劉勰的子學觀，大抵陳述在文心〈諸子〉與新論〈九流〉，二篇相似處有三點：其一儒家不以孔子為首，蓋尊孔子為聖，為經，故而儒家自孟荀、晏嬰述起。其二此二篇皆不述小說家。其三道家為子學之最早，且道家之祖，〈諸子〉與〈九流〉同舉鬻熊為首，其次老聃。

以上三點相似處，對照秦漢幾篇學術史，如《莊子》〈天下篇〉、《荀子》〈非十二子〉、《呂氏春秋》〈不二〉等各家的子學系統，皆無類似的講法。此則劉勰子學思想之獨家見解。

再者，劉勰以「雜家」為本色的子學，則不同於《呂氏春秋》與《淮南子》二書雖屬雜家，但二書最終仍歸本於道家，而劉勰則是「儒道」二化，提出「九流之中，二化為最」的儒道折中論，一反周秦兩漢雜家歸本道學的系統，此則劉勰在子學傳統

之一創解。既非盡同周秦諸子，亦遠遠高過於兩漢子學「類多依采」，以及魏晉子家「讕言兼存」「充箱照軫」的弊端。劉勰《新論》可視為兩漢魏晉子學一大家，殆可無疑。由此，益可互證《文心雕龍》與《新論》二書的子學觀與子學評價一致，二書作者同出劉勰一人之手。

五、《文心雕龍》與《劉子》二書篇篇相扣如貫珠

《文心雕龍》五十篇，除〈序志〉以外，篇篇相涉，環環相扣，猶如貫珠。例〈諸子〉篇辨「論」與「諸子」之別，謂「博明萬事為子，適辨一理為論」，此諸子與「論體」之別，皎然劃分，極為精甚。著一「論」字，故下篇即次以〈論說〉篇，縱論「論」體與「說」體之源流始末。揆此謀篇法，亦可見於《劉子》〈遇不遇〉篇，歸結「遇不遇，命也」、「傷不遇者，不知命也」，誠勸君子當知「達命」。著一「命」字，於是下篇即次以〈命相〉篇，暢敘君子貧賤、夭折、長壽之命理。此劉勰寫作文心與新論二書之謀篇目次法，此法可曰：貫珠法。

六、《劉子》一書「今」字考

《劉子》一書作者何屬？聚訟紛紜，未定一尊。今據劉勰一生學問，志在君子之學以考之，或可助一解。何謂君子之學？即文武兼修，達者兼善，不達獨善之學。必使君子能通天下之志，

要求丈夫學文，必達於政事之道。故劉勰著書之宗旨，貴在應時而發，針對時弊，提出對策。本乎此種理解，再據「知人論世」之法，讀其書，更考求劉勰所處之世，則《劉子》一書散見「今如何如何」之今字，殆指當時代而言。若彙聚此書所有「今」字段落之談論，詳推其文本所指之「今」為何意？次解析其批評之「今」為何弊？再對應劉勰所處時代之歷史實錄為何？當不難看出《劉子》一書的「今」字所指何意？間亦可由此推考《劉子》一書的作者當何人？

　　由此引伸，《文心雕龍》常用「近世」如何如何之語，與「今」字的語法相似。因此，《文心雕龍》近世一詞亦當考之。

七、從量字看《文心雕龍》與《劉子》二書

　　《文心雕龍》與《劉子》二書俱用「量」字，其義有三：一曰才量（或量才），二曰程量，三曰衡量。此三義皆中古習見之語，固屬中土既有之量字概念。

　　然而，佛家亦喜言「量」字，其量字非中土之學，自《文心》與《劉子》二書可證之。劉勰一生學術雖與佛教有涉，但是劉勰撰作《文心》與《劉子》二書是否雜用佛家思想？由此一「量」字之辨證、索解，在二書中究為何義？當可知其一二。

八、《文心雕龍》與《劉子》二書比喻相通

　　《文心雕龍・情采》云：「夫水性虛而淪漪結，木體實而花萼振，文附質也。」

　　《劉子・通塞》云：「水之性清，動壅以堤，則波汨而氣
腐。決之使通，循勢而行，從澗而轉，雖有朽骸爛齒，不能污
也。非水之性異，通之與壅也。人之通，猶水之通也。」

　　案：文心以水性虛，推理而言水之淪漪必依虛而結，故有淪
漪。此水之性自然如此。《劉子》亦就水之性而推理，謂水之性
清，本然如此，至於有氣腐，有清通，皆外力人為所致，而水之
性恆常不改。用水之性不改比喻情采，比喻人世通塞，據水為喻
體之寫作手法，文心與劉子二書實相通也。

九、〈通塞〉與〈定勢〉相通

　　本乎先秦學術言「勢」之學說，劉勰一生學術頗注重「勢」
字學理之發揮應用。應用在於論文，乃有〈定勢〉篇暢論文章體
勢之設。用在於論人，則有《劉子・通塞》篇析論賢士窮達有遇
不遇之勢。《文心雕龍》與《劉子》兩書同時注重勢字理論之現
象，亦可供二書同一作者，皆出劉勰一手之證。

　　考《劉子》一書之〈通塞〉篇，題目雖無「勢」字，但全篇
所謂通塞，蓋指人生有否泰之遇，而遇不遇即繫乎或通或塞之
勢，與賢智才能多寡非必然也。〈通塞〉篇首定義才智術士有否
泰屈伸之遇，即分通勢與壅勢二類，通塞二勢決定智士之達與不
達。〈通塞〉次段「選例以定篇」，舉朱買臣、王章、蘇秦、班
超四人之生平遭遇為例，析論四子之前半生「勢屈之時」，形消
貌悴，無所肆其巧。及至後半生「勢伸志得」，衣錦還鄉，乘肥
衣輕，怡然自得。如此前後之異勢，乃四子平生遭遇暢通與壅閉
之決定因素。〈通塞〉篇結尾用「水勢」做比喻，說明水勢之壅

塞與通暢，即水之清污關鍵，比擬人生之榮悴繫乎通塞之運勢。
〈通塞〉篇拈出一個「勢」字以為全篇主旨，與〈定勢〉篇的勢
字，意多相類，理多相通，只有論述對象不同而已。由此可知，
劉勰寫作二書的比喻手法其實同出一理。

考勢字，先秦學術久習之言。經書言勢，子書尤言勢。唯集
部之學，要到《文心雕龍》〈定勢〉始合言經史之勢，而引伸轉
用之，遂於經勢、法勢、權勢之餘，更演生「文勢」一概念，謂
文有體勢，此〈定勢〉篇所謂因情立體、即體成勢之勢。謂之體
勢。

然則，〈定勢〉言勢率謂自然之勢，又〈定勢〉標舉六勢，
則謂某一文體必有某一文體自然形成之勢，諸如章表奏議，準乎
典雅，賦頌歌詩，羽儀清麗云云，典雅清麗殆即文體必然之勢，
而此勢出乎作家之手，故謂人為之勢。據此，定勢有自然之勢與
人為之勢。

案勢有兩分，當始自《韓非子·說難》謂有自然之勢與人為
之勢，至於人為又有賢人之勢與中人之勢。勢之二分，始倡於韓
非子，勢之演伸，則集成於劉勰。

惜乎，詹鍈《文心雕龍義證·定勢》集錄各家說解，引證古
書說及勢字之典籍，竟闕《韓非子·難勢》篇之說。案〈難勢〉
云：「夫勢者，名一而變無數者也。勢必於自然，則無為言於勢
矣！吾所為言勢者，言人之所設也。」此段言勢有自然人為二
勢，蓋謂自然之勢非必也，而有人為之勢，可以治國。此韓非任
賢不如任勢之學說主張，雖非涉文論體勢，然經此一解，引伸至
文章體勢，一則有〈定勢〉已揭之四式六勢，仿韓非子自然之
勢。二則又有「功在詮別」與「契會相參，節文互雜」之人為定

勢，類如韓非子之任勢。可證，劉勰倡言定勢之勢字原義，頗與韓非子任勢之說相符。

十、文心〈指瑕〉與劉子〈妄瑕〉之比較

　　《文心雕龍》有〈指瑕〉篇，歷敘文章之得失，謂古今才人，鮮無瑕病，雖才士巨手，亦難能避之。劉子《新論》也有〈妄瑕〉，縱論今古才士君子，罕有能免乎疵，即使聖賢，才量不同，也有名實美惡之分。前者專論文，後者專論人，文品與人品並治而觀，完全展現劉勰平生學問路數的總體方向，〈指瑕〉與〈妄瑕〉的類同，可為一證。

　　考〈指瑕〉與〈妄瑕〉的類同處有多端。一在論點大旨上，二篇同謂人與文必有「瑕」，這與劉勰一生的思想邏輯頗相符。蓋劉勰的思想方式，每以「圓該並美」為最終目的。為此，文之有瑕必也，如何指正其瑕，改正其文，以臻完美，正是文士才子所當終生效力，用心攻治之處。同理，人生出處進退，窮達有時，但思無虧於道，名實相符。冀能達致「名可以兩勝」「事可以雙美」，小節大略無有短缺之美善。〈妄瑕〉戒人莫妄評瑕疵之本意在此。二篇之出發點，皆先在大旨方向高懸一圓該理想，而後再較論細節上之可爭議處。此二篇之首段，起筆便同有一段總括的論述。〈指瑕〉篇先引《管子》一段話而引伸之，〈妄瑕〉亦先論天道以下，天坼地裂，五星孛慧，自然天地亦不免乎疵，而後轉述古來聖賢，不能自免於怨謗而無悔吝。〈指瑕〉云：

　　管仲有言：「無翼而飛者聲也，無根而固者情也。」然則

聲不假翼，其飛甚易；情不待根，其固匪難。以之垂文，
可不慎歟？古來文才，異世爭驅，或逸才以爽迅，或精思
以纖密；而慮動難圓，鮮無瑕病。

陳思之文，群才之俊也。而武帝誄云：「尊靈永蟄」明帝
頌云：「聖體浮輕」浮輕有似於胡蝶，永蟄頗疑於昆蟲，
施之尊極，豈其當乎？左思七諷，説「孝而不從」反道若
斯，餘不足觀矣。潘岳為才，善於哀文；然悲內兄，則
云：「感口澤」傷弱子，則云：「心如疑」。禮文在尊
極，而施之下流，辭雖足哀，義斯替矣。

〈妄瑕〉篇云：

天道混然無形，寂然無聲。視之不見，聽之不聞。非可以
影響求，不得以毀譽稱也。降此以往，則事不雙美，名不
並盛矣。雖天地之大，三光之明，聖賢之智，猶未免乎訾
也。

此二段的寫法、語氣、與文章思考邏輯、行文。理路鋪展，
對照之，幾乎同出一手。它是由概括到反論，由總論到各論，由
正面意到反面意的寫作思路。以下即據首段之主旨，〈指瑕〉舉
文章為例，〈妄瑕〉舉歷史名人為證，無非要印證人與文必有
「瑕」之總綱提法。〈指瑕〉云：

若夫君子擬人，必於其倫；而崔瑗之誄李公，比行於黃、
虞，向秀之賦嵇生，方罪於李斯，與其失也，雖寧僭無
濫；然高厚之詩，不類甚矣。

〈妄瑕〉云：

故天有折之象，地有裂之形，日月有薄蝕之變，五星有孛
彗之妖；堯有不慈之誹，舜有卑父之謗，湯有放君之稱，

> 武有殺主之譏，齊桓有貪淫之目，晉文有不臣之聲，伊尹
> 有誣君之跡，管仲有僭上之名。以夫二儀七曜之靈，不能
> 無虧沴；堯、舜、湯、武之聖，不能免於誹謗；桓、文、
> 伊、管之賢，不能無纖瑕之過。由此觀之，宇宙庸流，奚
> 能自免於怨謗而無悔吝耶？

對照此二段文字，舉例的手法如出一轍，只有例子的內容一在人，一在文之別而已。最關鍵處則在全段例證後的小結論，〈指瑕〉肯定高厚之詩，不是很恰當。〈妄瑕〉亦明講聖如堯舜，賢如桓文，也很難自免於怨謗而無悔吝。此二篇的具體事例論證方法既類似，論證結果也相同。再次見證此二篇的文章思絡之一致。自此以下，〈指瑕〉篇繼續鋪陳事例，多方面博學比喻。〈妄瑕〉也是如此。但不論此二篇事例之內容為何？其論證目的，最終要自諸多歷史事例與文章作品引例中，總結出「今古」與「英俗」皆必有瑕的結果。尤其是，「英」與「俗」這兩個字的概念，居然同時出現在〈指瑕〉與〈妄瑕〉此二篇。

〈指瑕〉云：

> 斯實情訛之所變，文澆之致弊。而宋來才英，未之或改，
> 舊染成俗，非一朝也。

〈妄瑕〉云：

> 俗之觀士者，見其威儀屑屑，好行細潔，乃謂之英彥；士
> 有大趣，不修容儀，不惜小儉，而謂之棄人。是見朱橘一
> 子蠹，因剪樹而棄之；覩縟錦一寸點，乃全匹而燔之。

這二段原文的「英」「俗」之對比，極其鮮明。〈妄瑕〉謂英彥與俗士，〈指瑕〉則言英才與俗染。詞有小異，實質則同。見證〈指瑕〉與〈妄瑕〉二篇的「用詞」習慣與詞彙詞例乃一致

之物。

　　最後再看此二篇經過多方論證，今古對照的分析後，歸結出結論，不論在反問句法、詞彙之使用，與結尾殷殷寄予期望之行文語氣，幾乎大致一體。〈指瑕〉云：

> 丹青初炳而後渝，文章歲久而彌光，若能礫括於一朝，可以無慚於千載也。

〈妄瑕〉云：

> 若此二子，德非不茂，行非不高，亦能安治代紊，蹈白刃而達功名乎？此可以為百代之鎔軌，不可居伊、管之任也。

十一、劉子〈隨時〉與文心〈時序〉〈通變〉比較

　　劉勰一生學問得自《周易》之學術甚多，深悟淵思，自造有得，廣用易理，施於《文心雕龍》與《劉子》二書之作，有道器、神理、隨時、通變等諸立論，莫不取資於易學易理。例《劉子新論》〈隨時〉篇，義取〈隨〉卦之隨時之宜，歷敘時有淳澆，俗有華戎之異，政教不同，貴賤無常，皆因「時」字使然。劉勰一生極看重《周易》之「時」的思想，應用於文章，必有〈時序〉篇之作，應用於人論，殆即此篇〈隨時〉的論述要旨。

　　惟〈時序〉篇，雖主旨在「時」，但重點在「質文代變」的時運交替。所以〈時序〉篇等如一部十代九變的文家品評史。劉勰注意「文變染乎世情，興廢繫乎時序」的文學代變之事實，提

醒文論家要把握「原始要終」的文變規律，審視崇替軌跡，慎重選評優劣，判定文質高下。所以，〈時序〉篇若果視作劉勰《文心雕龍》全書的文評論，那麼，劉勰的文評理論是奠基於《周易》時字思想，而加以發揮應用。

　　〈時序〉篇是時字的理論應用，則文心〈通變〉篇即不折不扣的「時」字理論建構。因而，真正與《劉子新論》〈隨時〉篇相互參證，互通其理的論述，是《文心雕龍》一書的〈通變〉篇。

十二、《劉子》〈正賞〉與文心〈知音〉比較

　　劉勰平生學術以子家自居，據雜學為本，標自成一家以為志。若論其一生學術之實際應用，則不出「觀人論文」四字。此四字出《劉子・正賞》篇語，標誌劉勰一生學問方向歸趨。總其成就，論文，有《文心雕龍》之作。論人，即在《劉子》一書。

　　然而，文心與劉子雖屬二書，劉勰其實並未分治，乃合二書以統觀，將人與文合論，此即所謂總一之術，二書因此每每可見相通之論。因人論文，因文推人，劉勰繼承前人「讀其書不知其人可乎」的人品文品之學，將論文與觀人結合。今舉《文心雕龍》〈知音〉篇，與《劉子》〈正賞〉篇，以驗二篇互通之說，二篇互參之理，以及二篇評人評文之相類。

　　首先，就性質而言，〈知音〉評文講究鑑賞，認為評者才學兼備，圓鑑該照，始能做到「深識鑒奧」。劉勰提出文章知音是「鑑識」的境界。

　　而《劉子》的〈正賞〉也是鑑識的層次。他說賞者，所以辨

情也。評者，所以繩理也。合而言之，正賞就是「評賞」要正確。鑑識與評賞是相似的行為，其共同目標都在尋找知音。只是一在文章之知音，一在識人之知音。

若論評賞正確的方法為何？很巧的是〈知音〉提出三項方法，恰恰也是〈正賞〉篇分析論述之重點。〈知音〉分析古來文士，妄談訛評的三種情形，不外乎貴古賤今，崇己抑人，信偽迷真等三類。〈知音〉云：

> 故魏文稱「文人相輕」，非虛談也。至如君卿脣舌，而謬欲論文；乃稱史遷著書，諮東方朔；於是桓譚之徒，相顧嗤笑，彼實博徒，輕言負誚，況乎文士，可妄談哉？故鑒照洞明而貴古賤今者，二主是也；才實鴻懿，而崇己抑人者，班、曹是也，學不逮文，而信偽迷真者，樓護是也。
> 醬瓿之議，豈多歎哉？

劉勰此段分析前人妄談，不能知音的三例，像漢武帝不識司馬相如，秦始皇不知韓非，蔽在貴古賤今。又像班固與傅毅文才不相上下，卻互相嗤笑，看不起對方，蔽在崇己抑人。至於樓護，竟然相信太史公司馬遷寫文章必須請教東方朔的誤傳，此蔽在信偽迷真。

〈知音〉總括以上三種評文之蔽，餘下之問題，即如何對治此三蔽。劉勰乃一面夾敘夾議，一面舉例證事，最後敷理舉統，提出知音的六觀說，承先啟後，奠立古代文論實際批評的典範。雖然，〈知音〉篇此三例目標在評文，但引伸之，應用在「評人」又何嘗不是如此？今自《劉子》〈正賞〉篇的幾段話，細審其意，多不出此三例之範圍。試觀〈正賞〉云：

> 昔魯哀公遙慕稷、契之賢，而不覺孔丘之聖；齊景公高仰

管仲之謀，而不知晏嬰之智；張伯松遠羨仲舒之博，近遺
子雲之美。以夫子之聖，非不光於稷、契；晏嬰之賢，非
有減於管仲；陽子雲之才，非為劣於董仲舒。然而弗貴
者，豈非重古而輕今，珍遠而鄙近，貴耳而賤目，崇名而
毀實邪？

　　此段例舉魯哀公不識孔子，齊景公不知管仲，張伯松不羨揚
雄等三事，說明古來論人不能知音，一言以蔽之，曰貴古賤今
耳。試將此段與〈知音〉篇起首一段對觀，不論文筆、口氣，或
例證手法，幾乎雷同。〈知音〉云：

夫古來知音，多賤同而思古，所謂「日進前而不御，遙聞
聲而相思」也。昔儲說始出，子虛初成，秦皇、漢武，恨
不同時。既同時矣，則韓囚而馬輕，豈不明鑒同時之賤
哉！至於班固、傅毅，文在伯仲，而固嗤毅云：「下筆不
能自休」。及陳思論才，亦深排孔璋；敬禮請潤色，歎以
為美談；季緒好詆訶，方之於田巴，意亦見矣。

　　合此二段引文的句法，用「昔……」如何如何起句，句末再
結論之，而用反問句法「豈……」如何如何而詰難之。〈知音〉
與〈正賞〉二篇的詞例相似性竟有如此之深。再看〈正賞〉篇一
段云：

越人臛蛇以饗秦客，秦客甘之以為鯉也，既覺而知其是
蛇，攪喉而嘔之，此為未知味也。趙人有曲者，託以伯牙
之聲，世人競習之，後聞其非，乃束指而罷，此為未知音
也。宋人得燕石以為美玉，銅匣而藏之，後知是石，因捧
匣而棄之，此為未識玉也。郢人為賦，託以靈均，舉世而
誦之，後知其非，皆緘口而捐之，此為未知文也。故以蛇

為鯉者，唯易牙不失其味；以趙曲為雅聲者，唯鍾期不溷其音；以燕石為美玉者，唯猗頓不謬其真；以郢賦為麗藻者，唯相如不濫其賞。

這一段，例舉各種「不知」之事，可謂事多喻廣，精彩之至。歸納之，劉勰一共分析了知味、知音、識玉、知文等四種知。凡有關「論人」之學知音正賞的各個範疇層面，大抵盡涵於此。〈正賞〉此篇的人物品評論置於古代子學發展史而觀，皆屬高等之作無疑。今細審此四種「不知」之原因，恰恰都是蔽在「信偽迷真」。故而以蛇為鯉，以俗音為雅聲，以粗石為玉，以郢賦託屈原等等之失，端在不能「深識鑑奧」，看出真本色。此段四例之蔽值得一提者，即四例之中也有一例「評文」例，即郢人作賦託名屈原，不自量力之失。這是典型的「文人相輕」例。今將〈正賞〉與〈知音〉的一段話對照，詞雖異而意實同。〈知音〉云：

夫麟鳳與麏雉懸絕，珠玉與礫石超殊，白日垂其照，青眸寫其形；然魯臣以麟為麏，楚人以雉為鳳，魏氏以夜光為怪石，宋客以燕礫為寶珠。形器易徵，謬乃若是；文情難鑒，誰曰易分？

夫篇章雜沓，質文交加，知多偏好，人莫圓該。慷慨者逆聲而擊節，醞藉者見密而高蹈，浮慧者觀綺而躍心，愛奇者聞詭而驚聽，會己則嗟諷，異我則沮棄，各執一隅之解，欲擬萬端之變，所謂東向而望，不見西牆也。

此段〈知音〉所舉不知音之例，都共同蔽在信偽迷真，與〈正賞〉篇之例雖事不同而內涵意實同。然而此篇重點在歸納出文情很難鑑賞的問題？文情難鑒，與真物難辨，真人難知一樣困

難。

〈知音〉此二段的第二段轉引出常人評文的二蔽，即偏好而不圓該，會己而必異我。這二蔽合言之，不外乎「崇己抑人」之失。評文之士，率多偏好貴己，合我意者褒之，逆我意者貶之，這是不折不扣的文人相輕。然而文人之外，有關人的品評又如何呢？《劉子》〈正賞〉篇一段話，雖非專指「評文」，而是「評人」。但是，評人不能避開評文的「崇己抑人」則是一致的。試觀〈正賞〉云：

> 昔仲尼先飯黍，侍者掩口笑；子游裼裘而諺，曾參揮指而哂。以聖賢之舉措，非有謬也，而不免於嗤誚，奚況世人，未有名稱，其容止之萃，能免於嗤誚者，豈不難也？以此觀之，則正可以為邪，美可以稱惡，名實顛倒，可謂嘆息也。

〈正賞〉篇這段話，痛詆世人恥笑聖人，皆因世人之自妄自大，自以為是。導致美惡顛倒，正邪莫辨之結果。最後深刻感嘆，即連聖人都有可能被誤解，更何況無名位之實的一般世人呢？由此可證，世間凡人評文論人，都不免「崇己抑人」之失。將〈正賞〉篇此段與〈知音〉的一段類似論證對讀，簡直如出一轍。〈知音〉云：

> 然而俗鑒之迷者，深廢淺售，此莊周所以笑《折楊》，宋玉所以傷白雪，也。昔屈平有言：「文質疏內，眾不知餘之異采。」見異唯知音耳。

此段〈知音〉提出「見異惟知音」的重要結論。用見異與「俗鑑」對比，引莊子與〈折楊〉曲，宋玉感嘆〈陽春白雪〉之難做例證。與〈正賞〉篇侍者的「掩口笑」，曾參的「指而

哂」，敘事用詞的手法極相似，差別在一用正面詞義，一用反面詞義。然而，共同的結論，俱於「崇己抑人」之蔽申論之。

由以上〈知音〉與〈正賞〉的三段引文，明顯看到不論評人論文，劉勰都一致括舉貴古賤今、崇己抑人、信偽迷真的三種存在蔽象。〈知音〉與〈正賞〉二篇的論證方式，用詞句法，敘事引例表現如此妙合相契的文字現象，由此推論《文心雕龍》與《劉子》同為劉勰一人之作，尚有何疑？

再者，從「主心」的境界而論，〈知音〉篇強調所知者在「心」，以符應《文心雕龍》全書言為文之「用心」的撰作主旨，見證劉勰一生學問在「心學」的功力。本乎此，相較於《劉子》的〈正賞〉，也同樣重視評賞正誤，要避免「目亂心惑」的說法相似。那麼，〈正賞〉篇是以心評人，與〈知音〉篇以「心」評文的鑑賞方法，二者其實道理相通，雅有異曲同工之妙。試看〈知音〉篇說：

> 夫綴文者情動而辭發，觀文者披文以入情，沿波討源，雖幽必顯。世遠莫見其面，覘文輒見其心，豈成篇之足深，患識照之自淺耳。夫志在山水，琴表其情；況形之筆端，理將焉匿？故心之照理，譬目之照形；目瞭則形無不分，心敏則理無不達。

此段一語道破「心」之鑑賞作用，幾可視作〈知音〉篇的主旨關鍵。因為，在作者而言，為文必須用心。在讀者賞鑑而言，覘文在能看清作者之「心」。故而即使時隔世遠，文之神思無窮無盡，但只要把握文心，雖幽必顯，識照必深。〈知音〉此段話歸結「心敏理達」的內在結果，是遠遠超出只用眼睛看外在形貌的目亂。所以說，知音其實在知心。這樣的講法，對照〈正賞〉

篇的一段話，宛如同出一人之口。〈正賞〉云：

> 海濱居者，望島如舟，望舟如鳧，而須舟者不造島，射鳧
> 者不嚮舟，知是望遠目亂而心惑也。山底行者，望嶺樹如
> 簪，視岫虎如犬，而求簪者不上樹，求犬者不往呼，知是
> 望高目亂而心惑也。至於觀人論文，則以大為小，以能為
> 鄙，而不知其目亂心惑也。與望山海者，不亦反乎？

此段話分自望海與望山二事引證，認為無論是望海的目亂，
或者望山的目亂，其結果皆必高遠目亂而「心惑」。心一旦迷
惑，論文觀人，以大為小，以能為鄙，豈能得出正確的評賞呢？
〈正賞〉最終亦突顯「心」在知音知人的關鍵因素，〈正賞〉其
實就是知心之賞。比較此二段的寫法，〈知音〉用「目瞭」與形
貌的關係說明，〈正賞〉亦用「望遠望高」的目視，比喻目亂觀
形，不如心定觀形的重要。將「目」與「心」之官能做對比陳
述，取譬引喻的手法如出一手，有跡可尋。〈知音〉與〈正賞〉
共同提出「心敏理達」的論證結果，完全呼應劉勰主心的學術系
統。尤其，〈正賞〉篇的末段結尾，直接標出「知音君子」一
詞，簡直就是《文心雕龍》全書君子程器，見異知音的總結。
〈正賞〉篇云：

> 今述理者貽之知音，君子聰達亮於聞前，明鑒出於意表。
> 不以名實眩惑，不為古今易情，採其制意之本，略其文外
> 之華，不沒纖芥之善，不掩螢燭之光，可謂千載一遇也。

這段首句的「述理」，即〈諸子〉篇「述道言志」之理。因
為，《劉子》是論人的子學，〈正賞〉篇遂結論出君子述理明
鑑，但求知音之相知。不因名位、古今、與華實之異等而掩沒君
子之聰達。最後一句「千載一遇」緊緊伏應〈知音〉篇首段「千

載其一」句，可謂隱顯互映，暗藏深意。案劉勰喜用「千載」「萬古」等詞彙，今觀《文心雕龍》與《劉子》二書屢屢互見，誠非偶然。〈正賞〉篇與〈知音〉篇的密切契合，如此自然。思路相通，理論一致，詞例仿似，略證如上。

附　註

1　例如胡適、傅斯年、呂思勉、陳柱等諸家之說，皆同主此論。

2　劉勰是「雜家」，論者不一。而以朱文元，朱吉高〈南朝學術思潮與劉勰思想的時代特徵〉乙文述之最詳。又林其錟《文心雕龍》與《劉子》思想比較乙文，亦追溯劉勰時代之學術背景有類似雜家之融合各家傾向。朱文見《文心雕龍研究》第八輯，保定：河北大學出版社，2009 年。林文見饒芃子主編：《文心雕龍研究薈萃》，（上海：上海書店，1992 年），頁 365。

3　引自陳奇猷：《呂氏春秋校釋》，（上海：學林出版社，1990年），頁 648。

4　將《呂覽》、《淮南子》一類之雜家視作有「類書」性質之作，可以傅斯年為例。傅氏云：「"呂氏""淮南"兩書，自身都沒有什麼內含價值，然因其為"類書"，保存了不少的早年材料，所以現在至可貴。猶之乎《北堂書鈔》《藝文類聚》《太平御覽》等書，自身無價值的，其價值在其保存材料。《永雅大典》的編制法，尤其不像一部書，然古書為他保存了不少。」，據此而言，《劉子》與《文心雕龍》似皆有些類書性質。傅氏說引自傅斯年：《戰國諸子與史記講義》，（天津：天津古籍出版社，2009 年），頁 69。

5　引自傅亞庶：《劉子校釋》，（北京：中華書局，2008 年），頁306。

6 　關於數字在古代文化所代表之意涵，可另參汪中：《述學‧內篇‧
　　釋三九》乙文，（台北：臺灣中華書局，1981年），內篇，頁2。

結論：劉勰學術的創新與定位

一、駁正子學之蹈襲說

　　凡學術者，自始創之後，沿襲者，代代為之，必有綜貫之法，兼綜它家，以求自成門法者。其中，亦必有「蹈襲」之嫌。故劉勰《文心雕龍・序志》云：「及其品列成文，有同乎舊談者，非雷同也，勢自不可異也。有異乎前論者，非苟異也，理自不可同也。」此語說到「沿襲雷同」之論，必有於理於勢之不得不然者。準是，學術之「蹈襲」說，乃學界當辨明之課題。《劉子》一書，論者頗指摘其書多蹈襲前代子書，雜湊成篇，引證累累，似有其事。其實，未必然地。蓋《劉子》一書沿襲前代子書，非盡事抄襲。凡有引據前說，必標書名。又即使引據同調，亦必申說引伸意。此法類同《荀子》禮樂二篇，多出自《禮記》，而司馬遷《史記》五帝史實多採自《春秋》、《左傳》與《世本》。南宋儒者葉正則對於「蹈襲」與「自出機軸」之別，頗知辨明，葉氏云：

> 自新語造於陸賈，而後君子之論喜乎新，自雜說著於賈誼，而後君子之說惡乎雜，愚非喜乎新而惡乎雜也。慮夫文章之弊，出於蹈襲也。故自出機軸，可以示一家標準，

而寄人籬下，識者病之。何者，滔滔者天下皆是，而自拔
於流俗者，實鮮焉。荀卿子戰國之翹楚也，三十二篇書，
禮樂二論，大抵多禮記之文。宥坐而下，太半皆家語之
文，況下於荀卿者乎。司馬漢儒之巨擘，而史記所述，帝
王本紀，多出於尚書之文。列國世家，多出於左傳國語之
文，況下於司馬者乎。王通隋季之大儒，而著書立言，中
說則多依論語之文，續詩則多依古詩之文，況下於王通者
乎。呦呦鹿鳴，此鹿鳴詩語也，而魏武短歌行用之。明明
天子，此江漢詩句也，而曹子建責躬詩用之。雲從龍，風
從虎，此大易乾卦之文也，而揚雄太元經用之，至於漢儒
之月令，純剽呂氏之春秋焉。無非因仍蹈襲，以明據依之
學。不知後世文章之不古，正病於文章之傚古也。

二、劉子溯源：〈遇不遇〉

劉勰一生學術廣博深邃，既能兼採各家之精，亦時出自創己
論。《文心雕龍》之寫作如此，《劉子新論》又何嘗不是？總括
言之，劉勰一生學問之路數，不外乎「承先啟後」四字。此可以
〈序志〉篇一段話，代表劉勰的述作宗旨。劉勰云：

及其品列成文，有同乎舊談者，非雷同也，勢自不可異
也；有異乎前論者，非苟異也，理自不可同也。同之與
異，不屑古今，擘肌分理，唯務折衷。

這一段話，明白表示劉勰寫書立論的原則，不避古今之同
異，而一律歸之「折中」。這一折中觀念的述作思想，此後一直
為後世才子志士著作的高標準。明人鍾惺評點說：「好，正好奇

之非。」，意謂劉勰不偏主奇論，藉以夸世炫薄。紀昀尤其注重劉勰此一著作精神，評點此段話說：「平允之見，如此，乃可以著書。亦如此其書乃傳。」[2] 紀氏謂劉勰的折中態度，才是其書乃傳之關鍵，再次突顯劉勰一生學術路線兼容並蓄，通人之學的特色。這亦正是劉勰「觀千劍」、「操千曲」的必然功夫。

劉勰採用「會通」的著作手法，表現在《文心雕龍》的寫作，承襲前人文論之精華，取長捨短，發揮前人未竟之論，引伸演繹，乃見文心全書自成一家之言。學界考論《文心雕龍》與先秦漢魏文論與思想的影響與比較，論文不計其數，可以確證劉勰析中前人之實例。文心一書如此，若問劉子《新論》一書又如何呢？

《劉子新論》五十五篇，論述亦不出折中之手法。卷五第二十四章〈遇不遇〉即為顯證。

案〈遇不遇〉篇偏舉歷代史事之成敗，有同遇明主之世，而貴賤榮辱之遭有別，劉勰謂之不遇。不遇之由何故？劉勰歸之曰「命」。將遇與不遇分而析之，再合而斷之。此劉勰講「命遇」之學的獨創論點。此論題則自前人側重「不遇」的主題，轉化為「遇」與「不遇」的對照，探討二者之辨證關係，而後再將遇與不遇合觀，演繹出第三命題，此即「命遇」的提出。命遇不等於命，命遇也非「遇」或「不遇」，而是與前述諸種課題的混合辨證關係。〈遇不遇〉篇的主要論點，因為命遇的提出，表現劉勰個人獨特的立論，而這個立論，非劉勰憑空臆造，私下創說。乃是劉勰參照前人「同乎舊談者」，取精用宏，再演繹自己的理解，提出「異乎前論者」的看法。這正是劉勰平生學術「折中」路數的典型，劉子《新論》許多篇章莫不如此。

　　案〈遇不遇〉此篇，諸家說解，大抵從「時」字立說，認為不遇明主，不遭盛世，皆因時之不遇也。傅亞庶引述楊明照、王叔岷二家之校證或釋義，例不出此。傅亞庶云：

> 楊明照曰：「韓詩外傳七：『賢不肖者材也，遇不遇者時也。』論衡逢遇篇：『賢不賢才也，遇不遇時也。』漢書揚雄傳上：『遇不遇命也。』」王叔岷曰：「荀子宥坐篇：『夫遇不遇者時也，賢不賢者材也。』說苑雜言篇：『賢不肖者才也，……遇不遇者時也。』文選劉孝標辯命論註引桓範世要論：『遇不遇，命也。』」

　　以上釋「遇」字各家解，主要以「時」字解遇不遇，雖然，別有〈揚雄傳〉與〈辨命論〉作「命」解，惟非專旨專篇討論，僅單語兼訓而已。不若劉勰〈遇不遇〉篇之詳論細述。

　　其實，在〈遇不遇〉篇之前，專篇談論此課題者，當以董仲舒〈士不遇賦〉與司馬遷〈悲士不遇賦〉二文為最早最專門。然而此二文通篇貫串主意，仍不離「時遇」之因，未及深論「命遇」。〈遇不遇〉篇既承襲「時遇」，復引伸「命遇」，將時與命，賢與性的四種因素綜合之，最後，提出命性賢不肖的新「達命」觀，可謂「折中」的典型論述。劉勰〈遇不遇〉云：

> 遇不遇，命也；賢不賢，性也。怨不肖者，不通性也；傷不遇者，不知命也。如能臨難而不懾，貧賤而不憂，可為達命者矣。

　　細品此段〈遇不遇〉篇的結論，劉勰已非單純談論「不遇」的問題。而是提出對治不遇的妙策，一在不怨，二在知命。因為「賢」「不肖」是「性命」的因素，非關遇與不遇，亦與命無涉。故而怨不肖者，是不通性命。真正的不遇是「命」的因素。

然而劉劭警示世人要達命，不要傷懷不遇，能做到臨難不懼，貧賤不憂，就是「達命」了。據此，〈遇不遇〉全篇的首腦精神，其實不是遇不遇的問題，反而在達命。文末這一段消解了遇不遇的論述，從前人談遇的課題出發，再到前人對不遇的感嘆，最後，總結達命的對治之策，劉劭〈遇不遇〉的思想，明顯與董仲舒、司馬遷二家論述有別。這是劉劭《新論》一書折衷寫作手法的展示。今試閱董仲舒〈士不遇賦〉全文如下：

> 嗚呼嗟乎，遐哉邈矣。時來曷遲，去之速矣。屈意從人，非吾徒矣。正身俟時，將就木矣。悠悠偕時，豈能覺矣。心之憂歟，不期祿矣。皇皇匪寧，秖增辱矣。努力觸藩，徒摧角矣。不出戶庭，庶無過矣。重曰：「生不丁三代之盛隆兮，而丁三季之末俗。以辯詐而期通兮，貞士耿介而自束。雖日三省於吾身兮，繇懷進退之惟谷。彼寔繁之有徒兮，指其白以為黑。目信嫭而言眇兮，口信辯而言訥。鬼神不能正人事之變戾兮，聖賢亦不能開愚夫之違惑。出門則不可與偕往兮，藏器又蚩其不容。退洗心而內訟兮，亦未知其所從也。觀上古之清濁兮，廉士亦榮榮而靡歸。殷有下隨與務光兮，周武有伯夷與叔齊。下隨務光遯跡於深淵兮，伯夷、叔齊登山而采薇。使彼聖賢其繇周遑兮，矧舉世而同迷。若伍員與屈原兮，固亦無所復顧。亦不能同彼數子兮，將遠游而終慕。於吾儕之云遠兮，疑荒塗而難踐。憚君子之於行兮，誠三日而不飯。嗟天下之偕違兮，悵無與之偕返。孰若返身於素業兮，莫隨世而輸轉。雖矯情而獲百利兮，復不如正心而歸一善。紛既迫而後動兮，豈云稟性之惟褊。昭同人而大有兮，明謙光而務展。

遵幽昧於默足兮，豈舒采而靳顯。苟肝膽之可同兮，奚鬚
髮之足辨也。」[4]

司馬遷〈悲士不遇賦〉云：

悲夫！士生之不辰，愧顧影而獨存。恒克己而復禮，懼志
行之無聞。諒才韙而世戾，將逮死而長勤。雖有形而不
彰，徒有能而不陳。阿窮達之易惑，信美惡之難分。時悠
悠而蕩蕩，將遂屈而不伸。使公於公者，彼我同兮；私於
私者，自相悲兮。天道微哉！吁嗟闊兮，人理顯然。相傾
奪兮，好生惡死，才之鄙也。好貴夷賤，哲之亂也。炤炤
洞達，胸中豁也。昏昏罔覺，內生毒也。我之心矣，哲已
能忖。我之言矣，哲已能選。沒世無聞，古人惟恥。朝聞
夕死，孰云其否。逆順還周，乍沒乍起。無造福先，無觸
禍始。委之自然，終歸一矣。理不可據，智不可恃。[5]

比較董、司馬二家的論題，皆以「不遇」為主腦，劉勰則增
益「遇」與「不遇」的正反分析，以及雖同遇盛世卻不遇明主的
「命」之因素。於是，由「不遇」到「遇不遇」的論述其實已經
過了幾翻轉折化用。劉勰建立的「遇不遇」說，影響後世甚遠，
宋人孫奭《孟子注疏》解釋孔子絕筆獲麟，嘆時運不我予，注釋
《孟子》一書卒章孟子感嘆「無有乎爾」的內涵，均承襲劉勰遇
不遇的談法。孫奭云：

然而仲尼作《春秋》，必至獲麟而止者也，孟子亦必止於
"無有乎爾"而終其篇者，蓋亦見孟子擬仲尼而作者也。
故哀公十四年春，西狩獲麟。杜氏云："麟，仁獸也，聖
王之嘉瑞。時無明王出，而遇獲仲尼，傷周道不興，感嘉
瑞之無應，故《春秋》修中興之教，絕筆於獲麟之一句，

所感而作，固所以爲終也。"《孟子》之書，終於是言者，蓋亦憫聖道不明於世，歷三皇已來，推以世代，雖有歲限，然亦有遇不遇焉，故述仲尼之意而作此七篇，遂以"無有乎爾"終於篇章之末，蓋亦深嘆而不怨之云爾。[6]

這二段注疏《孟子》卒章「無有乎爾」的精神意涵，盡力申言遇不遇的解釋策略，悉不出劉勰〈遇不遇〉篇的主旨。唯有小異者，這裏是麟遭亂世，卻遇聖人孔子知遇其爲祥物，將遇與不遇擴及至生物，非僅限於人事，乃信人與物之世界，皆可例之，可謂善於發揮旁通之論。

三、從學術流派家法學定位文心與劉子二書

文心與劉子二書同出乎劉勰一人之手。向來論證此課題者，反對與贊成皆各有說，要以文獻考證與思想派別二證為最關鍵。今不妨改從家法學以論證之，意謂文心與劉子二書縱非劉勰一人之作，然而二書之基本思路，理論體係，及思想源流，則大抵相通，可相互印證，定其為同類之學，此正如諸子書，雖名為《莊子》一書，但不必限於莊子一人之作，可加上莊子門徒，慕莊學者，或雖自名一家但其實大抵學說主旨同乎莊子，於是，仿漢志著錄之例，歸屬之「劉子」一派之學說，借用漢人家法門法之概念，歸類文心與劉子二書為一家之學。此種理解法，即章學誠、余嘉錫、呂思勉三家之「子學」分類學說法。

蓋劉勰規劃自身一生學問路向，〈序志〉篇已略述之。歸結之，經史二部之學，〈序志〉篇已主觀表明述而不作。所餘者，子集二部。然而劉勰所處之世，學術分辨，詳於經史，若論子集

則有分有合，尚難定限。劉勰暗許自己成一家之子學，但又傾心旁及晉宋以後專門著述之興，於是早歲先勒成集部之作《文心雕龍》，雖曰此書個人著述專集，然而已雜入子部學架構，凡經史子三部之書皆自「文章」論述之，遂有〈宗經〉、〈諸子〉、〈史傳〉各篇。此所謂「聖賢書辭總稱文章」之要義也。始知劉勰一生學術歸類，不在經史，當屬之子集。明的是集部之書，暗的是子家之學，然則最終仍歸之自成一家之子學，晚年再刊劉子《新論》，以完成一生學術理想，原始要終，首尾一貫，誠為確解。今欲通解何以劉勰既作《文心雕龍》之後，又繼作《新論》之思想背景，當先明唐以前學術子集尚未明定劃限之事實。文獻目錄學家余嘉錫論唐以前古代學術，力辨子集之分合別出，可助一解。余嘉錫云：

> 傳注稱氏，諸子稱子，皆明其為一家之學也。《諸子略》中，自黃帝至太公、尹佚不稱子者（此等書大抵作於六國時），此其人皆古之君相，平生本無子之稱號也（周初惟鬻子稱子）。自陸賈、賈誼以下不稱子者，學無傳人，未足名家也（此舉其大較言之，六國子書亦有不稱子者，蓋皆用當時所通稱以題其書，不可一概而論，詳《法家篇》）。蓋專門之學衰，而後著述之界嚴；口耳之傳廢，而後竹帛之用廣。於是自著之書多而追敘附益之事乃漸少。然不可以例周、秦古書。夫《春秋》三傳皆不題左丘明、公羊高、穀梁赤，故既題《荀卿新書》（見劉向《敘錄》），不別題荀況撰，既題晏子，不別題晏嬰撰。推之他書莫不皆然。古人既未自題姓名，則其書不必出於自著矣。

　　余氏此段辨正子集先合後分之演變，大抵不出章學誠《文史通義》已揭之本義，即周秦著述不專一人，而歸之一家，故而周秦著述率皆「言公」之作。一旦個人專集興起，乃不守「言公」之準則，遂演變成例如東方朔、揚雄之著作，以一人之書，兼「言公」之性質與詩賦之成份，於是雖名為「集」，其實內含「子」家胸懷者固自不少，劉勰所處之世，或不乏其人，但劉勰一生之學，必以此自期守。或者，亦可解釋為劉勰力圖恢復子學抱負，以抗顏集部愈來愈興盛而流於「華而不實」的晉宋學界。此中背景，可再引余嘉錫分析晉宋子學漸衰，文集轉盛之現象以旁證之。余嘉錫又云：

> ……故西漢以前無文集，而諸子即其文集。……
> 周、秦諸子，以從游之眾，傳授之久，故其書往往出於後人追敘，而自作之文，不能甚多。漢初風氣，尚未大變（詳《辨附益》篇）。至中葉以後，著作之文儒，弟子門徒，不見一人，凡所述作，無不躬著竹帛。如《東方朔書》之類，乃全與文集相等。篇目具在，可復案也。及揚雄之徒，發憤著書，乃欲於文章之外，別為諸子。子書之與文集，一分而不可復合。然愈欲自成一家，而其文乃愈與詞賦相近。當於下篇詳論之。

　　此段話分析齊梁後子書漸少，蓋因「文章」之學興盛之故。據此，劉勰作文心，可視作「當代治策」，作新論，則欲矯正時流，興復古代諸子之學。這種想法，在〈序志〉、〈諸子〉、〈史傳〉等篇章，皆可讀到類似之論述。

四、劉勰子家自居與《新論》之關係

　　劉勰以子家自居，蓋不屑於區區文人之行，落為集部之學。且復有振興子學，師心古聖賢之志。今自目錄學實況以考察劉勰一生學術，論證劉勰確實自期子家之學，故而必有《新論》之作。旁證《文心雕龍》名為論文，實兼諸子史傳之學，合證二書蓋皆「子家」之屬，必出劉勰一人之手，目錄學之旁參，殆不失為論證《新論》一書劉勰作之一法。何則？

　　據《漢書・藝文志》七略之分，並無「史部」一類，凡史書皆附於《春秋》經傳。始知漢人史學方興，而作史者若司馬遷太史公，則自許「究天人之際，通古今之變」之述作本意，初不自限為史家之實錄。漢人之學術，大別只有經子二途。此即《文心雕龍》〈諸子〉篇謂「聖賢並世，經子異流」之經子。蓋先秦智士仁人，自成一家者，皆得稱子。其儒家者流，因董仲舒罷黜百家，獨尊儒術，於是六藝本為古中文獻，諸子必從其流支而衍，乃尊為六經，而專屬之儒家。其實，六經之首易經，皆為儒道之原，非必儒者專屬。然而漢人學術目錄，惟經子為大類，有諸子百家之名目。史部集部二類未專門一類，可知之矣！

　　子部之首立，始於西晉武帝荀勖《中經新簿》甲乙丙丁四部之分，乙部即子學類。然而此時之子學，蓋就《漢志》諸子、兵書、術數、方技四類而合言之。然而荀勖所分之諸子，有古今之別。近人王欣夫《文獻學議義》說之甚詳。王氏云：

　　　　荀勖的分類，要算分古諸子與近世諸子爲二最有條理。漢
　　　　以後的名、法之學，早已失傳。即便其它諸家也多沒有師

法，已非周、秦之舊了。後世把後出子書硬附九流之中，本是不妥的。荀勗這一分列，更可表明它們學術上的面貌。[9]

這裏分析漢以後古諸子家法已失傳，新出的諸子，其學說內容與撰作之旨，與周秦諸子大異其趣。這一見解正確解釋了今世諸子的著作可以歸之個人撰集，「集」部之新興有一類即屬此。這種「子部」有今古二分法，在〈諸子〉篇也有同樣見解，在〈九流〉篇亦然。〈九流〉篇專述周秦九流十家，不及漢以後諸子的提法，與〈諸子〉評判漢以後的諸子「體勢漸弱」，「類多依采」的提法，觀點類似。〈諸子〉篇云：

夫自六國以前，去聖未遠，故能越世高談，自開戶牖；兩漢以後，體勢漫弱，雖明乎坦途，而類多依採，此遠近之漸變也。

嗟夫！身與時舛，志共道申：標心於萬古之上，而送懷於千載之下；金石靡矣，聲其銷乎！

據此段所言漢之諸子，已去聖甚遠，非周秦之子矣。至於漢之「子家」，本非純粹，即連書名亦不劃一。〈諸子〉又云：

若夫陸賈典語，賈誼新書，揚雄法言，劉向說苑，王符潛夫，崔實政論，仲長昌言，杜夷幽求，咸敘經典。或明政術，雖標論名，歸乎諸子。何者？博明萬事為子，適辨一理為論；彼皆蔓延雜說，故入諸子之流。

這一段列舉的漢代子書，勉強歸類為「子」，劉勰有自己的定義，即「博明萬事為子，適辨一理為論」。劉勰可謂「今之子書」最佳界定者。此「博明萬事」與「入道見志」之別，正是周秦子學與兩漢子學之分，亦即古今子家之異。而劉勰一生之志，

本在恢復古之子學，並不自劃於今之諸子。故而〈九流〉篇專述十家，以古之子學為志。對觀〈諸子〉與〈九流〉二篇在「子學」之立論，如出一轍。

五、《劉子》〈九流〉鬻子為首論

文心〈諸子〉篇首謂鬻子為子目之始，此在子學而言，劉勰以前罕有立論如此，可謂劉勰子學史一家之創見。對照《劉子》〈九流〉章，同以道家為諸子之首，鬻子又為道家之首，二書觀點相同，二書同出一人之手又可證矣！劉勰一生之子學，於此反映個人自家之見，當於子學史記一筆。

考子學目錄，歷代各有說，惟罕見升鬻子為子目之首，亦罕聞言子學之儒家不首揭孔子。獨劉勰因《文心雕龍》〈宗經〉、〈徵聖〉觀點，升孔子為「經」，故不列入子家以較論。文心「聖賢並世，經子異流」之觀點，恰恰正是《劉子》〈九流〉篇儒家但舉晏嬰、子思、孟軻、荀卿，而不及孔子。蓋劉勰已升孔子為聖為經，孟荀之徒，率皆「祖述堯舜、憲章文武、宗師仲尼，以尊敬其道」，故而孔子雖為儒家之首，但是劉勰已尊升為經，〈宗經〉與〈諸子〉之分際，劉勰辨別甚明。《文心雕龍》與《劉子》之經子異同觀點，顯然一致。

試觀《莊子》〈天下〉篇謂天下道術分裂，百家往而不合，首先即說到墨家，以墨子為首，其次說到尹文、宋鈃也是墨家別支。道家排在第四，舉關尹、老聃為代表，也未提鬻子。莊子的先秦子學史不標榜鬻子的地位，與劉勰獨出鬻熊是周文王老師的論點，大為不同。

再看《尸子》〈廣澤〉篇列述諸子，謂：

> 墨子貴兼，孔子貴公，皇子貴衷，田子貴均，列子貴虛，料子貴別囿，其學之相非也數世矣，而已皆弇於私也。天帝皇后辟公弘廓宏溥介純夏憮冢晊皈皆大也，十有餘名而實一也。若使兼公虛均衷平易別囿一實也，則無相非也。

此段尸子列舉諸子之名，首墨家，與莊子同，然亦缺鬻子。再者，墨子後繼以孔子，一則儒墨地位互倒，二則視孔子為子，不升為經為聖，也與劉勰〈宗經〉、〈徵聖〉大異其趣。

三者，《荀子》〈非十二子〉盡駁十二子之道，也不及鬻子。雖然，荀子已知孔子與十二子非同一類，已知升孔子為經為聖，例如〈非十二子〉云：「上則法舜禹之制，下則法仲尼子弓之義，以務息十二子之說，如是則天下之害除，仁人之事畢，聖王之跡著。」，此段話即明言孔子與舜禹同階，為聖王仁人，頗與劉勰〈宗經〉、〈徵聖〉之意合，且已知「聖王」與「諸子」之別。但是，子弓為子夏之後，乃孔子再傳弟子，升為聖王，與孔子並舉，殊為不類。

四者，《呂氏春秋》〈不二〉篇，歷敘十家，首老聃，次孔子，十人之中亦闕鬻子，而經子不分，蔽同《尸子》。經子不分，似為子學常見之盲點。《韓非子》〈顯學〉首謂「世之顯學儒墨也」，視孔子為子，與墨家等。當然不言道家，亦無鬻子為子目之首的說法。

五者，《淮南子》〈要略〉首列儒學為諸子之首，然而亦僅定位孔子為「脩成康之道，述周公之訓，以教七十子。使服其衣冠，脩其篇籍，故儒者之學生焉」，視孔子為儒家之創始。〈要略〉篇繼儒學之後，述墨學、管子、晏子、縱橫家、商鞅、申子

等，皆不及鬻子。子學系統，頗與劉勰〈諸子〉篇所見不同。又司馬遷《史記》〈太史公自序〉綜合六家曰陰陽、儒、墨、名、法、道。雖然與文心〈諸子〉已述各家類同，且升道家為先，然亦不舉鬻子之名。

　　子學目錄與論子學系統，最可持與劉勰〈諸子〉篇、〈九流〉篇相較者，當屬《漢書・藝文志・諸子略》。漢志分六藝與諸子，顏師古注云六藝即六經。則漢志已分經子異流，劉勰觀點與之合。然而，漢志諸子略首儒家次道家，又與劉勰〈諸子〉篇所述異。蓋劉勰以鬻子為子目之始，道家在儒家之前。漢志適反之，以儒家居首，且不謂鬻子為子目之始，故漢志降鬻子於道家十者流，排列第四，以伊尹、太公、辛甲為道家，第四次以鬻子。此子學系統大異於劉勰〈諸子〉與〈九流〉二篇。[11]

　　總上而論，在劉勰之前，經子大多不分，迨及漢志始別六藝諸子，為劉勰《文心雕龍》所承襲。但是劉勰別出經子後，重新建構子學源流系統，則未見有何一書同於劉勰。今案之《文心雕龍》與《劉子新論》於諸子九流之系統竟然如此一致，此豈巧合一詞可解乎？

　　今試讀〈九流〉篇首段云：

　　　道者，鬻熊、老聃、關尹、莊周之類也。以空虛為本，清淨為心，謙挹為德，卑弱為行，居無為之事，行不言之教。裁成宇宙，不見其跡，亭毒萬物，不有其功。然而薄者，全棄忠孝，杜絕仁義，專任清虛，欲以為治也。

　　次讀〈諸子〉篇首段云：

　　　篇述者，蓋上古遺語，而戰伐所記者也。至鬻熊知道，而文王諮詢，餘文遺事，錄為鬻子；子自肇始，莫先於茲。

及伯陽識禮，而仲尼訪問，爰序道德，以冠百氏。然則鬻惟文友，李實孔師，聖賢並世，而經子異流矣。

以上二段對讀，觀點可謂一致，二書皆以為子學自道家始，道家又以鬻子居首。乃知劉勰早年的《文心雕龍》與成書於晚期的《新論》，以子家自居的劉勰，對子學系統始終前後如一的看法。

惟是劉勰一生終究以子家自居，故而論〈九流〉，專精於九家之「入道見志」學說，罕及九家之文章辭氣。論〈諸子〉篇則適相反，較少論及九家之治道，反而集中品評九家之文詞華采。

即使如此，尚有二點，仍然是〈諸子〉與〈九流〉二篇的共同點。其一即此二篇皆總歸諸子百家為二類，〈諸子〉篇分出純粹與踳駁，〈九流〉篇則歸結為儒道二化。此種「二分法」的諸子觀，頗具化繁為簡，總一之術，正是劉勰表現在文論思考的統整功夫。將凡百諸子，化歸為道儒二家，以為治世之本。與將諸子之學，百家並出之說，歸納為純粹踳駁二類，劉勰的治學方法透過文心與新論二書，表現一致，不謀而合。

至於劉勰對諸子九流的態度，全採取「俱會治道」與「歸趣無異」的立場。在〈諸子〉篇提出「宜撮綱要」、「覽華食實」的作法。在〈九流〉篇則提示「相滅相生」、「相反相成」的兼容並蓄觀點。對待諸子百家，採取擇善取長的方法，既符合劉勰治學寬廣的胸襟，也印證文心與新論二書同出一人之手。試讀以下四段文字：

1.〈諸子〉論純粹與踳駁：

然繁辭雖積，而本體易總，述道言治，枝條五經，其純粹者

入矩，躇駁者出規。

2.〈九流〉論二化云：

道者，玄化為本；儒者，德化為宗。九流之中，二化為最。夫道以無為化世，儒以六藝濟俗。無為以清虛為心，六藝以禮教為訓。若以禮教行於大同，則邪偽萌生；使無為化於成、康，則氛亂競起。何者？澆淳時異則風化應殊，古今乖舛則政教宜隔。以此觀之，儒教雖非得真之說，然茲教可以導物；道家雖為達情之論，而違禮復不可以救弊。今治世之賢，宜以禮教為先；嘉遁之士，應以無為是務。

3.〈諸子〉篇論洽聞之士云：

昔東平求諸子《史記》，而漢朝不與，蓋以《史記》多兵謀，而諸子染詭述也。然洽聞之士，宜撮綱要，覽華而食實，棄邪而採正，極睇參差，亦學家之壯觀也。

4.〈九流〉篇論俱會治道云：

觀此九家之學，雖旨有深淺，辭有詳略，俏僑形反，流分乖隔，然皆同其妙理，俱會治道，跡雖有殊，歸趣無異。猶五行相滅亦還相生，四氣相反而共成歲，淄、澠殊源同歸於海，宮商異聲俱會於樂。夷、惠異操，齊踪為賢；三子殊行，等跡為仁。

以上由〈九流〉與〈諸子〉的對觀，已不難看清劉勰一生學術的風貌，最後，再看《呂覽》與《韓詩外傳》。

呂覽一書，總先秦學術，見於〈審分覽〉第六〈不二篇〉。此篇云：

> 聽群眾人議以治國，國危無日矣。老耽貴柔，孔子貴仁，墨翟貴廉，關尹貴清，子列子貴虛，陳駢貴齊，陽生貴己，孫臏貴埶，王廖貴先，兒良貴後，此十人者，皆天下之豪士也。

案《韓詩外傳》卷四一歷敘十子，亦缺陰陽家。此卷云：

> 夫當世之愚，飾邪說，文姦言，以亂天下，欺惑眾愚，使混然不知是非治亂之所存者，則是范睢、魏牟、田文、莊周、慎到、田駢、墨翟、宋鈃、鄧析、惠施之徒也。此十子者，皆順非而澤，聞見雜博，然而不師上古，不法先王，按往舊造說，務自爲工，道無所遇，而人相從，故曰十子者之工說，說皆不足合大道，美風俗，治綱紀，然其持之各有故，言之皆有理，足以欺惑眾愚，交亂樸鄙，則是十子之罪也。

案十子無儒家孔孟，蓋漢人已分六藝與諸子矣！

今總結〈九流〉篇要義如下：

一、首道家。

二、升陰陽家之地位。

三、儒家與「陰陽」並提。則此陰陽者，《莊子》〈天下篇〉云：「易以道陰陽。」之意。推知儒家以「易」之陰陽為本。

四、降墨家之地位。與韓非〈顯學篇〉謂今之顯學儒墨二家異。

五、雜家亦明陰陽，推知雜家宗「易學」。〈九流〉篇之雜

家定義又可為劉勰一生之學做註。

六、儒道並重之見，亦與諸家子學異論。然則，彥和於外治
主儒道並治，於內修則不離「雜家」功夫。這正是劉勰
平生學術的總綱。

附 註

1 葉正則此段話，未見於今存《水心集》與《習學記言敘目》二書。
此段引文轉引自章如愚：《群書考索續集》卷十七文章門，（揚
州：廣陵刻書社，2008 年），新編頁 977。

2 以上鍾惺、紀昀二家之批語，轉引自黃霖：《文心雕龍彙評》（上
海：上海古籍出版社，2005 年），頁 164。

3 引自傅亞庶：《劉子校釋》（北京：中華書局，1998 年），頁
234。

4 引自費振剛等（輯校）：《全漢賦》（北京：北京大學出版社，
1993 年），頁 112。

5 同前註，頁 142。

6 引自趙歧（注），孫奭（疏）：《孟子注疏》（阮刻《十三經注疏
本》）（台北：藝文印書館，1983 年），頁 265。

7 轉引自李零：《簡帛古書與學術源流》，（北京：三聯書店，2008
年），頁 216。

8 同註 7，頁 219。

9 引自王欣夫：《文獻學講學》，（台北：臺灣商務印書館，1992
年），頁 34。

10 轉引自王遽常：《諸子學派要詮》（上海：上海書店，1987 年），
頁 64。

11　〈九流〉篇首道家，自袁孝政註，下及今人楊明照、王叔珉、傅亞
　　庶、陳應鸞等各家校注皆同。惟程榮漢魏叢書本《新論》儒家在
　　前，道家次之，獨與今各本異。

參考書目

王夢鷗，2009，《中國文學理論與實踐》。臺北：里仁書局。

李平，2009，《文心雕龍研究史論》。合肥：黃山書社。

楊明照（校注），陳應鸞（增訂），2008，《增訂劉子校注》。成都：巴蜀書社。

羅宗強，2007，《讀文心雕龍札記》。北京：三聯書店。

王更生，2007，《文化雕龍管窺》。臺北：文史哲出版社。

朱文民，2006，《劉勰傳》。西安：三秦出版社。

黃維樑，2005，《中國文學縱橫論》。臺北：東大圖書公司。

戚良德，2005，《文心雕龍學分類索引》。上海：上海古籍出版社。

黃霖，2005，《文心雕龍彙評》。上海：上海古籍出版社。

方元珍，2003，《文心雕龍作家論研究：以建安時期為限》。臺北：文史哲出版社。

林其錟，2002，《文心雕龍集校合編》。臺南：暨南出版社。

張少康等，2001，《文心雕龍研究史》。北京：北京大學出版社。

楊明照，2001，《文心雕龍校拾遺補正》。江蘇：江蘇古籍出版社。

黃端陽，2000，《文心雕龍樞紐論研究》。臺北：國家出版社。

黃侃，2000，《文心雕龍札記》。上海：上海古籍出版社。

陳拱，1999，《文心雕龍本義》。臺北：商務印書館。

呂武志，1998，《魏晉文論與文心雕龍》。臺北：樂學書局。

甫之、涂光社（編），1998，《文心雕龍研究論文選》，濟南：齊魯書社。

成功大學中文系（編），1997，《魏晉南北朝文學與思想學術研討會論文集》，臺北：文津出版社。

中國文選學研究會（編），1997，《文選學新論》，鄭州：中州古籍出版社。

穆克宏，1997，《文選學研究的幾個問題》，收入鄭州大學古籍整理研究所編，《文選學新論》之書，頁1-25，鄭州：中州古籍出版社。

劉師培，1997，《中古文學論著三種》，沈陽：遼寧教育出版社。

周啟成等，1997，《新譯昭明文選》。臺北：三民書局。

祖保泉，1996，《文心雕龍解說》。合肥市：安徽教育出版社。

李學勤，1996，《古文獻叢論》，上海：上海遠東出版社。

王運熙、顧易生（合編），1996，《中國文學批評通史》（先秦兩漢卷），上海：上海古籍出版社。

黃維樑，1996，《中國古典文論新探》，北京：北京大學出版社。

鄧文寬，1996，《敦煌天文曆法文獻輯校》，南京：江蘇古籍出版社。

徐復，1996，《後讀書雜志》，上海：上海古籍出版社。

洪順隆，1995，〈文選詠懷詩論：與我的六朝題材詩中的詠懷詩觀比較〉，在鄭州大學主辦第三屆文選學國際學術研討會宣讀論文，1995年8月3日－8月6日。

楊明照（主編），1995，《文心雕龍學綜覽》。上海：上海書店出版社。

黃慶萱，1995，《學林尋幽》，臺北：東大圖書股份有限公司。

黃慶萱，1995，《周易縱橫談》，臺北：東大圖書股份有限公司。

王更生，1995，《中國古代文學理論的秘寶——文心雕龍》，臺北：黎

明文化事業股份有限公司。

楊明照（主編），1995，《文心雕龍學綜覽》，上海：上海書店出版社。

詹鍈，1994，《文心雕龍義證》，上海：上海古籍出版社。

張啟成，1994，《文選全譯》。貴州：貴州人民出版社。

吳林伯，1994，《文心雕龍字義疏證》。武昌：武漢大學出版社。

趙福海等，1994，《昭明文選譯注》。長春：吉林文史出版社。

張萬起，1993，《世說新語辭典》。北京：商務印書館。

周振甫，1993，《文論散記》。北京：學苑出版社。

石家宜，1993，《文心雕龍整體研究》。南京：南京出版社。

張伯偉，1993，《鍾嶸詩品研究》。南京：南京大學出版社。

戴維森‧唐納德（原著），牟博（編譯），1993，《真理、意義、行動與事件》。北京：商務印書館。

祖保泉，1993，《文心雕龍解說》。合肥：安徽教育出版社。

劉勰，1993，《文心雕龍》（元至正刊本），上海：上海古籍出版社。

簡宗梧，1993，《漢賦史論》，臺北：東大圖書股份有限公司。

李景濚，1993，《昭明文選新解》。臺南：暨南出版社。

賈錦福（主編），1993，《文心雕龍辭典》。濟南：濟南出版社。

郭晉稀，1993，《剪韭軒述學》。蘭州：甘肅人民出版社。

劉勰，1993，《文心雕龍》（元刊本）。上海：上海古籍出版社。

祖保泉，1993，《文心雕龍解說》，合肥：安徽教育出版社。

石家宜，1993，《文心雕龍整體研究》，南京：南京出版社。

祖保泉，1993，《文心雕龍解說》，合肥：安徽教育出版社。

張永言，1992，《世說新語辭典》。成都：四川人民出版社。

王叔岷，1992，《鍾嶸詩品箋證稿》。臺北：中央研究院中國文哲研究

所。

趙福海、陳復興，1992，《昭明文選譯注》冊三。長春：吉林文史出版
　　社。

吳小如（等），1992，《漢魏六朝詩鑒賞辭典》。上海：上海辭書出版
　　社。

邱世友，1992，〈入興貴閑辨〉，收入饒芃子編《文心雕龍研究薈萃》
　　頁 281-296。上海：上海書店。

詹石窗，1992，《道教文學史》。上海：上海文藝出版社。

孫述圻，1992，《六朝思想史》。南京：南京出版社。

王元化，1992，《文心雕龍講疏》。上海：上海古籍出版社。

趙福海（等），1992，《昭明文選譯注》第四冊。長春：吉林文史出版
　　社。

王元化，1992，《文心雕龍講疏》。上海：上海古籍出版社。

中國文心雕龍學會（編），1992，《文心雕龍研究薈萃》。上海：上海
　　書店。

何義門，1992，《義門讀書記》（四庫全書本），上海：上海古籍出版
　　社。

中國文心雕龍學會（編），1992，《文心雕龍研究薈萃》。上海：上海
　　書店。

王叔岷，1992，《鍾嶸詩品箋證稿》。臺北：中央研究院中國文哲研究
　　所。

王元化，1992，《文心雕龍講疏》，上海：上海古籍出版社。

中國文心雕龍學會（編），1992，《文心雕龍研究薈萃》，上海：上海
　　書店。

林其錟、陳鳳金，1991，《敦煌遺書文心雕龍殘卷集校》。上海：上海

書店。

李文初（等），1991，《中國山水詩史》。廣州：廣東高等教育出版
　　社。

李景漵，1991，《昭明文選新解》。臺南：暨南出版社。

屈興國（等），1991，《古典詩論集要》。濟南：齊魯書社。

曹道衡，沈玉成，1991，《南北朝文學史》。北京：人民文學出版社。

陳鵬翔，1991，〈中英山水詩與當代中文山水詩的模式〉，刊於《中外
　　文學》二十卷六期，頁96-135。臺北：中外文學月刊社。

郭光，1991，《阮籍集校注》。鄭州：中州古籍出版社。

王更生，1991，《文心雕龍讀本》，臺北：文史哲出版社。

高亨，1991，《周易古經今注》（重訂本），北京：中華書局。

王利器，1991，《文鏡秘府論校注》，臺北：貫雅文化事業有限公司。

王更生，1991，《文心雕龍新論》，臺北：文史哲出版社。

嚴可均（輯），1991，《全上古三代秦漢三國六朝文》，北京：中華書
　　局。

王更生，1991，《文心雕龍讀本》。臺北：文史哲出版社。

丁成泉，1990，《中國山水詩史》。武昌：華中師範大學出版社。

周振甫，1990，《文心雕龍今譯》。北京：中華書局。

李養正，1990，《道教概說》。北京：中華書局。

任繼愈，1990，《中國道教史》。上海：上海人民出版社。

蔣祖怡，1990，〈文心雕龍物色試釋〉，收入中國文心雕龍學會編《文
　　心雕龍研究論文集》。北京：人民文學出版社。

中國文心雕龍學會（編），1990，《文心雕龍研究論文集》。北京：人
　　民文學出版社。

王蒓父，1990，《古詩源箋註》。臺北：華正書局。

章學誠，1990，《文史通義》（新編本），臺北：華世出版社。

褚斌杰，1990，《中國古代文體概論》，北京：北京大學出版社。

李光地，1990，《周易折中》，上海：上海古籍出版社。

中國文心雕龍學會（編），1990，《文心雕龍研究論文集》，北京：人
　　民文學出版社。

姜義華等（編），1990，《孔子－周秦漢晉文獻集》，上海：復旦大學
　　出版社。

黃壽祺、張善文（編），1990，《周易研究論文集》第四輯，北京：北
　　京師範大學出版社。

王運熙、楊明，1989，《魏晉南北朝文學批評史》。上海：上海古籍出
　　版社。

清水凱夫（著），韓國基（譯），1989，《六朝文學論文集》。重慶：
　　重慶出版社。

盧昆等，1989，《漢魏南北朝隋詩鑒賞辭典》。太原：山西人民出版
　　社。

王更生，1989，《文心雕龍研究》。臺北：文史哲出版社。

詹鍈，1989，《文心雕龍義證》，上海：上海古籍出版社。

李詳，1989，《李審言文集》，南京；江蘇古籍出版社。

王更生，1989，《文心雕龍研究》，臺北：文史哲出版社。

朱迎平，1988，《文心雕龍索引》。臺北：學海出版社。

涂光社，1988，〈文心雕龍物色發微〉，收入甫之，涂光社編《文心雕
　　龍研究論文選》下冊。濟南：齊魯書社。

張君房（輯），1988，《雲笈七籤》。北京：齊魯書社。

黃維樑，1988，《中國文學縱橫論》。臺北：三民書局股份有限公司。

黃叔琳（注）、紀昀（評），1988，《文心雕龍》。臺北：金楓出版有

限公司。

甫之，涂光社（編），1988，《文心雕龍研究論文選》。濟南：齊魯書
　　社。

陸雲，1988，《陸雲集》（黃葵點校本）。北京：中華書局。

黃叔琳（注）、紀昀（評），1988，《文心雕龍》，臺北：金楓出版有
　　限公司。

何義門，1987，《義門讀書記》。北京：中華書局。

顏紹柏，1987，《謝靈運集校注》。鄭州：中州古籍出版社。

王夢鷗，1987，《文心雕龍》（中國歷代經典寶庫本）。臺北：時報文
　　化出版社企業有限公司。

何義門，1987，《義門讀書記》（崔高維點校本），北京：中華書局。

王夢鷗，1987，《古典文學的奧秘──文心雕龍》，臺北：時報文化出
　　版企業有限公司。

林政華，1987，《易學新探》，臺北：文津出版社。

方回，1986，《文選顏鮑謝詩評》。臺北：臺灣商務印書館股份有限公
　　司。

王瑤，1986，《中古文學史論》。臺北：長安出版社。

呂德申，1986，《鍾嶸詩品校釋》。北京：北京大學出版社。

周振甫，1986，《文心雕龍今譯》。北京：中華書局。

洪順隆，1985，《六朝詩論》。臺北：文津出版社。

楊牧，1985，《陸機文賦校釋》。臺北：洪範書店。

洪順隆，1985，《六朝詩論》。臺北：文津出版社。

王達津，1985，《古代文學理論研究論文集》。天津：南開大學出版
　　社。

楊明照，1985，《學不已齋雜著》。上海：上海古籍出版社。

楊明照，1985，《文心雕龍校注拾遺》，臺北：崧高書社股份有限公司。

何丙郁、何冠彪，1985，《敦煌殘卷占雲氣書研究》。臺北：藝文印書館。

楊明照，1985，《文心雕龍校注拾遺》。臺北：崧高書社。

孫梅，1984，《四六叢話》（中國學術名著第三輯），臺北：世界書局。

王夢鷗，1984，《古典文學論探索》，臺北：正中書局。

沈謙，1984，《文心雕龍批評論發微》，臺北：聯經出版事業公司。

劉劭，1983，《人物志》。臺北：臺灣中華書局。

牟宗三，1983，《才性與玄理》。臺北：臺灣學生書局。

蕭統，1983，《文選》（奎章閣本）。漢城：正文社。

葉維廉，1983，《比較詩學》。臺北：東大圖書公司。

陸侃如（等），1983，《文心雕龍研究解譯》。臺北：木鐸出版社。

王夢鷗，1983，《古典文學的奧秘──文心雕龍》。臺北：時報文化出版企業有限公司。

劉師培，1982，《漢魏六朝專家文研究》。臺北：臺灣中華書局。

朱自清，1982，《朱自清古典文學論文集》，臺北：源流文化事業有限公司。

李曰剛，1982，《文心雕龍斠詮》。臺北：國立編譯館中華叢書編審委員會。

蕭統，1981，《文選》五臣注（陳八郎本）。臺北：國立中央圖書館。

布勒克‧艾蘭（編），1981，《現代思潮大辭典》。倫敦：喬叟出版社。

劉永濟，1981，《文心雕龍校釋》。臺北：華正書局有限公司。

于光華，1981，《評注昭明文選》，臺北：學海出版社。

錢鍾書，1981，《管錐編》。北京：中華書局。

顧炎武，1979，《日知錄》。臺北：文史哲出版社。

陳新雄、于大成（合編），1979，《文心雕龍論文集》，臺北：西南書局有限公司。

王更生，1979，《文心雕龍研究》，臺北：文史哲出版社。

李道平，1979，《周易集解纂疏》，臺北：廣文書局。

馬國翰（輯），1979，《玉函山房輯佚書》，京都：中文出版社。

嚴一萍，1978，《甲骨學》。臺北：藝文印書館。

黃季剛，1977，《文選黃氏學》。臺北：文史哲出版社。

于光華，1977，《評注昭明文選》。臺北：學海書局。

饒宗頤，1976，《文心雕龍研究專號》。香港：香港中文大學。

林文月，1976，《山水與古典》。臺北：純文學出版社。

范文瀾，1975，《文心雕龍注》。臺北：臺灣開明書店。

施友忠（英譯），1975，《文心雕龍》。臺北：臺灣中華書局。

范文瀾（注），1975，《文心雕龍注》，臺北：臺灣開明書店。

范文瀾，1975，《文心雕龍注》。臺北：台灣開明書店。

洪興祖，1974，《楚辭補注》。臺北：藝文印書館。

何文煥，1974，《續歷代詩話》，臺北：藝文印書館。

遍照金剛，1974，《文鏡秘府論》（汪中抄校本），臺北：學海出版社。

黃侃，1973，《文心雕龍札記》，臺北：文史哲出版社。

葉維廉，1971，《秩序的生長》。臺北：志文出版社

卡納普・路德夫，1971，《意義與必然》。芝加哥：芝加哥大學出版社。

黃侃，1971，《文心雕龍札記》，臺北：學人月刊雜誌社。

李景濚，1968，《文心雕龍新解》。臺南：翰林出版社。

許巽行，1966，《文選筆記》。臺北：廣文書局。

梁章鉅，1966，《文選旁證》冊四。臺北：廣文書局。

陸侃如，馮沅君，1956，《中國詩史》，臺北：古文書局。

後記

　　環視近數十年文心學的研究成果，大陸《文心雕龍學綜覽》一書，標誌一段時期的研究高峰。而在臺灣，王更生老前輩主持策劃的《台灣近五十年文心雕龍研究論著摘要》則代表台灣學界在文心學領域交出的亮麗成績。及至《文心雕龍學分類索引》之刊行，展現新世紀的龍學趨向，如今總算看到一些本來不為文心學者注意的標題，也都一一立項加以深刻鑽研了。例如文心與《周易》一書的關係，實即劉勰平生學術的形上思維主軸。而《文心雕龍》與《對子新論》二書互通之理不少，其中最具共相特色的，即兩書形上思維，以及思辨進路，莫不溯源自《周易》。漢志講過的「易」為諸經之源，對劉勰一生之學，乃最佳注解。

　　猶憶二十一世紀之第一年，鎮江市改建劉勰故居成立“文心園”，並召開文心學千禧年大會，談論劉勰之易學，我提交《文心雕龍》與《周易》的論文，當時講評者與主席，都不約而同說出兩者沒有什麼關聯。

　　然而，千禧之後的又十年，文心學的快速推廣，青年學者的百尺竿進，英思睿發，文心學幾近鳶飛魚躍開展新領域，新課題。忽然，有關文心與《周易》，劉勰受易理影響的論文，便幾乎年年可見，演為顯論。這種文心學研究觀念的變革，直接左右

了文心學的方法論，以及研究範疇的加大加深，張少康教授在
〈文心雕龍研究的未來展望〉乙文中，提醒學者要從大「文化」
學的角度，認真地探討此書的文論與思想，話說在本世紀之初，
頗有「預言」之意。如今看到十年後文心學的「大文化」全面觀
照之呈現，帶來文心學研究之新風貌，不妨視作張教授的預言成
真吧！本書有幾章的內容主題，不但涉及《文心雕龍》與《周
易》的關係，更沿伸《周易》與《劉子新論》的課題，區區鄙
意，也有自期追步「新潮流」之心。

　　至於文心學除了補強大文化的輔證之外，其他的新課題未
出，究竟還有那些？個人以為應屬文心學的實際運用了。這一項
文心學的「實際批評」工作，歷來罕聞專力功治者。只有好友黃
維樑教授在此一領域，始終大力疾呼，並親身示法。無論檯面或
私下，屢屢聽見讓龍學飛起來，飛向世界之音，不絕於耳。又讓
龍學活起來，能實際操刀用武，試劍斷石的論調，高唱雲霄。維
樑兄精擅中西文論，比較沉思，提出文心學的「實際批評」導
向，不但個人以為切中要害，頗能點醒後繼者。同時，也開啟了
文心學研究的新範疇。期望，再下一個十年，重整文心學的研究
成果，有關《文心雕龍》全書理論應用於古今作品分析詮釋的論
文大出，論述多元。屆時，欣然樂見文心學的「實際批評」可以
真實地揭牌攻頂。

　　最後，衷心感謝畢生奉獻文心學與文選學研究，卓然自成一
家言的穆克宏教授，慨然允諾隔海製序。序言每多溢美之辭，竊
不敢受。序文中最重要的講法，乃倡言將文心學與文選學結合一
起之研究進路，頗值學界深思。回顧兩岸當前龍學界與選學界，
前輩已示典範，如我的指導教授潘重規先生，王夢鷗老師，以及

當前的王更生老前輩，具足後起者法。至於大陸學者，有能像穆公一般高瞻遠視的學者，已經很少見了。穆公畢生的文心學與文選學豐碩的研究成果，恰恰正是結合二者的學術特色。個人多年來研讀文心學，私心竊慕，遠步追之不及。今後，定當自勉自惕，仰契前賢之風，尚友古人，取法先輩，再探文心學與劉子學術的精旨奧義。